编 委 会

荣誉主编： 郭文安
主　　编： 郭元祥
副 主 编： 伍远岳　姚林群
编　　委： 王志高　马友平　朱桂琴　叶映峰　申东红　伍远岳
　　　　　　汪拥军　陈　娜　武凤霞　郭元祥　郭永华　屈佳芬
　　　　　　姚林群　曾　艳　董　艳　谭瑞军　谢虎成

梦山书系

深度教学研究
（第一辑）

郭元祥 ◎ 主编

海峡出版发行集团 | 福建教育出版社

图书在版编目（CIP）数据

深度教学研究．第一辑/郭元祥主编．—福州：福建教育出版社，2019.10（2021.4重印）
ISBN 978-7-5334-8520-7

Ⅰ．①深… Ⅱ．①郭… Ⅲ．①中小学教育—教学研究 Ⅳ．①G632.0

中国版本图书馆CIP数据核字（2019）第176867号

Shendu Jiaoxue Yanjiu（Diyiji）

深度教学研究（第一辑）

郭元祥　主编

出版发行		福建教育出版社
		（福州市梦山路27号　邮编：350025　网址：www.fep.com.cn）
		编辑部电话：0591-83727542
		发行部电话：0591-83721876　87115073　010-62027445）
出 版 人		江金辉
印　　刷		福建省地质印刷厂
		（福州市金山工业区　邮编：350011）
开　　本		710毫米×1000毫米　1/16
印　　张		17
字　　数		260千字
插　　页		1
版　　次		2019年10月第1版　2021年4月第3次印刷
书　　号		ISBN 978-7-5334-8520-7
定　　价		40.00元

如发现本书印装质量问题，请向本社出版科（电话：0591-83726019）调换。

卷首语

课堂教学改革的基础与方向

郭元祥

全面深化课程改革、落实立德树人根本任务,是当前深化教育领域综合改革的重要内容。深化课程改革必须注重发展学生的核心素养,培养"学生应具备的适应终身发展和社会发展需要的必备品格和关键能力,突出强调个人修养、社会关爱、家国情怀"。[①] 但应试教育之风从课外训练逐步向课堂侵蚀,应试训练普遍导致课堂的发展性品质日渐低落,与发展学生的核心素养和关键能力的根本要求渐行渐远。课堂教学的价值标准究竟是什么?究竟应该如何看待并处理知识?究竟应该如何处理教学过程中各种基本关系?课堂教学改革的基础和方向问题值得深思。

一、克服课堂变革技术主义取向的局限性

中小学的课堂缺乏力量,已经是不争的事实。近十年来,中小学课堂教学改革研究十分活跃,各种教学模式、课堂策略和技术层出不穷,但大多数教学模式和课堂教学改革策略停留于师生教学程序简单翻转和师生教学时间粗暴分配的层次上,所谓"有效"也仅仅是对书本知识的占有和解题能力的有效训练,学生的变化充其量仅仅是知识量的改变,这种所谓的课堂教学改革本质上是技术主义取向的课堂变革。

(一)技术主义取向课堂变革的局限性

技术主义取向的课堂变革的根本局限在于课堂教学价值观的扭曲,尤其

---

① 中华人民共和国教育部. 关于全面深化课程改革落实立德树人根本任务的意见. 教基二〔2014〕4号. 2014.

是那些以追求知识占有和考试分数的所谓"高效"教学,"重智轻德,单纯追求分数和升学率,学生的社会责任感、创新精神和实践能力较为薄弱",根本不关注学生内在核心素养和关键能力的变化和发展,以牺牲课堂的教育涵养和发展性品质为代价,追求教育的"GDP",是最为典型的技术主义取向的课堂教学改革,使得课堂教学缺乏发展性。缺乏发展性的课堂大多是仅仅重视知识训练的单面课堂,教学目标单一。单面课堂仅仅把知识作为教学的对象,而不是通过知识处理把学生作为教学对象和发展目的,从而使课堂表现出明显的对象化教学的特征。知识成为教学的唯一对象和终极目的,知识既成为教师教的对象,也成为学生学的对象,教学止步于知识处理,而不追求通过知识处理引起学生核心素质发生本质性的变化和发展。诚如"堂堂清"一样,所要"清"的和所能"清"的只可能是知识点,而不是发展的点或面,知识的"力量"没有在学生身上得到真实的体现。这种单面的对象化教学为了知识而进行知识教学,无论用什么方式方法进行教学,其教学本质都是"灌输",其教学价值观都是功利性的,而不是发展性的。

技术主义取向课堂教学变革的突出问题在于偏重课堂教学技术层面的变化,而不是教学活动结构性、系统性的变革。将教师与学生、教与学的关系在时间、空间、程序上对立起来,一味强调学生学习方式和学习活动的多样性,把表面的课堂活跃看成是学生主体性得到了发挥,从而把学生学习引向了表面学习、表层学习、表演学习的错误道路。

诚然,课堂教学过程中要尊重学生的主体地位,充分发挥学生学习的主动性,但这并不应以牺牲教师的主体地位和主导作用为代价。诸如"10+35""0+45""导学案"等此类教学模式,对教师和学生在课堂教学中的时间和程序加以简单分割和粗暴分配,无视学科、学段、教学内容、教学目标的差异性,将教师与学生、教与学的关系对立起来,其功利性、对学生发展的局限性是有目共睹的。技术主义取向的课堂变革其本质是应试主义的,当前中小学课堂教学改革需要克服技术主义取向的改革策略,少在教学形式、教学程序、教与学的时间分配上做文章,多在如何促进知识的价值转化、意义达成及其所引起的学生变化和发展上下功夫。

课堂教学改革应注重转变学习方式,促进学生学习方式的多样化,引导学生经历完整的学习过程，但学习方式的多样化应多到什么程度？课堂教学过程中是否学习方式越多越好？学生究竟需要经历哪些基本的学习方式？这也是当前教学改革值得深思的问题。特定的学习方式总是与特定的知识类型和学习目标相关联。基本的学习方式究竟应该有哪些？如果按照安德森（Anderson，L. W.）在教育目标分类学修订版中所划分的知识类型来看，基本学习方式其实是比较明确的。他把知识分为四大类，即事实性知识（Factual Knowledge）、概念性知识（Conceptual Knowledge）、程序性知识（Procedural Knowledge）、元认知知识（Metacognitive Knowledge）。[①] 不同类型、不同特征的知识必然要求学生在学习过程中经历不同的学习方式。由此来说，与事实性知识、概念性知识、程序性知识、元认知知识相对应的基本学习方式是接受与记忆、理解与探究、操作与体验、反思与感悟等。从课程知识分类学意义上看，经历接受与记忆、理解与探究、操作与体验、反思与感悟等学习方式，便是学生学科课程学习过程中最基本的学习方式。转变学习方式并不应该仅仅追求形式上的学习方式多样化，教学目标、教学内容、教学过程的差异性决定了教学过程中适切的学习方式是有限的。技术主义取向的教学之错就在于把所有的知识都当作事实性知识来进行处理，死记硬背、机械训练等单一的教学方式便成为必然，"去过程""去情境"实质上就是去掉了学生必经的成长经历。

（二）发展性是课堂教学改革的根本追求

单一技术层面的课堂变革难以提升课堂的教育涵养，不能丰富教学的发展性。课堂变革需要从对知识及其处理技术的关注转到基于知识处理对学生变化、发展和成长的关注，尤其是对学生核心素养和关键能力的关注，这一转变是回归教育本质的根本诉求。近十年来，人们创造了太多的所谓"新课堂"，诸如"高效课堂""快乐课堂""参与式课堂""翻转课堂""文化课堂"等等，不一而足。这些所谓的"新课堂"或偏重课堂的某一属性、某一目标、

---

① Anderson, L. W. et al. *A Taxonomy for Learning, Teaching and Assessing: A Revision of Bloom's Taxonomy of Educational Objectives*. New York: Addison Wesley Longman, Inc, 2001.

学生学习某一要素的以偏概全，或标准不明、指标不清的貌似合理的高大上。其实真正的课堂只有一个，那就是"发展性课堂"。坚定地树立"育人为本"理念，辩证处理教学过程中的师生关系、教与学的关系、目的与手段、时间与空间，以及知识与能力、知识与美德、书本知识与生活经验等关系，重建课堂教学价值观、重组课堂教学结构、再造课堂教学程序、重构课堂教学文化，丰富课堂的教育涵养，提升课堂的发展性，是当前课堂教学改革的根本方向。

发展性是教学最根本的价值追求，更是课堂教学改革的根本基础。课堂教学作为教育活动最经常、最普遍的途径和方式，其最根本的追求是促进学生发展。什么是发展性？简单地说，发展性就是改变性，是指课堂教学引起学生在认知、情感、技能等方面发生系统的变化，学科核心素养和关键能力得到整体提升。课堂教学需要通过知识处理，追求学生在认知方式、情感体验、思想境界、处事方式等维度发生实质性的变化。课堂教学的发展性要求课堂教学超越功利性或工具性的应试诉求，忠诚于教育的本质追求，切实体现"育人为本"的教育价值取向，完整达成教学目标而体现出来的高阶发展性品质。

四十多年前，苏联教育家赞科夫就主张处理好教学与发展的关系，提出发展性教学的理念，并确立了教学必须"使学生理解学习过程""使班上所有的学生都得到一般发展"等发展性教学原则。[①] 发展性教学不以学生占有了多少书本知识，也不以学生会做多少道题目为根本目的，而是追求知识习得后学生的学科能力、学科思想、学科经验以及核心素质得到改变，产生积极的思维方式改变、价值观念改变、行为方式乃至整个生活方式的改变。这也许是联合国教科文组织2013年在基础教育四大"价值支柱"的基础上增加"学会改变"的原因之一。当前深化课堂教学改革最需要警惕的就是应试主义教学价值观打着改革的旗号向课堂的渗透和侵蚀。

二、课堂教学发展性的内在标准

关于什么样的课堂是优质的课堂，什么样的课堂教学称得上是"有效"

---

① 赞科夫. 教学与发展 [M]. 杜殿坤等译. 北京：人民教育出版社，1986.

教学或"高效"课堂等问题，人们提出了诸多标准，但大多是形式标准或结果标准。最具代表性的答案是有效果、有效率、有效应。其实这三个标准是一个标准，即"有效能"，总体上看是一种结果标准，缺少了价值标准和过程标准的属性。优质课堂的根本标准就是发展性标准，即具有丰富的教育涵养和优良的发展性品质。要体现课堂教育涵养，达至高阶发展性品质，深化课堂教学改革必须追求内在的发展性，充分体现为以下三个内在标准。

（一）学习的意义感标准

学习的意义感的获得与建立，是衡量课堂教学优劣的价值起点标准。如果课堂教学的内容、过程、活动方式和方法难以让学生建立学习的意义感，难以找寻到学习的意义，它就不仅失去了存在的基础和必要，反而成为学生成长中的困惑和累赘。人是一种意义的存在，"人与事物之间，是通过意义而发生联系的"。[①] 意义深藏于人们的生活事件、生活世界和生活实践之中，没有拷问，没有沉思，没有觉醒，意义就会迷失，"人不仅仅存在着，而且不断地寻求着存在的意义、创造着存在的意义"。意义是主体对自我的评判，是主体对自我生活事件、生活实践、生活世界的合目的性、合价值性的评判。作为教学活动的主体，学生在学习过程中时刻需要寻求自我与知识之间的意义联系，并不断地通过认知过程和情意过程，追求和创造着学习内容、学习过程对自我成长的意义。让学生通过知识学习来追寻、获得或创造学习的意义感，课堂教学才具有了发展性品质和教育涵养的根本基础。课堂教学如果忽视了这一根本基础，总停留于玩弄改变教学技术层面的伎俩，该显得多么的苍白乏力！

意义感，就是主体对生活实践的意义性的意识活动。意义性是人生存于客观世界的根据，人与客观世界的内在关联性本质上是意义关联，因此人只有对生活事件、生活世界和生活实践的意义性有体认和觉醒，人对自我生存的意义感才能获得。意义感是建立在主体的自我意识、自我反思和自我觉醒的基础之上的。意义感的缺失，导致的最大问题就是人的活动主动性和积极

---

① 秦光涛. 意义世界 [M]. 长春：吉林教育出版社，1998.

性的丧失。对意义的理解和确认，是人开展生活实践的重要基石。意义感强的人，不需要外在刺激就会自主地参与特定的社会活动中，其活动也不可能是被动的活动。教育教学活动如果把知识或教学内容仅仅当作符号的存在来认识和理解，而不构成与学生生命实践的意义关联，就走向了教育的反面。

学习的意义感是学生对学习内容、学习过程和学习活动方式在价值识别、价值评判和价值确认的基础上产生的一种积极的意义体悟和意识过程。当下的所谓课堂教学大多沉溺于形式上的变化而追求应试的功利目的，而缺失了对学生学习意义感的促进，即丧失了对学生终身发展的意义性的促进。课堂教学要引起学生对为什么要学习那些内容、学习那些内容有何价值，以及怎样学习那些内容等问题形成正确的意义理解和价值确认。意义感强的学生才能全身心投入到课堂教学过程之中，并在动作、思维、情感等方面表现出极强的参与性。因此，学习的意义感是衡量课堂教学优劣好坏的根本价值标准，也是起点标准。建立学生对学习内容、学习过程和学习活动的意义感，引导学生理解和把握知识背后隐含的学科思想、学科方法及其实践价值与人生意义，是彰显课堂教学教育涵养、实现知识学习发展性价值的根本要求。

缺乏发展性和教育涵养的课堂，往往不能提升和增强学生对知识学习的意义感。把书本知识当作一种事实性的材料来学习和训练，充其量学生只能获得前人关于客观世界的描述。书本知识离开了学生的人生成长的内在需要，其价值性和意义性层面的内涵处于"结构性沉默"的状态，这样的课堂教学和知识学习是难以提升学生学习的意义感的。教学过程是引导学生主动追寻与创造成长意义的过程，这内在地要求彰显学习的实践属性，并赋予知识学习以意义向度。离开了对书本知识的意义获得，离开了学生的自我认识、自我觉醒、自我觉悟，何以消解儿童青少年对内心自我的孤独感、对外部世界的迷茫感、对社会生活的陌生感和对现实世界的厌恶感？何以真切地增强学生对社会的责任感、对生活的热情和对世界的关怀？要提高课堂教学的发展性品质，必须以增强学生知识学习的意义感为前提。

（二）学习的自我感标准

学习的自我感标准是衡量课堂教学优劣的过程标准。自我感的建立是人在生活实践中意义性的实现过程，教学过程的根本价值就在于通过知识学习完善自我意识，达到对自我的理解、确认和提升。所谓教学的发展性，即是教学活动通过引导学生的知识习得，指向学生对自我的确定和自我实现。因此，自我感的建立是教学发展的过程标准，因为从根本上说，人的生命全程和发展过程就是"从自我确定到自我实现"的过程。① 通俗地说，自我感就是人能够真正地认识自我、找到自我、觉醒自我并提升自我。诚如苏格拉底所说的那样，人是在不断地"认识你自己"的过程中得以成熟和发展的。黑格尔把人的自我成熟过程分为三个基本阶段：第一阶段是"单个自我意识"，主体意识到自我存在、自己的同一性和同其他客体的区别；第二个阶段是"承认自我阶段"，其前提是人际关系的产生，人意识到自己是为他人存在；第三个阶段是"全体自我意识"，即成为与自我性同一的道德实体。人在与外部世界的交互作用中不断提升自我的发展层次，从"存在的自我"，逐步走向"体验的自我"和"概念的自我"。这一过程不仅仅是一个对外部世界的符号化的认知与理解过程，更是一个通过符号知识与外部世界交互作用的实践过程。由此来说，教学活动的发展性决不取决于学生占有多少符号知识，而取决于学生通过符号知识这一中介建立起了怎样程度的自我与外部世界的意义联结，以及对自我发展的意义创造。教育和教学活动的价值不仅仅是使学生获得对客观世界的认识，而是通过认识客观世界并建立与客观世界的意义性联结，从而发展自我，成为与自我性高度同一的"道德实体"和生命实践主体。

学习的自我感，是指学生在学习过程中随着对知识理解的加深而产生的自我认知、自我觉醒和自我觉悟等自我成长体验。学习的自我感强调教学活动不能仅仅把知识作为对象和目的来看待，而应该把学生的自我成长作为对象和目的，教学需要建立起知识与学生自我的意义联结，要从知识回归到学生自我，这正是"教学回归生活世界"的根本意蕴。② 自我感强的学生，能在课堂学习过程中逐步认识到自我的不足，并时刻伴随着对自我的革新和改变，不仅能够找到自我，更能够觉醒自我，改变自我，即所谓的自我觉醒和自我觉悟。自我感是评价课堂教学与学生关联性程度的一种过程标准。课堂教学

---

① 科恩. 自我论 [M]. 佟景韩等译. 北京：生活·读书·新知三联书店，1986.
② 郭元祥. 回归生活世界的教学意蕴 [J]. 全球教育展望，2005 (9).

过程中，知识理解应该与学生的认知方式、现实生活、人生状态、生活经验产生丰富的联系，回应学生认知方式，回应学生生活经验或人生体验，学生在学习过程中自我感才能真正产生。从对象化教学走向自我感教学，是当前课堂教学改革最需要体现的一种教学理念转变和教学方式转向。

缺乏发展性和教育涵养的课堂，往往不能提升和增强学生对知识学习的自我感。当下的中小学课程大多把书本知识当作一种纯粹对象性的东西让学生来占有，书本知识外在于学生的人生经验、现实的自然背景和社会生活，课堂教学充其量仅仅是一种对象性教学或对象性学习。对象性教学或对象性学习远离真实的自然背景、社会现实，以及学生真切的人生状态和生活体验，学生在书本知识的学习过程中找不到自己，课堂就失去了感动力、感染力、感化力、感召力，从而课堂教学便缺失了改变学生的力量。美国有学者极力主张知识教学必须具有回应性，通过建立书本知识与现实背景、与学生生活体验和人生经验的内在联系，开展现实的回应、生活的回应、文化的回应。回应的本质是通过知识教学回到人身上，课堂教学中才能发现那个发展中的"未完成的人"，并促进他的发展。乌申斯基说："人是教育的对象。"可我们的课堂是这样一幅景象：知识是教学的对象！知识变成了教学的唯一目的，学生的成长被忘却了。丧失了自我感的课堂，何以可能转识成智、化知识为美德？怎么可能有力量？

（三）学习的效能感标准

学习的效能感，是指学生在学习过程中经过认知和情感过程所产生的成效体验，是教学活动的一种结果标准或成果标准。效能是一个统摄效率、效应和效果的概念，效能感是对效率、效应和效果的一种体验。教育效能理论把教育活动的效能分为过程效能和结果效能两个部分，学习效能感既是对学习结果的一种体验，更是对学习过程的一种体验。效率涉及的是活动过程中的投入产出比，效果就是指产出的结果，效应是指产出结果所引起的连锁反应。[①] 当前西方教学理论中提出的"成果导向教学"（Outcome-base Learning）

---

① 孙绵涛. 教育效能论 [M]. 北京：人民教育出版社，2007.

总体上说注重的是学习结果。但学习成果的根本属性应是发展性的，是以学生终身发展必备的核心素养、关键能力为核心的发展性成果。这些发展性成果皆由知识获得出发，但不止于符号占有和知识理解，而应进一步由知识获得导向美德和生存智慧。

转知成识、转知成智、化知识为美德，是效能的核心。认知困惑解除后的豁然开朗、情感心结排除后的茅塞顿开、思想矛盾克服后的觉醒觉悟，以及取得成功后愉悦的成就体验，都是学习效能感的表征。学习的效能感是评价课堂优劣好坏的结果标准。效能感既是学生在学习活动中对学习结果的一种积极体验，也是对学习过程中学习效率的一种积极体验。因此，学习效能感是反映学习效率和效果的一种关键指标。引导学生获得积极的效率和效果体验，及时发现学生在学习过程中的优点，鼓励学生获得成就体验，有助于提升学生在课堂教学过程中的学习效能感。

缺乏发展性和教育涵养的课堂，往往不能提升和增强学生学习的效能感。把书本知识当作结果来接受，只能让学生获得关于书本知识的某种"假定性意义"或"给定性意义"，教学过程止步于让学生知道和会解题，不顾学生通过知识加工产生了什么个人想法，形成了什么思想和能力。"堂堂清"清的是什么？显然是符号知识及其给定性涵义。学习效能感强的学生在知识学习的过程中往往伴随着丰富的情感体验，尤其是理智感和成就感的不断增强。豁然开朗、成就体验甚至高峰体验激励着他们不断地探究与体验、反思与感悟，不断地挑战自我、完善自我。当然，效能感是不能仅仅从学生是否会解题这一结果上得到验证的。教学过程是否能够激起学生学习的愿望，是否能够引起学生全方位参与教学过程，是否伴随着丰富的情感体验，是否真正有所知、有所得、有所获、有所悟，才是检验课堂教学效能感的基本维度。单一的知识授受和解题训练，或者课堂表层的活跃，绝不是效能感强的标准，相反，提升学生学习的效能感，必须依赖学生的强参与性、探究与体验和深度的反思与感悟。

三、实施深度教学，提升课堂的发展性品质

要让我们的课堂更有教育涵养，应着力于提升课堂的发展性品质，而不是提出一个与众不同的什么概念或教学模式，或者为了改变教与学关系、程序、时间的某种纯粹技术取向的课堂教学改革。随着课程教学改革的不断深入，切实转变学生观、知识观、教学观、质量观，通过实施深度教学，引导学生深度学习，切实提高课堂教学的发展性，是当前深化课堂教学改革的根本方向。

（一）转变知识观是提升课堂教育涵养的根本条件

提升课堂教育涵养必须超越对象化的静态的知识观，建立知识的教育学立场，克服对象化教学的局限性。[①]严格意义上的课堂教学必须要引导学生获得系统的书本知识，但如何看待知识，如何处理知识，教学是否实现了知识的教育价值，却决定了课堂教学的境界。一直以来，中小学课堂教学倾向于把知识作为定论、对象和结果来传授、来接受、来占有，把书本知识作为教学的对象，把书本知识的占有与获得作为教学的目的。有人就认为学就是"知识的打开"，所谓的高效课堂追求的就是学生在课堂中占有和掌握知识本身，至于学生占有和掌握知识之后发生了什么却不去深究，不去追求知识习得后学生产生了什么样的个人体悟，发生了什么样的变化和发展。这种知识观就是一种对象化的静态知识观。基于对象化的静态知识观的课堂教学，充其量只能告诉学生世界是什么样的，只能获得"关于世界的知识"，却不能让学生建立起与客观世界的内在关联性，不能引导学生建立"进入世界的知识"。[②]"关于世界的知识"是前人总结的，对象化教学和接受性学习只能让学生获得这种知识。"进入世界的知识"是学习者在客观知识掌握基础上基于个人生命和生活体验，在理解、体验和探究的基础上自主建构的个人知识，并成为其处事的价值观和方法论。

提升课堂教育涵养需要引导学生基于完整理解知识进行深度学习。深度的知识学习不是记住知识符号，不是对知识的简单占有，不是对知识的表层学习，而是理解并促进对知识的逻辑要素和意义系统的转化。深度知识学习过程不是一个线性的知识训练过程，而是一个复杂的生成过程。杜威就认为：

---

① 郭元祥. 知识的教育学立场[J]. 教育研究与实验，2009（5）.
② 赵汀阳. 心事哲学//长话短说[M]. 北京：东方出版社，2001.

知识具有不可教性，书本知识是不能直接进行教学的。知识的学习需要经过还原与下沉、经验与探究、反思与上浮的过程。这一过程恰似一个"U型"的学习过程。首先要将书本知识还原为"儿童有效率的习惯"，还原为"经验"，还原的过程即知识的"下沉"过程。再通过理解、体验与探究的过程，经过反思性思维和上浮的过程，书本知识才能真正变成学生自己理解的东西，即当今人们所说的"个人知识"。如果课堂教学省去了知识的还原与下沉、体验与探究、反思与上浮这一复杂过程，学生所获得的知识永远只能停留在对书本知识的简单占有层面上，课堂教学的发展性及其涵养是难以达成的。

（二）实施深度教学，促进学生精神发育

深度教学不是指无限增加知识难度和知识量，不是对知识的表层学习、表面学习和表演学习，不是对知识的简单占有和机械训练，而是基于知识的内在结构，通过对知识的完整处理，引导学生从符号学习走向学科思想和意义系统的理解和掌握，是对知识的深度学习。深度教学强调为理解而教、为思想而教、为意义而教、为发展而教，不再仅仅把知识作为教学的对象，而是把学生作为教学和促进的对象，教学过程切实从以知识为中心转向以学生发展为中心。

切实体现教学的过程价值，丰富学生的课程履历和学习过程，引导学生深度学习，其核心策略是过程策略。具体而言，主要包括三个方面。第一，理解性教学策略。理解是教学的根本基础，为理解而教是教学的基本出发点。知识作为学生学习和理解的基本内容，不能停留在对符号本身的占有和理解上，而应该通过具体知识的学习，理解具体知识所表征的特定事物和事务的本质及其规律、价值及其意义、思想及其方法、情感及其态度，引导学生通过知识理解建立起与外部世界的内在联系。第二，问题导向教学策略。体验和探究是学生知识学习的必经过程，是学生学科能力发展的根本途径。以问题为导向，引导学生体验和探究具体知识所隐含的思想与方法，以及问题解决的核心策略，是发展学生学科能力的基本要求，也是丰富学生学科经验和课程履历的根本要求。第三，回应性教学策略。从对象化教学转向到自我感教学，从知识处理转到对学生的关注，回应是最根本的策略。回应是指基于

理解性教学，将知识处理的结果与学生的现实状态建立起必然的联系，引起学生的反思、觉醒与感悟。回应的基本方式包括自然或社会背景的回应、学生生活经验的回应、文化精神与思想的回应。离开了回应的过程，任何方式的知识处理都是背离主体性教学原则的。

课堂教学如果把学生的学习导向了单一知识训练和应试主义教学的歧路，学科经验、学科思想、学科能力等关键目标难以深度达成，不仅破坏了学生课程履历的完整性、丰富性和规范性，而且损害了课程标准的严肃性和规范性，降低了课堂教学的发展性，课堂呈现出越改应试主义教学问题越严重的怪相。如何切实转变知识观，规范课程履历，实施深度教学，引导学生深度学习，完整地达成课程目标的要求，特别是学科思想和学科关键能力目标的达成，[①] 是当前深化课堂教学改革应解决的突出问题。

建立清晰、明确的课程学习任务性规约，将完整的课程目标、学习过程和学习方式任务化，以多样化的学习任务驱动引导学生进入学习过程，即任务导向学习（Task-base Learning，TBL）。教学要给予学生明确的学习任务，将具体的课程目标任务化，用规范性、多样化的学习任务来提升学生对学习内容的意义感，增强学生对教学过程的参与性。如果舍弃了对新知识的背景理解、资料收集，以及学习过程中的辨析与比较、论证与推理、问题提出与讨论探究等任务规约，不仅会降低学生对新知识学习的意义感，而且会出现大量理解断层等问题。深度教学需要以完整的学习目标、清晰的学习任务来引导学生真正理解并进入教学过程。建立丰富、完整的课程学习过程性规约，根据对新知识的类型划分，用问题来引导学生对新知识的了解、理解、探究、反思等具体学习过程，即问题导向学习（Problem-base Learning，PBL）。过程性规约旨在保证学生对不同类型知识学习过程的完整性和规范性，尤其是理解过程、探究过程、体验过程的完整性，达成课程学习的过程标准。应试教学在教学过程上的突出问题就是简化学习过程，甚至去过程、去情境。去过程的本质其实就是剥夺了学生发展的机会，消解了学科经验、学科思想和

---

① "深度教学"是笔者2007年以来开展的教学改革实验研究项目，主要针对课堂教学中普遍存在的对知识的表层学习、表面学习的局限性，主张通过知识的深度处理，引导学生深度学习。

学科关键能力发展的过程，这大概是应试教学的通病。建立多样、规范的课程学习方法性规约，以学生课程学习所应和所能达到的表现性标准为依据，引导学生经历规范的学习方式和学习方法，追求学习的发展性结果，即成果导向学习（Outcome-base Learning，OBL）。学生深度学习的结果或成果应聚焦知识结构的建立、可观察的表现性行为、学科经验的丰富、学科思想的建立，以及学科关键能力的形成。因此，课程学习的方法性规约的根本价值在于促进学生对知识的深度学习，实现知识向经验、思想、能力的深度转化。

建设丰富、完整、规范的课程履历，是当前深化课程改革的重要问题，是实施深度教学，引导学生深度学习，实现课程目标的根本保证。[①] 克服当前教学过程中的表面、表层、表演的局限性，引导学生深层、深刻、深度学习，是深化课堂教学改革之必需。

[①] 深度教学是旨在完整实现知识发展价值的教学理念，笔者把深度教学的核心策略概括为 TBL、PBL、OBL，合称"TOP"教学模式。

目 录

深度教学的理念与价值论基础

深度教学:缘起、基础与理念 …………………… 郭元祥 3
深度教学:内涵、特征与标准 …………………… 伍远岳 26
新课程三维目标与深度教学
　　——兼谈学生情感态度与价值观的培养 ………… 姚林群 43
学科能力表现:意义、要素与类型 ……………… 马友平 53

深度教学的知识论基础

知识的教育学立场 ……………………………… 郭元祥 67
知识的性质、结构与深度教学 …………………… 郭元祥 79
论课程知识的本质属性及其教学表达 ………… 郭元祥 吴 宏 92
深度教学视野下的人知关系重建 ……………… 伍远岳 104
评价学生知识获得的标准 ……………………… 伍远岳 110

深度教学的学习论基础

论学习观的变革:学习的边界、境界与层次 …… 郭元祥 121
学习的实践属性及其意义向度 ………… 郭元祥 伍远岳 144
学习投入的内涵、类型及其优化 ………………… 陈 娜 157
小学生数学学习投入水平的测评与提升 ………… 李 新 168

论学生课程履历及其规约 …………………… 郭元祥　李炎清　182

深度教学的教学过程改进

论教师的教学思维及其形成 …………………………… 杨莹莹　195
论教学思维方式的变革
　　——从课堂教学改革的现状谈起 ………………… 陈秀玲　208
学科课程思想的内涵、特征及其对教学的观照 ………… 陈　娜　217
"U型学习"、学习投入与课堂的画面感
　　——谈课程改革的深化 ……………………………… 郭元祥　228
语文学科育人价值的实现路径 …………………………… 武凤霞　240
促进知识与学生"相遇"
　　——以《陈太丘与友期行》为例 ………… 吴淑芬　谢虎成　248

深度教学的理念与价值论基础

深度教学：源起、基础与理念

郭元祥

随着认知科学、脑科学、人工智能和学习科学的不断发展和深化，关于教学和学习的研究由对教和学的形式与技术层面的关注走向对学习过程的深刻探寻。超越对符号知识的表层学习，注重深度学习，追求公共知识的个人意义达成，几成国际教学改革的基本方向。① 学生的深度学习，需要教师深度教学的引导。十一年来，笔者基于知识观和学习观对我国新一轮基础教育课程改革中出现的过于注重教学形式、教学时间、教学技术改变等种种局限的反思，在国内开展了深度教学的理论研究和实验研究。深度教学的本质、基础、理念是什么？在追求发展学生核心素养背景下，明确这些问题，实施深度教学，引导深度学习，是深化课程教学改革的核心问题。

一、从深度学习到深度教学

（一）源起：深度学习概念的提出

深度学习的概念，源于三十多年来计算机科学、人工神经网络和人工智能的研究。20 世纪八九十年代，人们提出了一系列机器学习模型，应用最为广泛的包括支持向量机（Support Vector Machine，SVM）和逻辑回归（Logistic Regression，LR），这两种模型分别可以看作包含 1 个隐藏层和没有隐藏层的浅层模型。计算机面对较为复杂的问题解决训练时，可以利用反向传播算法计算梯度，再用梯度下降方法在参数空间中寻找最优解。浅层模型往往具有凸代价函数，理论分析相对简单，训练方法也容易掌握，取得了很多

---

① 郭元祥. 课堂教学改革的基础与方向——兼论深度教学［J］. 教育研究与实验，2015（6）.

成功的应用。① 随着人工智能的发展，计算机和智能网络如何通过基于算法革新，模拟人脑抽象认知和思维，准确且高清晰度地处理声音、图像传播甚至更为复杂的数据处理和问题解决等问题，在 21 世纪来临的时候成为摆在人工智能领域的关键问题。

三十多年来，加拿大多伦多大学计算机系辛顿教授（Hinton，G.）一直从事机器学习模型、神经网络与人工智能等问题的相关研究，并在机器学习模型特别是突破浅层学习模型，实现计算机抽象认知方面取得了突破性的进展。2006 年，他在 Science 上发表了《利用神经网络刻画数据维度》（*Reducing the dimensionality of data with neural networks*）一文，探讨了应用人工神经网络刻画数据的学习模型，首先提出了深度学习（Deep Learning）的概念和计算机深度学习模型，掀起了深度学习在人工智能领域的新高潮。这篇文章的两个主要观点是：第一，多隐藏层的人工神经网络具有优异的特征学习能力，学习到的特征对数据有更本质的刻画，从而有利于可视化或分类。第二，深度神经网络可以通过"逐层初始化"（Layer-wise Pre-training）来有效克服训练和优解的难度，无监督的逐层初始化方法有助于突破浅层学习模型。② 基于深度置信网络（DBN）提出非监督逐层训练算法，为解决深层结构相关的优化难题带来希望，随后提出多层自动编码器深层结构。③ 2012 年，辛顿又带领学生在目前最大的图像数据库 Image Net 上，对分类问题取得了惊人的结果，将计算机处理图像数据问题时排名前五的错误率（即 Top5 错误率）由 26％大幅降低至 15％，大大提高了人工智能图像数据处理的准确性和清晰度，这是早先计算机仅仅依赖数学模型的表层学习和单层学习根本无法实现的水平。

在人工智能领域，深度学习其实是一种算法思维，其核心是对人脑思维

---

① Y. LeCun and Y. Bengio. Convolutional networks for images, speech, and time-series. In M. A. Arbib, editor, *The Handbook of Brain Theory and Neural Networks*. MIT Press，1995.

② Geoffrey E. Hinton, Salakhutdinov R. R., Reducing the dimensionality of data with neural networks. *Science*，2006 Jul 28；313（5786）：504-7.

③ Geoffrey E. Hinton, Simon Osindero, Yee-Whye Teh. A Fast Learning Algorithm for Deep Belief Nets. *Neural Computation*，2006（7）.

深层次学习的模拟，通过模拟人脑的深层次抽象认知过程，实现计算机对数据的复杂运算和优化。深度学习采用的模型是深层神经网络（Deep Neural Networks，DNN）模型，即包含多个隐藏层（Hidden Layer，也称隐含层）的神经网络（Neural Net-works，NN）。深度学习利用模型中的隐藏层，通过特征组合的方式，逐层将原始输入转化为浅层特征、中层特征、高层特征，直至最终的任务目标。深度学习可以完成需要高度抽象特征的人工智能任务，如语音识别、图像识别和检索、自然语言理解等。深层模型是包含多个隐藏层的人工神经网络，多层非线性结构使其具备强大的特征表达能力和对复杂任务的建模能力。训练深层模型是长期以来的难题，近年来以层次化、逐层初始化为代表的一系列方法的提出，为训练深层模型带来了希望，并在多个应用领域获得了成功。

人工智能学者们认为计算机和智能网络的这一深层的自动编码与解码过程，是一个从数据刻画、抽象认知到优选方案的深度学习的过程。由于人脑具有深度结构，认知过程是一个复杂的脑活动过程，因而计算机和人工智能网络模拟从符号接受、符号解码、意义建立再到优化方案的学习过程也是有结构的；同时，认知过程是逐层进行、逐步抽象的，人工智能不是纯粹依赖于数学模型的产物，而是对人脑、人脑神经网络及抽象认知和思维过程进行模拟的产物。应该说，到目前为止，深度学习是计算机和智能网络最接近人脑的智能学习方法。近几年来，深度学习进一步尝试直接解决抽象认知的难题，并取得了突破性的进展，AlphaGo 的问世，便是明证。2013 年 4 月，《麻省理工学院技术评论》（*MIT Technology Review*）杂志将深度学习列为 2013 年十大突破性技术之首。[①] 深度学习引爆的这场革命，将人工智能带上了一个新的台阶，不仅学术意义巨大，而且实用性很强，工业界也开始了大规模的投入，一大批产品将从中获益。20 世纪八九十年代以来，随着学习科学的不断发展，深度学习的概念和思想不断在教育中得到应用。

（二）深度学习在教育中的兴起与发展

来自脑科学、人工智能和学习科学领域的新成就，必然引起教育领域研

---

① 余凯等. 深度学习的昨天、今天和明天 [J]. 计算机研究与发展，2013 (9).

究者的深刻反省。计算机、人工智能尚且能够模拟人脑的深层结构和抽象认知，通过神经网络的建立开展深度学习，那么人对知识的学习究竟应该是怎样的一个脑活动过程和学习过程？学生的学习有表层和深层等层次之分吗？从作为符号的公共知识到作为个人意义的个人知识究竟是怎样建立起来的？知识学习过程究竟是一个怎样的抽象认知过程？信息技术环境支持下深层次的学习如何实现？近十多年来，这些问题引起了许多教育研究者特别是教育技术学研究者浓厚的兴趣，深度学习、深度教学的研究日益引起人们的重视。也正是在辛顿的"深度学习"概念明确提出后，教育学领域特别是教育技术学领域的深度学习研究日益活跃起来。

其实，早在1956年布卢姆在《教育目标分类学》里关于"认知领域目标"的探讨中，对认识目标的维度划分就蕴含了深度学习的思想，即"学习有深浅层次之分"，将教学目标分为了解、理解、应用、分析、综合、评价六个由浅入深的层次。[①] 学习者的认知水平停留在知道或领会的层次则为浅层学习，涉及的是简单提取、机械记忆符号表征或浅层了解逻辑背景等低阶思维活动，而认知水平较高的深层理解、应用、分析、综合和评价则涉及的是理性思辨、创造性思维、问题解决等相对复杂的高阶思维活动，属于深层学习。1976年，美国学者马顿（Marton，F.）和萨尔约（Saljo，R.）在《论学习的本质区别：结果和过程》（On Qualitative Difference in Learning: Outcome and Process）一文中明确提出了表层学习和深层学习的概念。[②] 这被普遍认为是教育学领域首次明确提出深度学习的概念。他们在一项关于阅读能力的实验研究中，明确探讨了阅读学习的层次问题。通过让学生阅读文章并进行测验，发现学生在阅读的过程中运用了两种截然不同的学习策略：一种是试图记住文章的事实表达，揣测接下来的测试并记忆，即表层学习（Surface Learning）；另一种是试图理解文章的中心思想和学术内涵，即深层学习（Deep Learning），也被译为深度学习。深度学习的学习者追求知识的理解并

---

① 安德森. 布卢姆教育目标分类学（修订版）[M]. 北京：外语教学与研究出版社，2009.

② Marton, F.. Saljo, R.. On Qualitative Difference in Learning: Outcome and Process. British Journal of Educational Psy-chology, 1976（46）.

且使已有的知识与特定教材的内容进行批判性互动，探寻知识的逻辑意义，使现有事实和所得出的结论建立联系。浅层学习和深层学习在学习动机、投入程度、记忆方式、思维层次和迁移能力上有明显的差异。深度学习是一种主动的、高投入的、理解记忆的、涉及高阶思维并且学习结果迁移性强的学习状态和学习过程。之后，拉姆斯登（Ramsden，1988）、英推施黛（Entwistle，1997）以及比格斯（Biggs，1999）等人发展了浅层学习和深度学习的相关理论。① 随着信息技术的发展，近十年来，国外学者对信息技术支持下的深度学习及其在各学科领域、各类教育中的应用研究日渐广泛。

2002年以来，从技术支持高等教育的深度学习、虚拟环境中的深度学习、形成性评估对深度学习的影响、学习环境对学生进行深度学习的影响、技术支持下的深度学习设计等方面进行研究的成果日益丰富，但绝大部分是基于教育技术学视野的研究成果。2006年辛顿教授关于深度学习的成果发表，进一步推动了深度学习在教育中的研究与应用。近十年来，在中小学深度学习研究方面最有影响的当属加拿大西盟菲莎大学（Simon Fraser University）艾根（Egan，K.）教授领衔的"深度学习"（Learning in Depth，简称LID）项目组所进行的研究，其成果集中体现在《深度学习：转变学校教育的一个革新案例》（*Learning in Depth: A Simple Innovation That Can Transform Schooling*）等著述之中。② 该研究探讨了深度学习的基本原则与方法，分析了深度学习对学生成长、教师发展和学校革新的价值与路径，并在加拿大部分中小学进行实验研究，其核心成果聚焦课堂学习和教学问题，即使是关于教师教育中深度学习的研究，也聚焦于教师的学习过程和学习方式。③ 艾根所开展的深度学习研究项目超越了单一教育技术学视野的研究，不仅仅是关于教学设计、学习技术和学习环境开发的研究，而是基于建立新的学习观和知识观，对教学活动与学习过程作出了新的阐释。总体上看，国内关于深度学

---

① 安富海. 促进深度学习的课堂教学策略研究［J］. 课程·教材·教法，2014（11）.

② Kieran Egan. *Learning in Depth: A Simple Innovation That Can Transform Schooling*. London, Ontario: The Althouse Press, 2010.

③ Kieran Egan. "Learning in Depth" in teaching education. *Alberta Journal of Educational Research*, Vol. 59, No. 4, 2013.

习的研究最近十年才刚刚起步。2005年，我国学者何玲、黎加厚在《促进学生深度学习》一文中率先介绍了国外关于深度学习的研究成果，同时探讨了深度学习的本质，认为深度学习是指在理解学习的基础上，学习者能够批判性地学习新的思想和事实，并将它们融入原有的认知结构中，能够在众多思想间进行联系，并能够将已有的知识迁移到新的情境中，做出决策和解决问题的学习。[①] 该文被认为是国内较早介绍并论及深度学习的研究成果，此后，关于深度学习的探讨，特别是基于信息技术环境下深度学习的相关研究论文逐渐增加。2006年10月，笔者在前期研究的基础上，与台湾成功大学教育研究所所长李坤崇教授联合发起"海峡两岸能力生根计划"，在海峡两岸合作开展该计划，推进能力导向的深度教学的理论研究与实验研究，主张以价值观、知识观、学习观、过程观的重建为基础，以发展学生的学科能力为宗旨，实施深度教学，克服课堂教学改革过于注重教学程序、教学技术、教学时间的浅层次改革和表层学习的局限性，深化课堂教学改革。2014年后，中国教育科学院院长兼教育部课程教材研究与发展中心主任田慧生研究员基于深化课程改革的需要，带领一个团队开始启动深度学习的项目研究。直至今日，基于核心素养追求背景下的深度学习研究项目，如雨后春笋般涌现，"深度学习"成为教育研究中的一个热词。

（三）深度学习走向深度教学的必然性

尽管计算机、人工智能领域与教育学领域都提出了"深度学习"概念，但不难看出二者显然具有本质差异。计算机与人工智能领域的深度学习是建立在机器模拟人脑深层结构的基础之上的，是基于人脑结构的一种计算机算法思维和问题解决模型，是对人脑和认知结构的模拟。而教育学领域的"深度学习"概念，无论是61年前的布卢姆还是41年前的马顿和萨尔约，都指向了"知识"和"学习"两个核心，是关于知识学习的目标和过程的问题。布卢姆在教育目标分类学认知领域的目标构设中，认为认知目标是由了解、理解、应用、分析、综合、评价六个不断加深的层次构成的。这一目标明显

---

① 何玲，黎加厚. 促进学生深度学习 [J]. 计算机教与学，2005 (5).

是关于知识学习和认知过程的目标，在2001年修订版中，这一目标被精确表述为知识学习和认知过程两个维度。马顿和萨尔约在关于阅读的研究中，基于学生对文本理解的层次和理解的深度提出了"深度学习"的概念，并认为学习的本质区别在于过程而不是学习的结果，是学生对文本知识学习的深刻程度决定了其学习结果的差异性。

艾根的研究实现了从深度学习向深度教学的转向。艾根的深度学习（Learning in Depth）的研究更明确地指向了学生对知识的学习所到达的深度，以及教师通过对知识的处理引导学生逐步到达一定的学习深度，这一深度学习（Deeper Learning）的过程是一个逐步深化的学习过程，要求教师在教学过程中引导学生深度学习应着眼于知识的深层次理解和深度处理。该项研究表明，深度学习的研究开始从单一的学习技术研究转向了对教学过程的关注，注重深度学习与深度教学的关联性和一致性，深度学习的研究呈现出向深度学习与深度教学相结合的转向。从深度学习走向深度教学，一方面是教与学的一致性决定的，另一方面是当前中小学课堂教学普遍存在的局限性决定的。教与学的关系既不是对立关系，也不是对应关系，而是一种具有相融性的一体化关系，离开了教无所谓学，离开了学也无所谓教，教与学一致性是教与学的相融属性。学生真正意义上的深度学习需要建立在教师深度教导、引导的基础之上。从本质上看，教育学视野下的深度学习不同于人工智能视野下的深度学习，不是学生像机器一样对人脑进行孤独的模拟活动，而是学生在教师引导下，对知识进行的"层进式学习"和"沉浸式学习"。"层进"是指对知识内在结构的逐层深化的学习，"沉浸"是指对学习过程的深刻参与和学习投入。离开了教师的教学和引导，学生何以"沉浸"？因此，深度学习只有走向深度教学才更具有发展性的意义和价值。同时，我国新一轮基础教育课程改革以来，课堂教学改革依然存在着诸多表层学习、表面学习和表演学习的局限性，"学习方式的转变"往往演变成了教学形式的改变，诸如教与学在程序上的简单翻转和在时间上的粗暴分配。其所体现出来的知识观、价值观、教学观、过程观依然陈旧落后，以学科知识、学科能力、学科思想和学科经验的融合为核心的学科素养依然未能得到实质性的渗透。正是基于这些思考，笔者所带领的研究团队，提出并持续开展了十年的深度教学研究。

二、深度教学的基础

深度教学不是指无限增加知识难度和知识量,而是克服对知识的表层学习、表面学习和表演学习,以及对知识的简单占有和机械训练的局限性,基于知识的内在结构,通过对知识完整深刻的处理,引导学生从符号学习走向学科思想和意义系统的理解和掌握,并导向学科素养的教学。[①] 它要求学习者深度理解知识内涵,主动建构个性化的知识系统和意义系统,并有效迁移运用于解决真实情境中的问题,追求在获得知识意义、建立学科思想、发展学科能力、丰富学科经验的基础上养成学科核心素养。深度教学以知识观和学习观的重建为根本基础。

(一)深度教学的知识论基础

严格意义上的教学和教学理论首先必须回答知识观的问题,因而科学明晰的知识观是检验任何一个教学理论和教学模式的基本标准。[②] 怎样理解知识的本质和知识的结构、如何实现知识的内在价值、学生进行知识理解的条件是什么、知识的文化属性以及知识之于教与学的相融属性如何体现等问题,是教学理论和教学模式必须要清晰地回答的基本问题。深度教学以教育学立场的知识观为基础,强调引导学生对知识的完整理解和深刻学习。

1. 关于知识的性质。所谓知识,"是客观事物的属性与联系的反映,是客观事物在人脑中的主观映像"[③];"知识是人类认识的成果,它是在实践的基

[①] 郭元祥. 课堂教学改革的基础与方向——兼论深度教学[J]. 教育研究与实验, 2015(6).

[②] 如果按照这个标准来检视,我们不难发现三十多年来国内的诸多教学模式其实还称不上教学模式,而仅仅是解决教学过程中某一环节的教学方法或教学技术,是一种教学改革的技术层面的考量。"10+35"教学模式等类似的提法,就不是教学模式而仅仅是处理教学时间分配的一种技术,而"翻转课堂"也不是教学模式,而是改变教与学的先后程序的一种技术而已。因为它回避了教学的根本问题:知识及其价值实现等决定教学本质和价值的问题。

[③] 中国大百科全书·教育[Z]. 北京:中国大百科全书出版社,1985.

础上产生又经过实践检验的对客观实际的反映"①。显然，关于知识的本质，哲学认识论回答的基本问题是人类知识的产生，以及人的认识方式等问题，它为人们提供了理解知识最普遍的世界观和方法论，即哲学认识论立场。但对教育活动中的知识问题而言，哲学认识论立场的知识本质缺乏对教育场域特质的观照。从教育的角度看，知识与学生的相遇，最根本的标志是一切进入学生发展历程的知识都应赋予学生"成长意义"。此时，知识对作为知识再生产主体的学生而言，所涉及的不完全是"真理问题"，而更是"幸福问题"。②法国著名教育哲学家莫兰（Moran，E.）在《复杂性理论与教育问题》一书的开篇就指出："致力于传播知识的教育，对于什么是人类知识、它的机制、它的价值、它的局限及其可能导致的错误和幻觉等问题毫无所知，毫不关心，这是非常令人担忧的！"教学真正需要关心的不是学生在学习知识之后知道了什么，而是学生在价值观念、思维方式、生活方式等方面发生了什么样的精神发育。

学习并掌握基础知识是教学的基本表层目的，但不是教学的终极目的，促进学生成长和个性发展才是终极目的。对学生发展的终极目的来说，知识依然是教学的材料。通过学科知识教学发展学生的学科核心素养和学科关键能力，应是课程教学的根本目的。"知识之后"（Beyond Knowledge）是指对符号知识的超越和追问，是对知识所隐含的思想、意义、思维方式的深层追问。知识之后是什么？这恰恰是实现知识的教育价值需要追问的。对于学生的成长而言，对符号知识的占有并不是目的，促进知识向核心素养转化才是宗旨。

任何知识，不管是科学知识、社会知识，还是人文知识，都是特定文化背景下的产物，都蕴含着特定的思想、思维方式和价值观念。正是人类认知世界的思维方式、文化价值观念、文化思维方式、文化精神等组成了知识的内核，成为人类认识史上的"文化地标"（Culture Heritage Place）。教育在对待知识和处理知识的问题上，超越对知识的符号占有，获得符号所隐含的全部意义，才能让学生获得人类认识史上文化地标的全部价值，否则都只能导

---

① 中国大百科全书·哲学Ⅱ[Z]. 北京：中国大百科全书出版社，1987.
② 郭元祥. 知识的教育学立场[J]. 教育研究与实验，2009（6）.

致唯一的结果：思想荒芜和文化沙漠。从教学的层面讲，深化课程改革就是要克服表面的、表层的、表演的知识教学的局限性，促进知识向核心素养的转化。当前应试主义教育盛行下课堂教学的根本危险便是丢失了知识内具的发展基因的多样性，培养了一大批只有知识而没有文化的"知道分子"。

对学生的成长而言，知识其实是一粒有待发育的"精神种子"。正如古希腊哲学家苏格拉底所说，"知识即美德"，知识是一粒思想的种子、智慧的种子、美德的种子。知识是关于"科学世界"的，但更是关于"生活世界"的。知识作为人类认识的成果，是客观事物本质属性在人脑中的反映，是关于"物—我""你—我""我—我"关系的，知识内在地包含着人建立并处理社会关系的德性智慧。知识学习的重要目的，一方面在于基于认知与理解"公共知识"（Public Knowledge），分享人类认识世界的文化和思想遗产，另一方面在于通过公共知识的转化，建立个人知识。个人知识（Personal Knowledge）其实是个体认识世界的方式。对公共知识的占有是通过知识获得生长社会性品质的过程，而个人知识的形成过程则是人的个性化成长的必经过程。学生学习知识的过程从根本上说是知识作为"精神种子"发育成为个体的思想、智慧和美德的过程。知识学习的过程不仅仅是通过前人的认识成果来认识世界，更是反求诸己，检视并回应自我，倾听自我内心的声音，观照自我内心世界，建立处世哲学、思维方式和方法论的过程。以知识为话题和中介的师生对话与交往、理解与探究、体验与反思，其实是知识作为"精神种子"在学生身上展开精神发育过程的土壤。"学习者中心"的课程和教学的根本价值就在于从对知识的关注转到对知识的精神发育的关注。有人说，一个人的阅读史就是一个人的精神发育史，其实是过于以偏概全了。严谨地讲，个体的学习史才是个体的精神发育史。

挖掘知识所凝结的思想要素、智慧成分和德性涵养，通过转化促进知识的精神发育，是当下课程教学改革的根本基础。但应试主义取向的教学有太多的短视和功利，太多的囫囵吞枣和食而不化，太多的浅尝辄止和"速效"课堂，必定消解课程教学以及知识的教育涵养。当下的课堂教学改革停留于教学程序的简单翻转和教学时间的粗暴分配的层面上，导致课堂呈现出把知识仅仅当作符号而进行的表面学习、表层学习、表演学习的局限性。知识处理缺乏必要的深度，制约了教学目标的完整达成和深度达成。知识是课堂教学的基本单位，离开了对知识的深度处理和深度理解，谈何课堂教学改革的深化？因此，深化课堂教学改革，必须引导学生深度理解知识。

2. 关于知识的结构与知识理解。知识学习必须完整地理解知识，而知识是具有内在结构的。150年来，"什么知识最有价值"这个经典的课程问题把人们引向了知识分类学和知识价值比较的研究，通过五花八门的知识分类，人们从知识分类学的角度得出了关于"最有价值的知识"的不同答案。在众多的答案中，唯有英国教育哲学家赫斯特（Hirst，P. H.）超越知识表层类型划分，进入了知识的内在构成。他认为："最有价值的知识，是人类理解世界时形成的七八种独特的、基本的和逻辑上明确的认知知识的形式。"这表明，他开始超越知识类型的划分，深入知识的内在构成来思考知识与课程、知识与教学的问题。尽管美国教育哲学家索尔蒂斯（Soltis，J. F.）在评论中认为赫斯特分离了知识的内容与知识的形式之间的关系，[1] 但笔者认为进入知识的内部构成来讨论知识及其教学问题，其理论意义是显见的。近三十年来，我国的教育理论一直因循认识论的传统，把知识作为一个可以直接接受的认识结果的整体来看待，影响了教学丰富价值的实现。其实，从内在构成上看，知识具有符号表征、逻辑形式和意义系统的三个不可分割组成部分。知识理解绝不仅仅是理解作为符号存在的知识，而是理解知识所反应的客观事物及其规律，理解人的生活世界及其与人的关系。按照哈贝马斯的观点，就是理解与人的生存不可割裂的自然世界、社会世界、精神世界的本质规律，并建立起人自身与生活世界的互动关系。从此意义上说，知识学习过程中学生所要理解的不是符号知识本身，而是符号知识所概括的客观世界及其与人的发展之间的生成性关系。[2] 知识理解作为教学的基础，需要超越单一的符号理解，走向对符号所存在的内容和意义的理解。知识理解的本质是理解符号知识所反映的客观事物或事务的本质及其规律；通过符号知识的学习理解并建立人与客观世界或社会事务之间的内在关系；理解符号知识所承载的思想和

---

[1] Soltis, J. F.. Knowledge and the Curriculum: A Review. *Teachers College Record*, Vol. 80, No. 4, May 1979.

[2] 郭元祥. 知识的性质、结构与深度教学 [J]. 课程·教材·教法，2009 (11).

情感并体验这种思想和情感。符号表征是知识的形式或外壳，思想、思维方式和情感才是知识内核。深度教学强调在知识处理过程中由对知识的形式理解进入意义理解的深度。对知识的意义理解需要对知识所承载的思维方式、学科思想及其所表达的情感、态度加以理解和内化。

3. 关于知识学习的条件。从知识发生学角度看，知识理解的内在条件主要源于两个维度，一是知识成立的条件，二是知识依存的条件。离开了这两个条件，是不可能达到理解知识的目的的。知识之所以成为知识，都具有三大根本条件。美国课程理论家谢夫勒在《知识的条件》一书中指出：知识具有信念条件（Belief Condition）、证据条件（Evidence Condition）和真理条件（Truth Condition）。这既是知识成立的内在条件，也是知识理解的内在条件。在教学过程中，创设知识理解的内在条件，是知识处理的充要条件。所谓知识的信念条件，是指对知识确认为真的判断，是对知识内在属性和本质特征的正确性、真理性的判断。信念条件涉及对知识与其他相似、相对、相反知识的内在本质规定性的区别性。这是理解新知识、区分新旧知识的首要条件。辨析与比较是学生理解新知识必经的第一个逻辑思维过程和思维方式。学生是否真正理解了新知识，基本标志之一就是看学生能否将新旧知识区别开来，通过辨析与比较找到新旧知识之间的本质区别点。知识的证据条件，是指用以证明对知识的确认性、真理性判断的基本证据，即用什么东西来证明它是对的，以及与其他判断的不同所在。一般来说，知识的证据条件主要有两种：一是逻辑证据，二是事实证据。知识的逻辑证据需要通过论证与推理的逻辑思维过程，知识的事实证据需要找到新知识的表象、现象证据或事实。在教学过程中，让学生获得对新知识的证据条件需要引导学生经历论证与推理、案例与例证的学习过程。数学新知识的理解要借助于论证、推理与证明，科学类课程的新知识理解要通过实验与观察，社会科学类课程新知识的理解则需要经过联系实际来学习。证据条件是建立抽象的概念知识与现象之间的规律性联系的纽带，是学生理解抽象知识的支架。

从形式上看，科学知识都是以符号的形式保存下来的，但从内容上看，知识依存于三种方式存在被人理解和传承，即知识的背景依存、逻辑依存和经验依存。但如果离开了知识的这三种依存条件和内在的存在方式，理解同样会出现问题。知识的背景依存，是指任何知识都指向特定的现象表征或事实存在，是对现象和存在的高度概括。没有背景的知识是不存在的。几乎所有的知识都拥有自然背景，或历史背景，或社会背景，或文化背景，都与特定的背景相关联。所以，知识理解务必要理解知识的背景。新知识的教学过程中，知识背景的教学是学生获得知识的信念条件和证据条件的根据。知识的逻辑依存，是指知识都拥有特定的内在逻辑。没有逻辑，知识就难以构成体系，也难以转知成智。这种逻辑大抵包括知识所隐含的特有的思维方式、学科方法论。找到了知识的逻辑证据，便找到了知识的逻辑依存方式。知识的经验依存，是指特定的知识都与人类特定时期的认知方式和社会背景相适应，也与学习者个体的生活经验和体验相关联。不同历史时期的科学知识反映了人类不同时期的种族经验和认知方式。在人类知识的传承过程中，后人总是按照新的认识方式和生活体验去理解前人创造的知识，并在新的认知条件下通过获得对已有知识的意义增值来不断发展前人的知识。这正是后现代教育理论强调学习者对知识进行新的意义创生的价值所在。

机械训练的应试主义教学往往无视知识成立和知识依存的内在条件，仅仅对知识作表层处理，知识理解缺乏必要的广度和深度，即没有信念条件、证据条件。没有新知识的背景教学、逻辑教学和经验教学，最终必然导致学生对新知识的理解断层。当下中小学的课堂教学大多像压缩饼干，去知识背景、去证据教学、去思维过程教学，热衷于课堂教学形式上的改变，诸如"导学案"之类应试伎俩，只会将课堂导向表层学习的泥潭，课堂没有文化包容性和文化敏感性，最终贻误的是学生的学科核心素养和关键能力的发展。

（二）深度教学的学习观基础

学习观是教育理论和教学模式的又一重要基石。学习是有机体为了适应环境的需要而不断积累经验、改变行为的过程，但是，并不是所有行为变化都是学习的结果，还有本能、成熟等其他方面对行为的影响。"学习是指学习者因经验而引起的行为、能力和心理倾向的比较持久的变化，这些变化不是因成熟、疾病或药物引起的，而且也不一定表现出外显的行为"①，因此，学生的变化过程和变化状态体现了学习的层次和深度。深度教学强调学习的丰富性、沉浸性和层进性，实现学习的过程价值和实践属性。

1. 关于学习的丰富性和多样性。知识的性质与结构、价值与条件决定了学习的丰富性。知识的内在要素是多样的，内在价值也是多样的，从而知识学习也应是丰富的，学习的丰富性是深度教学的前提，没有学习的丰富性就不可能有学习的深刻性。表面学习或表层学习的根本问题就在于把知识仅仅当作符号来学习、记忆、训练和占有。后现代课程理论的代表人物多尔提出的4R学习中，就把丰富性（Richness）作为学习的第一个特性。从知识的内在构成上看，只有对知识的符号表征的学习，而没有对知识的逻辑形式和意义系统的学习，知识学习只可能是表层的学习。从知识成立的条件来看，知识理解过程中信念条件的学习、证据条件的学习和真理条件的学习也是缺一不可的。在中小学课堂观察中，我们往往发现知识的教学大多是平面的，缺乏对知识的内在要素和条件的分解。教学过程中平面的和表面的知识处理，不仅导致了表层的知识学习，而且直接导致了教的逻辑和学的逻辑的混乱。从知识的内在结构和知识理解的条件上看，知识理解和知识教学存在着结构性缺失，从而极大地破坏了学习的丰富性，折损了学习的丰富性和知识的丰富性价值。

特定的知识都是关于客观事物内在规律的描述，而且知识的发展价值恰恰又体现在学习者通过知识的理解和学习建立起自我与知识所表达的客观世界的关系上。从学习的过程属性和过程价值来看，知识学习的过程都与学生作为人的生成过程相关联，这便是教育或教学的过程属性与过程价值、学习的实践属性与意义向度之所在。② 因此，学习的丰富性体现在知识学习所达成的意义层次的丰富性和深刻性上。知识学习的意义层次的丰富性和深刻性是

---

① 施良方. 学习论［M］. 北京：人民教育出版社，2001.
② 我认为教学的过程属性和过程价值、学习的实践属性和意义向度，本质上是深度教学的基础。参见郭元祥. 论教育的过程属性与过程价值——生成性思维下的教育过程观［J］. 教育研究，2005（8）. 郭元祥，伍远岳. 学习的实践属性及其意义向度［J］. 教育研究，2016（2）.

知识对学生的人生成长所达到的意义的丰富性的体现。学生在理解知识时，是仅仅知道知识所表达的东西，还是进一步引起其对知识所内蕴的各种意义的理解，是检验学习丰富性的基本标准，即意义标准。知识对人的生成意义，表现为生命启发、科学理解、技术体验、社会认知和文化觉醒五个层次，因此，超越符号理解的知识学习，需要通过知识引起学生的生命学习、科学学习、技术学习、社会学习和文化学习五个层次。知识学习所达到的学习意义层次越多，学习的丰富性便越强。深度教学强调的学习丰富性其实是知识理解的层次性和意义的丰富性，也就是发展层次的丰富性和深刻性。

当然，学习的丰富性与学习方式的多样性具有一定的联系，但学习的丰富性并不是指学习方式的多样性，而是指获得知识意义的多样性，是学习意义层次的多样性。只追求学习方式的多样性，而不关注知识学习的意义达成和发展性的多样性，其实是教学改革中的形式主义倾向。表层学习或表面学习的错误就在于丧失了知识学习的意义多样性，是对知识内蕴的意义丰富性和多样性的丢弃。

2. 关于沉浸性学习与学习投入。什么是学习？联合国教科文组织在最新的报告中指出："学习是由环境决定的多方面的现实存在。获得何种知识以及为什么、在何时、何地、如何使用这些知识，是个人成长和社会发展的基本问题。"[1] 这一新的学习观确认了学习与环境的关系，以及学习对个人成长和社会发展的意义。这里所说的环境包括学习的环境和情境，也包括知识所指向的特定事物的环境。知识依存于背景、依存于逻辑，也依存于经验，离开了知识的背景、知识的逻辑，以及种族经验和个体经验，知识本身作为抽象的符号是具有不可理解性的，这就是谢夫勒探讨知识的条件与学习之间关系的根本原因。深度学习需要学习者沉浸于学习情境和知识指向的事物的环境。

沉浸性学习是一种 U 型学习。"U 型学习"是笔者对美国著名教育家杜威的经验教学过程理论的概括。从书本知识到个人知识，学生究竟经历了一个怎样的过程？杜威认为：书本知识具有不可教性，不能直接进行传授，而需要让学习者经历一个复杂的过程，即知识的学习需要经过还原与下沉、经验

---

[1] UNESCO. *Rethinking Education*：*Towards A Global Common Good*？［EB/OL］. http://www.unescocat.org/en/rethinking-education-towards-a-global-common-good.

与探究、反思与上浮的过程。这一过程恰似一个"U型"的过程。首先要将书本知识还原，还原为"儿童有效率的习惯"，还原为"经验"，还原的过程即知识的"下沉"过程。"下沉"环节是对知识进行表征化、表象化和具象化的过程。"下沉"一方面有助于学生理解知识的背景和现象，另一方面有助于建立起书本知识与学生个人经验的关联性，从而增强学生对知识的理解性。大多"去情境"教学的局限性就在于去掉了知识的具象化、表征化过程。U型的底部是学生对知识进行"自我加工"的过程，是对知识进行理解、对话、体验与探究的过程。从学习过程的连续性和整体性来看，"自我加工"环节是最复杂、最深刻的。"去过程"教学的局限性就在于简化、压缩了这一复杂且深刻的必要过程，从而极大地减损了整体目标的达成。第三个环节是"上浮"，即反思性思维的过程。经过反思性思维，将经过"自我加工"的书本知识进行个人意义的升华和表达，书本知识才真正变成学生自己理解的东西，即所谓"个人知识"，是对书本知识的个人化理解、自我建构并获得知识的意义增值。如果课堂教学省去了知识的还原与下沉、体验与探究、反思与上浮这一复杂过程，学生所获得的知识永远只能停留在对书本知识的简单占有层面上，课堂教学的发展性及其涵养是难以达成的。

　　学习的丰富性和多样性需要对学习过程的深度参与和认知上的逐层深化。学习的沉浸性一方面是指学习者对学习过程的深度投入，另一方面是指对知识发生过程的深度沉浸。学习投入（Learning Engagement）涉及学生在学习过程中的认知投入、情感投入和经验投入，学习主体的投入也是深度学习的基本条件，这是国际上关于学习投入研究三十多年来的共识。学生的学习投入（Student Academic Engagement）是指参与学习过程的行为、情感态度、思维方式、意志品质、生活经验、学习策略等学生的个体因素，以及学校、教师等社会性因素，其中，学生个体因素是关键要素。心理学研究表明学习投入度直接影响学习形态和教学质量，学生学习投入的因素越多越深入，学习的效能感越高。OECD（经合组织）在全球开展的PISA（国际学生评估项目）测验具有两个明显的特征，一是注重对学生学科能力的检测，二是注重对学生学习投入的分析评价，而不是仅仅对知识理解和解题水平进行评价。从学习投入的角度看，线性学习的弊端就在于学生投入的残缺和不足。三十多年来，我国中小学课程与教学实施脱离学生有效的学习投入、深刻的学习经历和丰富的课程履历，追求单一的教学结果，成为阻碍学生核心素养和关键学科能力发展的根本问题。学生学习的投入度不高、学习经历不完整、课程履历不丰富及不规范等问题普遍存在。

从学生个体的角度看，学习投入包括认知投入、情感态度投入、意志投入、个性品质投入，以及社会性投入。前四者属于认知过程、情感过程、意志过程和个性等心理投入。社会性投入主要涉及学生的学习策略（学习内容、学习资源、学习时间、学习方法等）、生活经验或体验、社会性履历（如家庭背景、社会关系）等方面。[1] 尽管学生的学习投入是影响教学质量的关键因素，但教师在教学过程中的重要作用是激发、分配和维持学生各种学习投入要素合理地参与教学过程。合理地激发、分配和维持学生不同的学习投入，是教师教学艺术的关键。当然，学生的学习投入度与教师的教学投入具有很强的相关性。如果教师单向度、平面地呈现知识，或者简单地进行知识投射，学生的认知投入特别是思维投入绝不可能呈现出深刻、敏锐、批评性和创造性等思维品质。如果教师在知识教学过程中有效地进行背景导入、经验导入、文化导入，将会提高学生对知识的理解水平并促进知识的转化。

三、深度教学的理念

追求教学的发展性，是深度教学的核心理念。发展性是教学最根本的价值追求，更是课堂教学改革的根本基础。课堂教学作为教育活动最经常、最普遍的途径和方式，其最根本的追求是促进学生发展。什么是发展性？简单地说，发展性就是改变性，是指课堂教学引起学生在认知、情感、技能等方面发生系统的变化，学科核心素养和关键能力得到整体提升。课堂教学需要通过知识处理，追求学生在认知方式、情感体验、思想境界、处事方式等维度发生实质性的变化。以教育学立场的知识观和发展性的学习观为基础，深度教学注重发挥学生学习的主动性，强调完整深刻地处理知识，增强学生知

---

[1] Sandra, L., Christenson, A., L. Reschly, Cathy Wylie. *Handbook of Student Engagement*. Springer Science and Business Media, LLC, 2012.

识学习的意义感、自我感和获得感。

（一）完整深刻地处理知识，增强学习的意义感

学习的意义感是学生对学习内容、学习过程和学习活动方式在价值识别、价值评判和价值确认的基础上产生的一种积极的意义体悟和意识过程。学习的意义感的获得与建立，是衡量课堂教学优劣的价值起点标准。意义是主体对自我的评判，是主体对自我生活事件、生活实践、生活世界的合目的性、合价值性的评判。作为教学活动的主体，学生在学习过程中时刻需要寻求自我与知识之间的意义联系，并不断地通过认知过程和情意过程，追求和创造着学习内容、学习过程对自我成长的意义。让学生通过知识学习来追寻、获得或创造学习的意义感，课堂教学才具有了发展性品质和教育涵养的基础。完整深刻地处理知识是提升学习意义感的根本前提。

深度教学的"深度"是建立在完整地深刻地处理和理解知识的基础之上的。艾根在深度学习的研究中，首次从知识论的角度，论述了深度学习的"深度"的涵义。他认为"学习深度"具有三个基本标准，即知识学习的充分广度（Sufficient Breadth）、知识学习的充分深度（Sufficient Depth）和知识学习的充分关联度（Multi-dimensional Richness and Ties）。[①] 充分的广度与知识的产生背景相关，与知识对人的生成的意义相关，与个体经验相关，也与学习者的学习情境相关。如果教学把知识从其赖以存在的背景、意义和经验中剥离出来，成为纯粹的符号，便成为无意义的符号、无根基的概念知识。知识具有强烈的依存性，无论是自然科学的知识还是社会科学或人文学科的知识，都是特定的社会背景、文化背景、历史背景及其特定的思维方式的产物。知识都依存于特定的文化背景，或是依存于特定自然背景，或是历史背景与社会背景，或是依存于特定时代人类的思维逻辑和认识世界的方式。离开了知识的自然背景、社会背景、逻辑背景，前人创造的知识对后人而言几乎不具有可理解性。随着深度学习的兴起，旨在以广度促进理解的"无边界学习"日益引起人们的重视。可见，知识的充分广度，其实是为理解提供的

---

① Kieran Egan. *Learning in Depth: A Simple Innovation That Can Transform Schooling*. London, Ontario: The Althouse Press, 2010.

多样性的支架，为知识的意义达成创造了可能性和广阔性基础。知识的充分深度与知识所表达的内在思想、认知方式和具体的思维逻辑相关，深度学习把通过知识理解来建立认识方式，提升思维品质，特别是发展批判性思维作为核心目标。知识的充分关联度，是指知识学习指向多维度地理解知识的丰富内涵及其与文化、经验的内在联系。从广度，到深度，再到关联度，学生认知的过程是逐层深化的。所谓意义建构，即从公共知识到个人知识的建立过程，都需要建立在知识学习的深度和关联度之上。

（二）增强教学的文化敏感性和包容性，提高学生学习的获得感

表层的知识教学仅仅把知识作为一种符号存在和确定性的结果来看待，试图通过接受、记忆和机械训练等方式达到"堂堂清"的目的，无视知识作为一种"文化存在"和"文化资本"所内在具有的文化属性和内在意义，导致课堂教学日益丧失文化敏感性和文化包容性。课堂教学的文化敏感性和文化包容性，是指课堂教学处理知识过程中高度关切和忠诚表达知识内蕴的文化背景、文化属性、文化精神、文化价值所体现出来的教学特性。具有文化敏感性和文化包容性的课堂教学绝不是把知识仅仅作为一种事实或结论告诉或传递给学生，而是对具体知识作深入的文化分析，向学生表达出来或引导学生探究知识的文化属性、文化思想、文化精神和文化思维方式，体现出知识对学生的文化影响力，真正达成"转识成智""以文化人"的目的。如果课堂教学剔除了知识的文化内涵和文化意蕴，所传递的知识必然仅仅是冷冰冰的符号。表层的教学所传递的便仅仅是作为符号存在的东西，而不是饱含智慧和德性意义的文化知识。我国初中语文教材中有一篇课文是北朝乐府诗《木兰诗》，美国小学的阅读教材中同样有这一篇课文《民谣花木兰》。中国的语文教师绝大多数是对文本作逐字逐句的解释、翻译和理解，而美国的教师则是和学生一起讨论花木兰代父从军所体现出来的责任感、勇气、孝敬等观念问题，并研究中国封建社会时期妇女的社会地位和"男女授受不亲"等文化现象。显然，我们的教师是把课文仅仅当作符号性的语言知识在教授，而美国教师则注重的是故事中所凝聚的文化现象和文化属性。超越知识表层的符号属性和符号规定的理解，高度关切并进入符号知识所承载的文化意义，忠诚表达出知识的文化意蕴，便是课堂教学的文化敏感性和文化包容性的体现。课堂教学的文化敏感性在于彰显知识的文化内涵，文化包容性在于丰富知识的文化内蕴。让课堂拥有文化敏感性和文化包容性，是建设课堂文化和教学文化、提升课堂教学发展性品质的根本标志。

课堂教学的文化敏感性和文化包容性是由知识的本质所决定的。一方面，知识不仅是文化的一种符号，而且是文化的重要载体。符号仅仅是知识的表现形式，它所承载的才是文化内涵，即是人们对客观事物和社会事务的本质与属性、人与事物的关系及规律、人的情感与观念、思想与思维等的理解，任何知识都承载着特定的文化意义和文化精神。理解、把握并建立学生自我对知识所承载的文化内涵和文化意义的理解，才是真正完整的知识学习。

符号是知识的表达形式，而文化意义和文化精神才是知识的内核。引导学生理解知识的文化内核，是课堂教学的根本起点。课堂教学过程中的知识处理和认知加工，并非仅仅是对符号的处理和接受，而应是对知识内核的深度理解和领悟。正因为如此，以理解为基础的探究、体验、反思真正成为内化知识价值的根本学习方式。接受主义教学观的错误就在于要求学生对知识的形式和内核一股脑儿地全盘接受，剔除了学生以理解为基础的意义领悟和文化觉醒，以及知识的意义增值的达成。单一的接受学习的问题在于丧失了在知识处理和认知加工过程中的对知识内核的文化敏感性和包容性。

一切知识都依存于特定的文化背景，都拥有内在的文化涵养，课堂教学需要表达知识的文化涵养价值，实现知识对于学生人生成长的人文价值和科学价值，以文化人，充分彰显知识的文化涵养。作为文化的知识都内在地包含着特定的文化背景、文化精神、文化思维方式、文化思想和文化价值观念等文化要素和文化基因，知识教学务必引导学生理解和内化知识的文化要素和文化基因。知识的文化基因是体现知识文化属性的基本单位和要素，离开了这些基本单位和要素，学习者是难以真正理解并内化知识的。知识所内蕴的文化思维方式和文化思想是人类关于为事、为学、为人的根本看法和观点，属于世界观和方法论层面的东西。因而，学习知识不只是获得前人关于客观世界的看法，而且是为了理解并学习前人看待事物的思考方式，习得凝结在知识之中的智慧涵养。文化精神和文化价值观念是知识的灵魂，是知识的意义系统，它指向的是人类在不同实践领域处世的态度和实践的倾向性，它属于价值观层面的东西。

知识的文化丰富性是知识的文化涵养的根本基础。课堂教学应挖掘知识的文化涵养，让课堂充满文化意蕴和文化活力。课堂只有体现了知识文化敏感性和文化包容性，教学才能具有文化品格。因为真正滋养学生人性的正是知识的文化基因，启迪心智、润育德性、觉醒灵魂是知识赋予学习者的文化涵养和教育价值。

（三）丰富学习经历，引导反思性、批判性思维，提升学习的画面感和自我感

学生的学习投入，实质上反映的是学生的学习经历或课程履历。深度教学之所以推崇U型学习，不仅仅是因为这种学习形态充分体现了学生学习的主体性，而是它保证了学生充分的学习投入或学习参与，实现了学习过程的完整性、规范性和丰富性，从而充分发挥了教学的过程价值。学习经历的不规范、不完整、不丰富，实质上反映了我们普遍存在的忽视教学的过程价值的弊端。没有过程，哪来价值？近些年来，课程教学改革中有些口号貌似合理，实则错误。比如，"把时间还给学生"。其实，时间投入仅仅是学生学习投入的一个方面，真正具有过程价值的教学时间是师生共享、共存、共生的！更何况学生学习投入根本上依存于教师对学生学习投入的激发、分配和维持。仅仅强调让学生在时间上自主，却在方法上失控，在知识理解上单向度，知识的文化敏感性和文化包容性岂是仅仅靠学生的独学、对学、组学、群学来实现的？

学习经历不是档案学意义上的经历，而是指学生课程学习的过程和经历，是一种过程意义上学生学习某一门课程的任务性、程序性、规约性的成长经历，是每一门课程、每一个教学过程中学生学习过程性经历。如果说课程目标是对学生通过学习之后所应产生变化的预期形象刻画，那么，学习经历则是对学生在一门课程学习中发生变化的过程刻画。只有完整的课程履历和学习经历才能生动地刻画学生在特定课程学习中的成长经历和发展过程。

课堂不仅是一个生动的知识学习过程，更是一幅知识与经验交融、理智与情感互动、师生心灵碰撞、学习过程与学生成长意义关联的生动图景。课堂的画面感是指学生在学习过程中基于知识理解产生丰富想象和生动表征的一种学习状态,是学生理解新知识、加工新知识并获得知识意义的学习过程。知识的理解总是伴随着丰富的个体经验和认知活动的参与,个体已有知识和经验为学生学习新知识提供了必要的学习准备状态。皮亚杰称这种状态为认知的"前结构",奥苏伯尔则称之为"先行组织者"。学生正是在已有知识和经验的基础上理解新知识并产生新的想象,每个人的"前结构"不同,对新知识产生的理解和再造想象的影响也就不同。在新知识的学习过程中,学生脑海里所产生的丰富联想和再造想象,就是课堂画面感的具体体现。

  课堂的画面感不是指课堂中出现的画面,而是师生以知识为中介在交互作用中呈现出来的一种认知状态。知识理解的基本过程本质上是一个丰富的认知过程,而具象化、表象化或表征化则是学生理解知识的基本方式。美国著名教育家布鲁纳认为,学生对新知识的认知加工经历了三个阶段:行为表征、图像表征和符号表征。行为表征是指学生学习活动的动作和过程,是一种最直接的动作参与和学习活动状态。真实的课堂活动中教师与学生的交往过程,是课堂教学过程中最表面的一种画面,是学习的动作、理解的情景和行为的表现。图像表征是指将知识转化为各种想象的图景,是一种生动的再造想象,即用图像来加工新知识。符号表征则是将具体的、生动的图景抽象化为概念的、观念的东西,用符号来表达观点、思维、思想和情感。在这三大表征系统中,行为表征和图像表征便是课堂画面感的主要体现。从此意义上说,课堂的画面感其实不仅是知识的画面感,即对知识的表象化和表征化,而且是学生知识理解过程的画面感,是对知识与经验的意义关联的具象化、表象化或表征化,是建立知识理解与学生人生体验之间的意义关联的结果。

  增强课堂的画面感是促进学生知识理解、获得知识的意义增值、达成知识发展价值的基本途径。课堂的画面感通过将知识表征化促进学生对符号知识的深度理解。美国后现代课程理论家多尔曾指出,课程的内在元素是 3S:S1 即 Science,是指知识的科学性,课程内容的学习不仅仅是从概念知识到概念学习,而需要理解知识之中隐含的思想、方法和思维方式;S2 即 Story,是指知识理解的生动化、形象化、叙事性,注重课程内容学习过程中经验的参与和情境的依赖；S3 即 Spirit，是指知识所隐含的思想、灵魂和意义系统，学生需要通过深刻的反思、感悟与觉醒等意义建构的过程才能真正获得。显然，S2 表明了增强课堂画面感的意义和价值，是构成 S1 与 S3 意义关联的必经过程。课堂的画面感是学生在知识加工的基础上产生的丰富的联想、生动的形象，既是构成知识与学生人生经验和生活体验之间的意义关联和价值关联的状态，更是这种意义关联和价值关联的必然结果。可以说，课堂缺乏画面感，学生对知识的学习往往会仅仅停留于表面学习和表层学习的状态。教学过程的生成性、境遇性难以离开丰富的课堂画面，更离不开知识与背景、知识与经验的意义联结，这便是深度教学强调知识"充分的关联度"的根本原因。

深度教学追求实现知识的内在发展价值，因而深度教学极其强调反思性学习、批判性思维。知识内在的发展价值和多样性意义不可能自然浮现，这需要知识学习达至"充分的深度"。费尼克斯（Phenix，P.）就曾经明确指出，知识就是意义的领域。对学生发展来说，知识的现实意义是多元的、多样的，意义的实现方式也是无限的，"从理论上说，意义的多样性没有止境。意义形成的不同原理也被认为是无限的"[①]。知识的多样性意义不是建立在接受学习上，而是建立在反思与批判之上的。反思性学习与批判性思维，是达至知识"充分的深度"的根本方式。

[①] 贝利. 费尼克斯论意义的领域//唐晓杰译. 瞿葆奎主编. 教育学文集·智育[M]. 北京：人民教育出版社，1993.

深度教学：内涵、特征与标准

伍远岳

改进学科教学的育人功能，是全面深化课程改革落实立德树人根本任务的基本要求。近些年来，我国基础教育中关于课堂教学改革的研究与实践成果众多，提出了诸多在实践中有影响的教学模式，然而，仔细审视我国的中小学课堂，应试取向、死记硬背、机械训练、课堂缺乏生气的现象仍十分常见，课堂教学的改革似乎并没有真正地落实促进学生全面发展的育人目标。教学应该如何处理知识？如何通过教学达成深层次的育人目标？如何通过教学培养学生的核心素养？如何从工具性教学、浅表层教学走向真正具有发展性、有力量的教学？这是课堂教学改革必须思考的关键问题。

一、深度教学：教学发展性的呼唤

深化课程改革，需要进一步提升教学的发展性品质，而当前我国基础教育中出现的诸多教学改革似乎并没有真正地提升教学的发展性品质，也没有达成学生发展的丰富性。深度教学，是超越工具性教学与浅表层教学局限的一种教学理念，是对学生发展丰富性的回应，也是提升教学发展性的呼唤。

（一）超越工具性教学的局限

工具性教学的出现受到西方工具理性指导下的教育科学运动的影响，教学带有浓厚的工具理性的色彩。工具理性以工具崇拜和技术主义为价值导向，以功效、效率为追求，在工具理性的影响下，教学活动服从工具逻辑，推崇技术取向的思维，往往过于追求工具性和功利性目标，追求"教学效率的最大化"，磨灭了教学的丰富性，阻碍了教学发展性功能的实现。

工具性教学的根源在于认知论的知识观，从认识论的视界来看待教学活动，知识是客观的、确定的，教学活动是一种特殊的认识过程，学习活动就是学生追求确定性知识的过程。因此，以学生获取书本知识为中心是工具性教学的主要特征，而学生获取的书本知识也仅仅限于事实性、素材性知识的累积。为了帮助学生获取尽量多的事实性知识，工具性教学的教学过程往往是技术取向的，有着固定的程序或者既定的模式，注重严密的程序操作和外部控制，教师按照预设的程序或模式将知识"传递"给学生，力图使学生更快、更多、更好地学习知识。事实上，我国当前基础教育中普遍存在的题海战术、填鸭教学、机械训练等弊端，就是工具性教学的集中表现。

工具性教学以线性的、确定的和对象性的思维方式对待教学中的一切，将知识视为教学的对象，将学生的发展理解为知识的累积，"把教学看成是认识过程，完成认识性任务变成为教学的主要甚至唯一任务"[1]，导致了教学的机械化和目标达成的单一化。工具性教学"将教师隐喻为'教的工具'，将学生异化为'学的工具'，教与学在排除了主体的体验、情感和态度之后，只剩下了无生趣的'教学骷髅'"[2]。工具性教学是去情境的教学，将学生置于单纯的认知世界中，遗忘了学生丰富的生活世界，学生只能获得"关于世界的知识"；工具性教学是去过程的教学，追求教学的流程化而忽视了学生学习的过程属性，教学如齿轮转动般紧凑严密；工具性教学是去价值的教学，只有知识的传递与思维的训练，没有价值的浸润和情感的渗透；工具性教学是去意义的教学，只有事实的呈现，没有意义的生成与建构。"教学一旦为工具理性所统治，把知识、能力、分数作为根本的追求，教育就不再是给生命自由和幸福的'福祉'，而是违反生命的本性，成为了生命的'痛苦之源'。"[3] 工具性教学偏离了教学的本真，违背了教学原本的意义和价值，教学只剩下知识的传输与技能的训练，学生的体验、情感、态度、价值观被排除在教学活动之外，教学活动的丰富性与复杂性被遮蔽了，由此也使得教学的发展性功能难以实现。教学活动摆脱单一工具理性对教学的束缚与羁绊，超越工具性教学的局限，是当前教学改革的方向。

---

[1] 王敏. 我国当代教学观的反思与重建[J]. 课程·教材·教法，2005 (5).
[2] 袁丹，田慧生. 有效教学的生命向度[J]. 中国教育学刊，2013 (8).
[3] 李学书. "有效教学"的愿景[J]. 全球教育展望，2008 (11).

（二）跳出浅表层教学的窠臼

符号是人类记忆、表达实际存在的事物、行为及思想的各种记号，也是知识存在的主要形态，知识是通过符号表现出来的，符号是知识的外在形式，符号性是知识最基本的属性。符号是教学传递的主要内容和学生学习的对象，学生和老师之间因为知识符号的存在而发生着关系。然而，在知识符号的背后，还隐含着更为丰富的、对学生发展更有价值的东西，如学科思想、学科方法、思维方式、情感态度、价值立场以及人生意义等。

浅表层教学将知识符号的传递作为教学的主要任务，只关注知识外在符号的记忆、理解与传递，而忽视对知识符号背后更深层次内容的关注与观照，学生与知识之间的关系仅仅限于对符号的认知，人是一个认识性存在，而知识是一种被认识性存在，认知者和被认知者之间是一种纯粹的主客之间的认识关系，而人与知识之间的其他关系被完全割裂。学生与知识之间的符号认知关系在极大程度上抹杀了知识与个体之间的价值联系与意义联系。浅表层教学将符号性知识作为第一位的东西，而忽视了认知者个体的欲求和意志，抽干了知识的文化底蕴而与认识者的经验、情感、价值无关；浅表层教学注重事实的传递而忽视了价值的引导、意义的追寻和行为的养成，如学生学习了很多"关于道德的知识"，但是却没有形成自己的道德判断，没有养成符合道德规范的行为，缺乏自己的道德价值观，这就是浅表层教学的根本缺陷。通过浅表层教学，儿童掌握了知识，习得了技能，但是却失去了兴趣，失掉了对生活的感悟、激情与灵性。诚如德国教育家鲍勒诺夫所说的，人盲目地热衷于各种外在目的的追求，却忘记了关心自己的灵魂，忘记了"人是目的"的意义。在这种情况下，课堂沦为学生心灵成长的"屠宰场"，"学习变成精神苦旅，幸福旁落他乡"[①]。于是，学生出现精神危机、人格危机、价值危机与意义危机，儿童本应该丰富的生活世界被异化为一个"死"的世界，一个"物"的世界。

事实上，个体与知识之间除了符号认知关系，还存在着价值关系和意义

---

① 吴支奎. 论课程与学生幸福——基于知识意义的视角［J］. 教育评论，2009（5）.

关系。从教育学的立场下审视知识，知识不仅仅是符号的存在，还是价值的存在与意义的存在，而从人的全面发展需求来说，个体通过教学活动不仅仅需要获得知识的符号，更需要深入到符号的背后，去获取符号知识背后所隐含的对个体更深层次的发展要求。知识教学需要跳出浅表层教学的窠臼，需要引导学生通过对符号的认识与理解，关切自身的精神世界、意义世界和生命成长，帮助学生体验生活、理解生活、理解世界及其相互关系，提升生命境界。

（三）深度教学是对教学发展性的回应

工具性教学、浅表层教学在我国基础教育中长期普遍存在着，这对学生的全面发展产生了极大的影响，当前学校教育中出现的诸多问题的根源也正在于此。著名教育家赫尔巴特明确提出"教学永远具有教育性"这一思想，何为教育性？我认为教学的教育性就是对学生的发展性——对学生全面发展的价值追求。工具性教学、浅表层教学阻碍了教学发展性功能的实现，我们需要突破其局限，真正实现教学的教育性与发展性，走向深度教学。深度教学是对教学发展性的呼唤，也是对人的全面发展的回应。

深度教学是指"超越表层的符号教学，由符号教学走向逻辑教学和意义教学的统一"。深度教学并不是追求教学内容的深度与难度，不是指教学内容越深越好，教得越难越好，也不是无限增加知识难度和知识量，而是针对认识论知识观和工具取向教学观而提出来的，通过引导学生进行完整的知识处理，实现对知识的深度学习，真正达成为理解而教、为思想而教、为意义而教。深度教学所言的"深度"是指知识解读的层次性与学生发展的丰富性。深度教学是对工具性教学的超越，不以技术、程序控制教学过程，不以书本知识的获取为教学的唯一任务，而是回到教学的本质，关注情境、关注过程、关注价值、关注意义，注重引导学生超越表层的符号知识的学习，进入知识符号背后的思想、方法、逻辑、价值和意义，将符号学习提升为深层次的意义获得，使学生的学习充满价值关怀与意义关怀。

深度教学不是一种教学策略、教学方法或教学手段，而是一种教学理念。深度教学的理念倾注了对学生发展丰富性的要求，凝聚了对学生生命成长的关注，渗透着对课堂教学发展性品质的追求，指明了未来课堂教学改革的真正方向。

二、知识审视：深度教学的知识论基础

知识是教学的核心，对教学活动的思考决不能回避对知识的思考与审视，深度教学是基于教育学立场的知识观而提出来的，从认识论的知识观走向教育学立场下的知识观，知识不仅仅是事实符号，还蕴含着丰富的逻辑和意义，同时，知识对于个体的发展具有多维的教育价值。

（一）树立教育学立场的知识观

教育学立场的知识观是相对于认识论立场的知识观而言的。认识论立场的知识观认为知识是"人类认识的成果，它是在实践的基础上产生又经过实践检验的对客观实际的反映"[1]，揭示了人类知识产生的一般过程和规律。认识论立场的知识观是一种知识本体论的知识观，从人类知识生成的一般过程来揭示知识生产过程的普遍规律，"而不能从学生特殊的认识过程和成长过程来解释知识的本质和价值，也不可能从教育中学生的主体性和认识的视野来解释知识的本质和意义"[2]。认识论立场的知识观是一种"事实取向"的知识观，将人类认识的成果当做"库存知识"来认识或接受，将知识认为是一种结果、一种定论、一种事实、一种产品，排除了事实以外的其他意蕴，如价值、文化、意识形态等。认识论立场的知识观是一种"结果取向"的知识观，仅仅关注结果性的知识，而忽视知识产生和发展的过程，更没有从学生发展的角度去思考知识生成的过程和学生发展过程之间的关系。教育的场域是人的场域，是人的发展场域，在这样的场域中，学生不仅要认识事实，更要澄明价值、建构意义，学生不仅要获得结果，更要明确过程。因此，我们需要从认识论立场的知识观走向教育学立场的知识观，由此来回应在教育的场域中学生的发展需求。

---

[1] 中国大百科全书·哲学［Z］. 北京：中国大百科全书出版社，1987.
[2] 郭元祥. 知识的教育学立场［J］. 教育研究与实验，2009（5）.

教育学立场的知识观就是从人的发展需求、过程和结果来思考知识问题。从教育学的立场来看,知识问题不再是一个知识生产的问题,而是知识再生产的过程,而知识的再生产过程就是学生发展的过程。教育学立场的知识观是主体性的知识观,突破了知识的本体论立场——知识的产生仅关注静态呈现的结论;教育学立场的知识观是个性化的知识观,关注学生在知识学习过程中的个性化表现,关注知识对每一个个体的个性化意义;教育学立场的知识观是价值性的知识观,不是一种纯粹事实的知识观,不仅关注知识的事实性存在,更关注知识的价值性存在,关注个体在事实性知识学习基础上的价值理解、价值澄明与价值表达,是事实与价值的统一;教育学立场的知识观是意义性的知识观,这里的意义不是指知识的含义,而是指知识对个体生命成长的意义,以及个体通过知识学习丰富自己的意义世界。

前文已述,深度教学不是一种教学策略或教学手段,而是基于教育学立场下的知识思考而提出的一种教学理念,是从教育学的立场下审视知识以及知识与个体发展之间的关系,是践行深度教学的前提。

(二) 深度教学要关注知识的内在结构

教学通过知识而实现其发展性,这就要求我们触及知识的核心与本质,深入分析知识的内在结构,这样,才能明确知识教学的过程以及教学发展价值的实现机制。从知识的内在结构来看,知识具有三个不可分割的组成部分:符号表征、逻辑形式与意义。[1] 符号表征是指人类关于世界的认识所达到的程度与状态,即"关于世界的知识"。任何知识都是以特定的符号作为表征的,知识的符号表征是知识的外在表现形式,反映了人类认知的成果。例如,语文知识是以文字作为符号表征的,英语知识则是以字母、单词作为符号表征的。与知识的符号表征相对应的是符号教学,它是知识教学的起点与条件,但知识教学不能局限于符号教学,而要超越符号教学。逻辑形式是指人认识世界的方式,具体包括知识构成的逻辑过程和逻辑思维形式。知识的逻辑形式隐含在符号表征中,学生在学习中,不仅要知道知识"是什么",更要清楚

---

[1] 郭元祥. 知识的性质、结构与深度教学 [J]. 课程·教材·教法,2009 (11).

"为什么"和"怎么样",知道"为什么"和"怎么样"就体现了对知识逻辑形式的探究。经过这种过程性的探究,学生逐渐明了知识中的思维结构和思维方法,从而将客观的符号知识内化为个人的认知结构,实现转知成智。意义是指知识内具的促进人的思想、精神和能力发展的力量,是知识与人的发展之间的一种价值关系,是内隐于符号的规律系统和价值系统。知识的意义是相对于学生个体而言的,是对学生个体发展的意义与价值,它产生于学生心灵与知识相遇之际,体现了由"公共知识"向"个人知识"的转化。因此,知识教学要努力寻求知识与学生个体生命相遇的契合点,从而使学生获得个性生命的成长。

符号表征、逻辑形式和意义是内在于知识本身的,并不是截然分开的知识的三个组成部分,它们统一于知识。逻辑形式和意义是通过人们对符号的探索才能得以体现出来的,学生不能直接获知知识的逻辑形式,如学科思想、学科方法等,而只能首先对知识的符号进行理解与认知,进而才得以通过符号获知逻辑形式和意义,符号是学生个体深入学习知识的"门户",也是知识最直接的存在方式。对教育中知识的内在结构进行划分,并不是要将知识划分为支离破碎的不同部分,而是为了更深入地"走进"知识,"走进"知识内部。深度教学的理念要求教育者关注知识的内在结构,在教学活动中能够深入剖析教育中的知识结构与学生个体之间的关系,进而为学生学习知识、深度理解与获得知识、实现知识对人生成长的意义打下基础。可以说,教育者如果没有对教育中的知识本身进行充分的分析与认识,就难以有效地促进学生的知识学习与知识获得,教学也就难以真正走向"深度"。

(三) 深度教学要实现知识的多维教育价值

王道俊先生认为,知识的教育价值"实质上指的是知识对学生个性素质的发展可能起什么积极作用"[1],或者说,知识的教育价值是指知识对学生的成长和发展有什么积极作用。深度教学需要充分观照知识所具有的多维教育价值,以实现知识的多维教育价值为追求。具体而言,知识具有以下三个维

---

[1] 王道俊. 知识的教育价值及其实现方式问题初探——兼谈对杜威教育思想的某些认识 [J]. 课程·教材·教法, 2011 (1).

度的教育价值。

第一，知识具有认知性教育价值。知识的认知性教育价值是知识最基本、最直接的教育价值，是关乎学生认知发展的教育价值。知识能够帮助学生获得事实与理解，引导学生超越个体经验的局限，有效地获得对事物的基本认识与理解，明确事物的特征，理解事物产生、发展的规律与过程。知识能够增进学生的认知能力，引导学生建构思维方式，通过知识学习，学生形成分析与综合、归纳与演绎、分类与比较、系统化与综合化等思维方式，帮助学生的思维从感性走向理性、从具体走向抽象、从形象化走向逻辑化等。知识能够拓展学生的思维空间、想象空间、发展空间和创造空间，"学生视域的开阔度及察觉度、辨析度、概括度、批判度、重组度、预见度、自由度在相当大的程度上限于他所掌握的知识所提供的可能边界之内"。①

第二，知识具有自我意识性教育价值。学生自我意识的成长是教育的重要目标，知识促进学生与知识之间展开理智和感性的交往，增进对自我的理解，促进自我认知的发展。知识能够拓宽学生与他人、社会、自然的现实关系，帮助学生突破个体经验的狭隘性，在过去、现在和未来的时间维度中反思自我，进而产生自我超越的意识与能力。知识能够引导学生生成人生意义，知识本身的意义性为学生人生意义的生成奠定了基础和条件，学生学习知识的过程就是师生一起探求知识意义与人生意义的过程。

第三，知识具有实践性教育价值。知识的实践性教育价值是比知识的认知性教育价值和自我意识性教育价值更为根本的价值，主要表现为培养学生的实践能力和积淀学生的行为模式。从哲学立场的知识观来说，知识是"在实践的基础上产生，又经过实践检验的对客观实际的反映"，知识能够为实践提供经过人为选择的、精心设计的内容和问题情境，为实践能力培养提供了多样的范式，如操作、体验、交往、探究等，知识能够教给学生多样的实践方法及其方法规范，如调查、访问、考察、参观等。同时，知识还能够引导学生在实践过程中形成一定的思维范式，积淀为个体的行为模式。负载着丰富价值意蕴的人文知识引导学生形成感性的思维方式，形成浪漫的、富有价

---

① 王道俊. 知识的教育价值及其实现方式问题初探——兼谈对杜威教育思想的某些认识 [J]. 课程·教材·教法，2011（1）.

值性和情感性的行为模式；而以事实为主要内容的自然科学知识则引导学生形成理性的思维方式，帮助学生形成严谨、慎重的行为模式。

知识所具有的多维教育价值对个体的发展起着不同的作用，深度教学意味着能够促进知识多维教育价值实现的教学。教学活动对学生发展的作用是通过知识多维教育价值的全面实现而达成的，教学活动不能顾此失彼，而应该树立全面、整体的观念来看待知识及其教育价值，看待人的发展与教学活动的功能。从学生学习的方面来说，学生通过教学获得的发展既应该包括知识和能力的发展，也包括自我意识、自我认识的发展，自我超越与人生意义的生成，还包括实践能力和行为模式的养成。教学如果缺乏对知识多维教育价值的观照，缺乏对学生全面发展的观照，仅仅关注学生某一个方面的发展，这样的教学就是缺乏发展性的。

三、过程分析：深度教学的特征解读

深度教学是对工具性教学和浅表层教学的超越，对深度教学的过程进行分析，能够进一步明确深度教学理念指导下的教学的特征。深度教学是理解性的教学，关注学生对知识的深度理解；深度教学是反思性的教学，关注学生通过积极自我反思实现自我发展和意义建构；深度教学是体验性的教学，注重学生的学习过程和学习体验。

（一）深度教学是理解性的教学

"理解"是哲学诠释学的关键概念，阿斯特（Georg Anton Friedrich Ast）认为存在着如下三个层面的理解：历史的理解，即对作品内容的理解；语法的理解，是对作品的形式或语言和表达方式的理解；精神的理解，是对个别作者和古代整体的精神的理解，它属于真正的和最高的理解。[①] 而从心理学的角度来看，理解是"个体运用已有知识、经验，以认识事物的联系、关系直

---

① 弗里德里希·阿斯特. 诠释学//洪汉鼎. 理解与解释——诠释学经典文选 [M]. 北京：东方出版社，2001.

至其本质、规律的思维活动"，① 如弄清一个科学概念，了解课文的语句、段落大意及全文中心思想，明确公式、定理、发展的内在关系等，都需要思维活动的参与，都称为理解。

深度教学是理解性的课堂，不是灌输性的教学。"教学是一种生活，是教师和学生的生活。有人类生活，就有人的理解活动发生，理解与教学相伴而生"，② 深度教学是基于学生对知识、他人和自我关系理解的基础上，教师引导学生建构知识意义、丰富他我世界和自我世界，实现学生自我理解和精神成长的活动。具体而言，深度教学要求学生理解如下几个方面的内容：第一，理解事物及其本质，也即理解知识的符号。这是深度教学的起点与前提，理解事物及本质是个体将外在的、符号化的客观知识转化为个体的个性化知识的过程。第二，理解逻辑及思想。个体对知识的学习，还应该理解知识产生、形成和存在的逻辑依据是什么，即理解知识的逻辑。同时，在学科知识的背后，还蕴含着丰富的学科思想，如数学知识蕴含的确定性与不确定性的思想、数形结合的思想、平衡与转化的思想等等。第三，理解关系及规律。"解释学探寻'理解'，就是在本体论上探寻人的存在，强调理解的主体性和创造性，注重人与历史、人与社会、人与文化、人与他人、人与自我的种种理解关系"，③ 学生需要理解自身与历史、社会、生活、文化的关系，还需要理解知识产生、形成、变化和发展的规律。第四，理解他人及自我。深度教学要引导学生理解自身与教师、同伴的关系，以及对自我的理解，伽达默尔曾说"一切理解都是自我理解"，④ 学生在理解文本的过程中理解了自我、人生和社会生活，实现了自我的理解和精神的生长，这就是新的意义世界。第五，理解意义及价值。"教学世界不是一个死板的世界，而是人创造有意义的生活的

---

① 朱智贤主编. 心理学大词典 [Z]. 北京：北京师范大学出版社，1991.
② 靳玉乐. 理解教学 [M]. 成都：四川教育出版社，2006.
③ 唐德海，马勇. 理解性教学理论的发生根源与逻辑起点 [J]. 广西师范大学学报（哲学社会科学版），2003 (7).
④ H. G. Gadamer and G. Boehm. *Philosophical Hermenet-tics*. University of California Press，1977.

世界",① "真实的教学在于使学生理解生活、理解知识的意义并将之融入学生的经验之中",② 深度教学要引导学生通过对知识的符号、逻辑、思想的理解,使知识真正走进学生的精神世界,进而引导学生理解知识的意义,使学生的生活充满意义,引导学生的人生发展。同时,深度教学还要引导学生理解各种价值观与价值现象,进而正确地处理不同世界观、人生观和价值观的冲突,避免因为知识和信息的急剧增长所导致的伦理与信仰的沦丧,避免人自身主体的沉沦与异化。深度教学注重作为主体的学生建构自己对知识、知识结构和知识意义的深度理解,而不仅仅是接受教师所传授的知识。深度课堂反对学生对知识的片面、单一的理解,追求学生理解的丰富性、完整性和多元性,学生建构着自己的理解,体验丰富的情感,获得多样的感悟。

(二) 深度教学是反思性的教学

反思是近代西方哲学的重要概念,康德、黑格尔等都对其进行过论述,如康德将反思分为逻辑的反思和先验的反思,认为反思是获得概念和普遍依据的重要途径,通过反思,个体将获得概念的过程和主体的感性相关联。在《纯粹理性批判中》,康德提出反思"是心灵的一种状态,我们在这种状态中首先发现使我们能够到达概念的诸般主观条件",③ "反思不只是指向主体自身,它还要发现达到知识自身的主观条件"。④ 黑格尔认为"本质的否定性即是反思",反思是"一种从无到无并从而回到自己本身的运动"。⑤ 反思是个体生命成长过程中的重要活动,个体对自我的认识、自我的成长都伴随着反思的过程,反思是个体探究主体自身的过程。

---

① 邵小佩,杨晓萍. 追求理解精神的课堂教学——基于文化哲学的思考 [J]. 教育探索,2009 (11).

② 唐德海,马勇. 理解性教学理论的发生根源与逻辑起点 [J]. 广西师范大学学报(哲学社会科学版),2003 (7).

③ 康德. 康德著作全集(第 3 卷)[M]. 李秋零译. 北京:中国人民大学出版社,2004.

④ 卢春红. 由"反思"到"反思性的判断力"——论康德反思概念的内涵及其意义 [J]. 哲学研究,2015 (2).

⑤ 黑格尔. 逻辑学(下卷)[M]. 杨一之译. 北京:商务印书馆,1996.

深度教学是反思性的教学,不是接受性的教学。深度教学注重引导学生通过符号知识的学习来反观自身,进而充分地认识自我、发展自我、超越自我,生成人生的意义。反思也是知识自我意识性教育价值实现的重要方式,知识的自我意识性教育价值仅仅通过灌输与接受是难以实现的,必须有个体对自身的追问与拷问。因此,反思性是深度教学的重要品质。一方面,教师要引导学生积极地反思自我,以进一步深化对自我的认识,增强对自我的理解,进而促进学生自我认知的发展,实现自我超越,赋予自身新的规定性;另一方面,教师要引导学生对自身在学习过程中的存在状态进行审视,在知识学习过程中,学生是否真正获得学习的自我感、意义感与效能感,是否通过知识学习获得知识对个体生命成长、人生发展的意义,是否体验了积极的情感和思维活动,这都取决于学生是否进行了积极的反思;再一方面,教师要引导学生反思自身与知识的关系,通过知识学习,学生与知识之间的关系是对象占有关系还是双向互动关系,是价值无涉关系还是价值负载关系,是符号认知还是意义共生关系,也需要学生进行积极的反思。只有通过反思,教学才能真正进入学生的精神世界、生命世界和意义世界,而这是深度教学的本质追求。

深度教学是反思性教学,学生要成为反思性实践者,要具有反思性自我意识,"在学生理解符号的时候,有效的反思性自我意识是必须的"。[①] 通过引导学生对客观世界、自我世界进行理性的反思,让学生的知识学习由符号走向逻辑和意义,由表面走向深入,由肤浅走向深刻,形成"物—我"关系、"我—你"关系和自我关系,丰富与改造经验,并通过反思觉醒自我、提升自我,同时也使得教学具有深度。

(三) 深度教学是体验性的教学

体验即经历,体验即感悟,体验即创造。注重学生的过程体验,是我国义务教育课程标准中的重要理念,如《义务教育语文课程标准(2011年版)》

---

① Clarence Johnson, William Allan Kritsonis, David E. Herrington. National Educational Dilemma: What Does a Student Need to Know? Answer? Ways of Knowing Through the Realms of Meaning. *National Forum of Teacher Education Journal*, 2006 (16).

提出"要尊重学生在语文学习过程中的独特体验",①《义务教育数学课程标准（2011年版）》提出"课程内容的选择要贴近学生的实际，有利于学生体验与理解、思考与探索"。② 同时，体验也是非常重要的课程目标。无论是在人文学科知识的教学过程中，还是在自然科学知识的教学过程中，学习者的体验都是非常重要的。可以说，学习者在学习中的过程体验就是个体知识建构的过程，是个体主观感受表达的过程，是个体内心情感流露的过程，亦是个体思维发展和意义生成的过程。

深度教学是体验性的教学，不是静态的教学。深度教学注重学生在教学过程中的切身体会、感受与经验，丰富学生的过程体验，是深度教学的要求，也是对学生学习过程性的回应。深度教学注重引导学生体验学习过程中的各种关系，体验学习过程中的丰富情感，体验积极的思维活动，即关系体验、情感体验和思维体验。关系体验，是学生对知识学习过程中存在的各种关系的体验与感受，包括学生与教师的关系、学生与同伴的关系、学生与自我的关系、学生与学习内容的关系、学生与学习情境的关系等等。情感体验，是学生对自身在知识学习过程中的情绪状态的体验与感受。情感是学生知识学习的一条重要主线，个体在知识学习过程中需要体验丰富的情感，或热爱、厌恶，或愉悦、忧伤，或接纳、排斥，学生是否有积极的情感体验，直接影响着学生的学习状态和存在状态。思维体验，即学生在知识学习过程中对各种思维方式的经历与体悟。思维体验直接反映学生在知识学习活动中是否进行了积极的思维活动，是个体在主动地思考还是被动地接受。学生的知识学习要经历分析与综合、归纳与演绎、类比与比较、具体化与抽象化等多种思维活动，学生思维活动的广度与深度，是反映学生知识学习质量的一个有效指标。

深度教学是体验性的教学，这就要求教师尊重学生学习的过程属性，避免教学的"流程化"与"模式化"，用复杂性思维、过程性思维和关系思维来

---

① 中华人民共和国教育部. 义务教育语文课程标准（2011年版）[M]. 北京：北京师范大学出版社，2012.

② 中华人民共和国教育部. 义务教育数学课程标准（2011年版）[M]. 北京：北京师范大学出版社，2012.

看待学生的学习过程和教学过程，丰富学生的过程体验，实现教学的过程价值。

四、标准建构：深度教学的品质追求

深化课程改革，追求教学的"深度"，提升教学的发展性内涵，是不能以学生成绩的提高作为衡量的根本标准的。深度教学以对知识的深刻解读为基础，力图实现学生的生活经验与教学活动的联结，让学生不仅获得事实性知识，更获得知识所蕴含的思想与文化的浸润，培养学生的核心素养，这是深度教学的根本标准。

（一）知识解读的深刻

知识解读的深刻，是深度教学的基本标准，没有教师对知识的深度解读，就难以实现学生发展的深度与教学的深度。教师对知识的解读，不能仅仅限于对知识文本符号的理解、分析，还应该进一步探究知识背后所隐含的学科思想、学科方法、情感态度及意义，并思考如何有效地实现知识蕴含的学科思想、学科方法、情感态度、意义对学生成长与发展的影响。

教师要转变自己的知识观，从认识论的知识观转向教育学立场的知识观，从学生个体的发展需求来解读以文字符号呈现出来的知识，并实现知识的有效处理。第一，教师需要对知识进行理解性的处理。教师对知识的理解在极大程度上影响着学生对知识的理解，教师对知识的理解是否正确、全面与丰富，会直接决定着学生对知识的理解是否正确、全面与丰富。教师对知识的理解性处理也包括理解逻辑及思想，理解关系及规律，理解他人及自我，理解意义及价值，如果教师只是理解了知识中的事实，而没有充分挖掘事实、符号背后的逻辑、思想、方法、关系和意义，那么学生对知识的学习也就限于对符号知识的掌握与记忆，无法获得知识背后的逻辑、思想与方法，知识对个体发展的意义也就无法展现出来。第二，教师需要对知识进行转化性处理。教师对知识的理解不必然同于学生的理解，教师对知识的转化性处理是指教师通过一定的方式将知识的事实、逻辑、思想、关系、意义"表达"出来，进而帮助学生获得更好的理解，如事实的表达、逻辑的表达、思想的表达、关系的表达与意义的表达。通过对知识的转化性处理，学生才能够在知识的符号和事实、逻辑、思想、关系、意义之间建立关联，进而建构自己的理解。

（二）生活经验的联结

生活经验是学生知识学习的重要资源，是学生深度理解知识，建构深度学习的重要材料与支撑，深度教学需要建立学生的生活经验与教学、学习活动之间的联结，让学生带着自身的生活经验与生活履历参与知识的学习与理解、参与思想的建构与意义的生成。生活经验的联结，是学生在教学中产生学习的意义感、自我感和效能感的要求，也是"教育回归生活"理念的体现。

一般而言，知识具有三种依存方式，即背景依存、逻辑依存和经验依存。背景依存指的是知识产生与存在的自然背景、社会背景和文化背景，逻辑依存是知识产生的逻辑过程、逻辑方式和逻辑方法，经验依存是知识产生和存在的种族经验和个体经验的作用，知识通过这三种方式得以保存下来并进行有效的传递。知识的三种依存方式就客观地要求教学将知识教学与学生的生活背景与社会背景联系起来，与学生的逻辑思维方式和已有的经验联系起来，与学生的生活世界、生命成长、情感体验、精神与价值观联系起来，只有建立起了这种稳固的联系，学生对知识的深度学习才具有了现实可能性。如果缺乏教学与学生生活经验的联结，学生在学习过程中，就会出现理解的断层和盲点，而这种理解性断层和盲点，是学生深度理解事物、逻辑、思想、关系、自我及意义的最大危险，也是教学走向深度的最大阻碍。

（三）思想文化的浸润

学生学习的知识是蕴含着思想的，是有文化负载的，深度教学还需要实现思想文化对学生的浸润。思想文化的浸润既是知识本身的要求，也是学生发展的要求。只有课堂实现了思想文化对学生的浸润，课堂才真正具有生命的活力，才真正成为学生生命成长之地，而这样的课堂教学才是真正的深度教学。

教学活动中实现思想文化对学生的浸润,并不是立竿见影的,决不能通过灌输—接受的方式,而只能是浸润式的,是"润物细无声"的。这一过程包括三个阶段:第一,学生对知识所蕴含思想文化的理解,即学生对知识的深刻解读,通过符号认识到知识背后的思想和文化。第二,学生对思想文化的澄明。这是学生通过联系自己的生活经验进行积极的反思而实现的思想澄清和文化自觉,形成自我的思想体系,提升自己的文化内涵。第三,学生对思想文化的表达。思想文化的表达是学生接受思想文化对自己成长的影响,自觉践行思想文化对自身的要求。没有思想的课堂是冰冷的课堂,没有文化的教学是肤浅的教学,深度教学要实现思想文化的浸润,提高课堂教学的思想内涵和文化底蕴,这样的教学是生命灵动的,是思想绽放的,也是文化自觉的。

(四) 核心素养的培养

教育部《关于全面深化课程改革落实立德树人根本任务的意见》提出"明确学生应具备的适应终身发展和社会发展需要的必备品格和关键能力,突出强调个人修养、社会关爱、家国情怀,更加注重自主发展、合作参与、创新实践",[①] 深入回答了"培养什么人、怎样培养人"的问题。培养学生的核心素养,课堂教学是关键的环节。深度教学通过对知识的处理,追求学生在认知方式、情感体验、思想境界、实践能力、处事方式等维度发生实质性的变化,由此达成培养学生核心素养的高层次发展目标。

前文已述,知识具有多维的教育价值,包括认知性教育价值、自我意识性教育价值和实践性教育价值,从核心素养的培养来看,个体的个人修养、社会关爱、家国情怀、自主发展、创新实践的培养在很大程度上与知识的自我意识性教育价值和实践性教育价值的实现有关,深度教学追求知识多维教育价值的全面实现,因此,深度教学能够促进学生核心素养的培养。同时,深度教学注重引导通过知识符号的学习获得学科知识隐含的学科思想、学科

---

① 教育部关于全面深化课程改革落实立德树人根本任务的意见 [EB/OL].(2014030). http://www.moe.edu.cn/public-files/business/htmlfiles/moe/s7054/201404/167226.html.

方法，而学科思想、方法的获得能够促进学生学科能力的提升，每一门学科的学科能力亦是核心素养所要培养的关键能力。

提升课堂教学的发展性品质，促进学生的深度学习，深度教学的理念能够促进真正有力量的教学，真正有内涵的教学。教育者需要摆脱工具理性对教学的束缚，突破浅表层教学对教学的局限，树立教育学立场下的知识观，关注知识的内在结构，关注知识多维教育价值，让教学走向深刻、走向深入、走向深度。

新课程三维目标与深度教学

——兼谈学生情感态度与价值观的培养

姚林群

虽然，情感态度与价值观同知识与技能、过程与方法一起被纳入新课程的三维目标体系，但是我国课程教学中"知识中心"与"应试倾向"的状况并没有得到彻底改变，人才培养模式依然陈旧，广大青少年儿童的成长方式和综合素质令人担忧。从人才培养模式的层面看，究其深层原因，是我国课程理论和教学实践中知识观陈旧，知识教学流于表层的符号教学，没有深入挖掘知识蕴涵对人的智慧提升、情感充盈、精神成长具有重要作用的内在价值，没有实现知识对人成长与发展的意义。新颁布的《国家中长期教育改革和发展规划纲要（2010—2020年）》（以下简称（《教育规划纲要》）提出把"坚持以人为本、全面实施素质教育"作为教育改革发展的战略主题，把"创新人才培养模式"作为人才培养体制改革的重要内容。要真正落实《教育规划纲要》的要求，彻底变革我国应试教育的痼疾，切实实现人才培养模式的创新，我们必须从根本上转变知识观，妥善处理好知识与技能、过程与方法、情感态度与价值观之间的关系，实现知识教学的发展价值。因此，我们提出"深度教学"这一概念。深度教学立足于新的知识论基础，从知识的内在构成来理解知识教学的丰富价值，有利于学生在获取知识的同时形成情感态度与价值观，实现综合素质的全面提高。

一、新课程三维目标的实施困境

本世纪初推行的新一轮基础教育课程改革提出了"知识与技能、过程与方法、情感态度与价值观"的三维目标，明确指出："改变课程过于注重知识传授的倾向，强调形成积极主动的学习态度，使获得基础知识与基本技能的过程同时成为学会学习和形成正确价值观的过程。"至此，无论是在教育理论界，还是在学校实践领域，人们都将情感态度与价值观目标的提出作为此次新课程改革的一大亮点。但是，审视我们的课程教学实践，不难发现，这不仅是"一大亮点"，而且也成了"一大难点"。很多一线教师都反映，新课程目标中的知识与技能、过程与方法都好把握，但是情感态度与价值观太虚了，不知道如何落实。基础知识与基本技能依然是广大教师课堂教学的重点甚至是唯一，"知识中心"的现状并没有发生多大的改变。有些教师虽然在备课本里清清楚楚地写着要达成三维目标，但是一进课堂之后，所教的不是知识的重点，就是知识的难点。当然也有一部分教师开始关注对学生的情感态度与价值观的培养，但是他们更多的是在知识教学的过程中或者知识教学任务完成之后穿插一些情感态度与价值观教学的内容，将自认为是重要的，学生应该掌握的情感品质、行为规范、价值标准以命令或告诉的方式传授给学生。这种教学方法带有明显的知识灌输倾向，其效果微乎其微。这正如有学者指出的那样："这些年来，我们许多教师怎么也摆脱不了表层的知识教学的局限，新课程所强调的情感态度价值观目标依然形同虚设，成为课堂教学改革的一大难题。即使考虑到了情感态度价值观的培育任务，也往往是狗尾续貂，生拉硬扯，打补丁贴膏药，没有那种润物细无声、此时无声胜有声的感觉。我们很难跨越知识与美德的边界，知识教学与情感态度价值观培育的边界似乎成为一道鸿沟。"[①]

笔者认为出现以上情况，同广大教师对知识教学与情感态度价值观培养的关系理解存在偏差有很大的关系。在理解的过程中，他们都预先设定了这么一个前提假设：知识教学同情感态度与价值观教学是两条互不相交的"平行线"，即重视了对学生情感态度与价值观的培养就会削弱对书本知识的掌握，而知识的掌握是根本的，所以应该以系统知识的传授为重。这是一种非此即彼的二元主义理解。事实上，自从新课程三维目标被提出来之后，人们就在分析三者关系的基础上就如何实现它展开了广泛的讨论，并在某种程度上达成了共识。"三维目标具有内在的一致性，在教学层面不应把它们相互割

[①] 郭元祥. 教师的二十项修炼 [M]. 上海：华东师范大学出版社，2008.

裂开来分别地加以设计,这很容易导致课堂教学的支离破碎。"① "知识和技能能够成为一个载体,它能载给学生一些过程与方法的体验,载给学生情感、态度、价值观的启迪。"② 无论是"一致说",还是"载体说",都说明了知识教学与情感态度价值观培养虽然是两种不同质的教育层面问题,有自己相对独立的运行机制,但它们并不是两条"平行线",而是存在着"交集"。在一定条件下,两者构成了相辅相成的共存关系,发挥着整体的功能:前者能够为后者提供知识基础和选择范围,后者也可以为前者提供价值导向和选择依据。

但是,理论上的共识为什么没能有效地影响实际的教学实践?为什么在现实的知识教学中,知识的获得同情感态度与价值观的培养仍然无法"和谐地统一起来"?对这些问题的回答,可能需要我们进一步追问这样的问题:为什么传统的知识教学无法承担起情感态度与价值观培养的使命?怎样的知识教学不但能使学生获得基础知识和基本技能,而且还在情感态度与价值观方面对学生产生积极的影响?我们的回答是,只有真正有深度的知识教学才能够使教师摆脱单纯的知识授受主义的窠臼,使学生既获得知识又提高能力,同时还在情感态度与价值观上取得发展。我们将这种有深度的知识教学称为"深度教学"。

二、深度教学:实现三维目标的有效策略

深度教学有助于情感态度与价值观目标的达成,是实现三维目标的有效策略。那到底什么是深度教学?深度教学与传统课程教学相比,又有哪些不同之处呢?

(一) 深度教学的内涵

所谓"深度教学",是指教师借助一定的活动情境带领学生超越表层的知识符号学习,进入知识内在的逻辑形式和意义领域,挖掘知识内涵的丰富价

---

① 杨九俊. 新课程三维目标:理解与落实 [J]. 教育研究,2008 (9).
② 孙晓天. 追求三维目标的成功融合 [J]. 人民教育,2004 (5).

值，完整地实现知识教学对学生的发展价值。深度教学并不追求教学内容的深度和难度，不是指教学内容越深越好，而是针对传统知识教学过于注重表层的符号教学而提出来的。它基于把握知识的内在结构，彰显课程教学的情感熏陶、思想交流、价值引导功能，对真正提高教育质量，实现学生的全面发展具有重要意义。

深度教学根植于新的知识论基础，从知识的内在构成来理解知识教学的本质与价值。从知识的内在构成看，知识具有三个不可分割的组成部分：第一是符号表征，指人类关于世界认识所达到的程度或状态，即"关于世界的知识"；第二是逻辑形式，指人类认识世界的方式，具体包括知识构成的逻辑过程和逻辑思维形式；第三是意义，指知识内具的促进人的思想、精神和能力发展的力量，它是内隐于知识符号的价值系统，对人的思想、情感、态度与价值观乃至整个精神世界具有启迪作用。[①] 任何知识都具有内在结构，即使是通常被人们称为"客观公正""价值中立"的科学知识也不例外。因为人类在科学探究过程中为冲破教条束缚、权威压力而表现出来的坚强意志和无畏勇气，为批判谬误、破除迷信而体现出来的坚定信念和必胜信心，为维护真理、造福人类而敢于牺牲的献身精神和高尚人格等，都随着科学知识的产生而深深地"揳入"到其内核中去了，成为知识意义的重要组成部分。至于原本就可以直接与之进行心灵对话、精神交流的人文知识，具有更明显的三种内在构成，对于陶冶人的情操、发展人的思想、形成人的价值观方面具有独特的作用。

事实上，"我国新课程强调的知识与技能、过程与方法、情感态度价值观三个维度的课程目标，充分体现了知识的内在结构及其对知识教学价值的要求"。[②] 但是，由于传统知识教学秉持传统认识论的知识立场，从"事实取向"理解知识和课程，缺少过程意识和价值关怀，导致知识的内在构成被分割，"符号表征"被看作是知识的全部和教学的唯一。其实，让人真正受用终身的不是那些符号知识本身，而是其背后所隐含的内在价值，是其内具的思维方式、价值观念以及在知识学习过程中所获得的丰富的情感体验。由此，我们

[①] 郭元祥. 知识的性质、结构与深度教学 [J]. 课程·教材·教法，2009 (11).
[②] 郭元祥. 知识的教育学立场 [J]. 教育研究与实验，2010 (1).

倡导"深度教学",试图超越表层的符号教学,由符号教学走向逻辑教学和意义教学的统一,从而实现知识教学的丰富价值,促进学生全面和谐的发展。值得注意的是,深度教学不同于我们所熟知的"有效教学"。有效教学是工业社会追求效率、效果和效益的价值观念在教育领域的反映,具有很强的工具理性色彩,"往往在追求效益的名义下,强调知识的学习,忽略学生道德品性的形成、情感体验的获得、生活价值的领悟和人生意义的追寻"[1]。本文所主张的深度教学,在某种意义上,恰恰弥补了"有效教学"的不足,实现知识学习与情感培养、德性养成和意义生成的有效统一。

(二)深度教学的特征

深度教学是对传统教学的超越,它反对教学的功利化取向,摒弃知识的强制灌输和强化训练,强调教学应关注学生的生活经历和生存处境,重视挖掘知识内在的意蕴与学生个体世界的关联。与传统教学相比,深度教学具有以下几个方面的特征。

首先,从教学目标看,深度教学是一种发展取向的目标定位。在教学目标上,深度教学强调全面把握知识与技能、过程与方法、情感态度与价值观等不同维度、不同层次的目标,从而"把一个人在体力、智力、情绪、伦理各方面的因素综合起来,使他成为一个完善的人"[2]。它从学生的生成与发展出发,围绕着学生的知识获得、品格塑造、德性养成和价值观形成来处理知识问题和开展教学活动。它超越功利主义的目标限制,不再只是把关注的目光紧紧锁定在学生的考试成绩、班级的考试排名、学校的升学率等方面,而是更多地关注学生的发展与幸福,克服死记硬背、机械传授、只重结果不重过程的弊端,从而完整地实现知识教学对学生的发展价值。

其次,从教学内容看,深度教学注重与学生生活世界的联系。深度教学不再把教学内容看作是一成不变的、静态的、线性的知识体系,而是视之为一种"经验性""实践性"存在。正如当代课程论专家派纳认为的,课程是个

---

[1] 肖庆华. 论有效教学的限度 [J]. 全球教育展望,2010 (8).
[2] 联合国教科文组织国际教育发展委员会. 学会生存——教育世界的今天和明天 [M]. 华东师范大学比较教育研究所译. 北京:教育科学出版社,1996.

体"履历经验"的重组,是学生生活世界独有的东西,学校在教学内容的选择上绝对不能局限于系统化的书本知识,而要关照个体作为"具体的活生生的存在"的"生活经验"。深度教学突破了以往那种封闭的教学内容选择,关注学生的生活经历和生存处境,联系知识产生的特定生活背景和学生的生活经验,挖掘知识内在的意蕴与学生个体世界的关联,帮助学生从文字中窥视灵魂,从文字中体验人生,从文字中丰富情感,使学生展开对自然、社会和人生的更为深刻的认识和思考,从而实现知识的"假定性意义"向"个体性意义"的转化。

再次,从教学方式看,深度教学是一种对话中心的教学。深度教学超越了"传递中心"的藩篱,走向真正意义上的"对话中心"。对话有助于人们消除分歧、克服偏见、达成共识,不仅是人们情感交流的基本形式,而且也是人们意义分享、价值建构的重要方式。只有通过对话,教师才能突破从书本到书本、从符号到符号、从教师到学生之间单向、线性的知识灌输倾向,不仅带给师生理性的思维、语言的感受,还有情感的体验、意义的领悟。在以对话为中心的教学视野下,学生的知识学习不再是消极、被动的过程,而是在与教师、同伴、文本及自我的平等对话与深切交流中不断对所学的知识进行理解和内化,从而生成新的个体化知识和意义理解的过程。由此,学生得到的不再是一堆堆僵硬、固化的符号知识,而是从中获得了高尚的思想、伟大的情怀、纯真的品质和正确的价值观念。

最后,从教学结果看,深度教学能够培养学生知识学习的兴趣。"当学生体验到一种自己在亲身参与掌握知识的情感,乃是唤醒少年特有的对知识的兴趣的重要条件。"[1] 的确,当一个人意识到不仅在认识世界,而且在认识自我的时候,就能形成兴趣;没有这种自我肯定的体验,就不可能有对知识的真正的兴趣。深度教学不仅强调系统知识的学习,更重视通过知识内涵的意义挖掘,为学生提供精神的养料,从而使学生在知识的学习中获得积极的人生体验,从知识的学习中领悟到人生的真谛和做人的道理,从知识的学习中得到思想的启迪和观念的解放,在知识的学习中解决一个又一个生活的疑问

---

[1] 苏霍姆林斯基. 给教师的建议 [M]. 杜殿坤译. 北京:教育科学出版社,2000.

和困惑。由此,学生的知识学习过程不再枯燥乏味,不再是残酷的智力厮杀和艰难的认知过程,而成为"诗意的栖息"和"精神的皈依"。知识学习不再是痛苦的事情,而成为快乐的旅程。

三、深度教学的实现条件

深入知识的内在构成开展知识教学,有利于教学过程的丰富,实现知识对学生发展的多元价值。那如何才能突破传统知识教学的局限,实现真正意义上有深度的教学呢?笔者认为,下面几个方面的转变是需要着重考虑的。

(一)课程知识观:从"静态的本体论"转向"动态的主体论"

"所谓本体论的知识观,就是从知识的生产过程和生产结果来讨论知识,把知识作为研究对象,就知识论知识。"① 它是一种静态的知识观,认为知识是客观事物属性与联系的反映,是客观事物的主观映像,具有客观性、决定性、中立性、确定性、普遍性和一致性等特征。所谓主体论的知识观,"不是就知识论知识,不是从知识的产生过程与产生结果来论知识,而是从学生发展过程与发展结果来处理知识"。它是一种动态的知识观,认为知识不仅具有客观性、确定性、普遍性和中立性等基本性质,而且还具有文化性、不确定性、境遇性和价值性等性质。静态知识观指导下的课程教学,将表层的符号性知识作为教学的中心,容易走向"知识的授受主义",表现出"去过程""去情境""去发展"等特征。因此,为实现深度教学,在课程知识观上应从"静态的本体论"知识观转向"动态的主体论"知识观。也就是说,在课程教学活动中应以动态、发展的观点把握知识的性质与本质,从学生成长的角度理解教学中的知识问题,实现课程知识与学生真正的"相知""相遇"。一方面,不再把知识看成是一成不变、确定的永恒真理,注重把握知识对于不同学生的个体差异性和不确定性,在一定范围内允许并鼓励学生作个性化的知识意义解读。另一方面,也不再把知识完全抽象为某种"符号表征",注重把

---

① 郭元祥. 新课程背景下课程知识观的转向[J]. 全球教育展望,2005(2).

握知识的文化性和价值性，深入挖掘知识对学生生命成长、智慧提升、情感充盈的内在意义和多元价值，使学生在知识的学习中明辨是非、知晓美丑、区分善恶，学会处理与自然、社会、他人及自我的关系，明确人生的价值和生活的意义。

（二）教学价值取向："价值中立"转向"价值负载"

在近代科学世界观和科学认识论的影响下，很多教师秉持事实与价值分离的教学价值取向，将知识定位为对客体的"镜式反映"，把学生当作事实性的理性存在，在知识教学中排斥个体性判断和价值性理解。在他们看来，客观存在和事实是价值无涉的，从客观存在和事实中不可能推出价值判断和命题。所以，他们认为价值中立不仅是获取知识的前提条件，也是教学的根本品质与特质。这种客观主义的教学逻辑，使广大教师在教学的过程中一味地追求知识的客观性与中立性，专注于教给学生大量的事实性知识，拒斥与之相关的情感、道德、文化、价值观的因素。这种价值取向在自然学科课程教学中体现得尤为明显，导致的结果就是："使我们的教育成为一种去价值（Devalue）或去道德（Demoralizing）的教育，它已经抛弃了自身的伦理德性的追求，教育完全成为一种彻底通过处置人的机械过程。"[①] 事实上，"知识中所表现的不仅是认识的对象，同样也复现了人自身，作为人之精神成果的知识只能是人全部生命的结晶，它不可能只是单独由智力和理性结出的果实"[②]。"教与学的过程是一个价值过程"，[③] 世界上从来没有而且也不可能存在任何一种价值中立的教学活动。因此，现代教学应超越传统工具理性的局限，在价值取向上从"价值中立"走向"价值负载"，注重教学活动的人文关怀和价值引导，注重知识背后的人生价值和生活意义的诠释，深入到学生的内心世界、情感领域和价值结构之中建构学生完满的精神世界。

---

① 金生鈜. 规训与教化 [M]. 北京：教育科学出版社，2004.
② 鲁洁. 一个值得反思的教育信条：塑造知识人 [J]. 教育研究，2004（6）.
③ 莫妮卡·泰勒. 价值观教育与教育中的价值观（上）[J]. 教育研究，2003（5）.

(三) 教学过程:"预设性"转向"生成性"

所谓预设,是指先在地设定事物的本质和规律并按这种设定来认识和控制事物的发展过程。以预设为中心的教学过程,遵循一种僵化的"输入—产出"式的运行程式,强调对教学环节的单向、线性安排,使之成为一种强制性、武断性的"布道"过程。它更多强调的是秩序、规范与控制,关注的是接受、掌握与认同,而变化、反思与创造的品质被忽视,探究、建构与超越的特点被剔除。最后,学生获得的只是一堆堆固化、僵化的符号性知识。这是一种机械论的教学过程观,因为无视学生的现实生活、主体地位和个性发展的需要,最终将使教学活动走向功利化的边缘。雅斯贝尔斯曾一针见血地指出了这种机械论的教学过程观的弊端:"教育决不能按人为控制的计划加以实行。教育计划的范围是很狭窄的,如果超过了这些界限,那接踵而来的或是训练,或者是杂乱无章的知识堆积,而这恰好与人受教育的初衷背道而驰。"① 生成性不同于预设性,它重关系而非实体、重创造而非预定、重差异而非同一,强调用创生、变化和发展的观点去看待事物及其变化发展。运用于教学活动中,生成性视域中的课堂教学过程,重视在特定的教学情境中主体之间的交互作用,通过内隐的思维活动、精神活动以及外显的操作活动,使学生在获取知识的同时,交流思想、沟通情感和分享意义。它指向学生个体知识的建立、个体新经验的形成和个性化的成长,有利于学生在知识和能力、经验和体验、情感态度和价值观等方面的不断丰富、完善和成熟。需要注意的是,我们强调教学过程要实现从"预设"到"生成"的转换,主要是针对目前我国教学的时弊而言的,我们并不否定教学所具有的预设性质。

(四) 教师角色:"知识传递者"转向"价值引导者"

以"知识传递者"为角色定位的教师,往往会全面地控制教学活动的组织与开展,将书本上、考试中要考的知识一点点地灌输给学生。学生作为教学活动的被动接受者,只是接受和记忆教师传递过来的那些所谓重要的知识。

---

① 雅斯贝尔斯. 什么是教育 [M]. 邹进译. 北京:生活·读书·新知三联书店,1991.

在这一过程中，学生没有发言权，缺少积极、主动的学习体验，成了等待知识填充的"鸭子"或"容器"。这种"传递中心"课程教学活动，虽然对学生快速、全面地掌握系统的书本知识具有一定帮助，但是却严重忽视了过程与方法、情感态度与价值观诸方面的培养。从某种程度上说，"传递中心教学是低效的、无效的，甚至是负效的"。① 因为仅凭教师的讲授与传递，而忽视学生在知识学习过程中个体化的情感体验和意义生成，知识是难以真正习得的。这正如卡西尔认为的那样："往一个人的灵魂中灌输真理，就像给一个天生的瞎子以视力一样不可能的。如果不通过人们在相互的提问与回答中不断地合作，真理就不可能获得。"② 事实上，情感态度与价值观的本质是一种外显的和内隐的心理品质和信念信仰，它不可能像以符号为载体的知识那样可以通过传递的方式让学生接受。因此，教师需要超越传统的角色定位，变"知识传递者"为"价值引导者"。作为价值的引导者，教师需要具备一定的能力，掌握一定的方法。例如，如何超越知识的符号表层进入意义领域挖掘那些对学生具有思想启迪、行为导向和心灵震撼的价值因素。又如，如何发现学生生活中的情感矛盾和价值冲突，并结合知识的教学引导学生进行分析、比较、判断和选择。这些都要求教师对学科知识和生活经验中的情感、价值因素有积极的体验和敏锐的感悟，并以自己的智慧设计课程教学，引导学生形成正确的情感态度与价值观。

---

① 钟启泉. 有效教学研究的价值 [J]. 教育研究，2007 (7).
② 恩斯特·卡西尔. 人论 [M]. 甘阳译. 北京：西苑出版社，2003.

学科能力表现：意义、要素与类型

马友平

《国家中长期教育改革和发展规划纲要（2010—2020年）》提出了"坚持能力为重"的指导思想。[①] 切实促进学生能力发展，是当前深化基础教育课程改革、全面提高教育质量的关键点。长期以来，我国中小学学生学业质量标准体系尚未真正建立起来，学生的学科能力表现标准及其评价策略亦尚显模糊。学科教学是发展学生能力的重要途径，但每门学科究竟要发展学生哪些核心能力表现？其基本指标是什么？如何培养？这些都是有待明确的问题。

一、学科能力表现及其意义

（一）学科能力表现的内涵

学科能力表现是指中小学生在各门课程学习过程中表现出来的比较稳定的心理特征和行为特征，是可观察的和外显的学习质量和学习结果。学科能力表现是学生学科学习中学业成就或学习质量的重要组成部分。基于学生的知识学习和认知活动，学生的学科能力表现往往体现为由内隐的学科思维过程和外显的学科行为反应决定的学科素养。

学科能力表现可以分为学科一般能力和学科特殊能力两大部分。学科一般能力是指学生在各学科学习过程表现出来的普遍存在的基本学科能力，包括认知与理解能力、想象与思维能力、观察能力、问题解决与创造能力等在学科中的具体表现。林崇德教授认为，"所谓学科能力，通常有三个含义：一是学生掌握某学科的一般能力；二是学生在学习某学科时的智力活动及其有关的智力与能力的成分；三是学生学习某学科的学习能力、学习策略与学习

[①] 中华人民共和国国务院. 国家中长期教育改革和发展规划纲要（2010—2020年）[Z]. 2010.

方法"。"学科能力是学生的智力、能力与特定学科的有机结合,是学生的智力、能力在特定学科中的具体体现。它是衡量学生心理发展的一个重要的指标,是当前学科教育改革的一个中心问题,同时也是一个被研究者长期忽视的问题。"[1] 显然,他强调的是学科的一般能力,是智力、能力在学科中的具体表现。学科特殊能力是指学生在不同学科学习过程中表现出来的具体能力,学科特殊能力由于学科知识性质与学习过程的差异,在不同学科中的具体能力表现不同,如语文学习中的阅读与表达能力、文化理解与价值观反思能力,数学学习中的数学运算与空间想象能力,物理、化学、生物等学科学习中的观察与实验能力等。当然,学生的学科学习能力、学习方法与策略具有明显的学科差异,也属于学科能力的核心表现(Key Performance),特殊学科能力表现具有鲜明的学科特征。

三十多年来,我国把各门课程的学科能力表现统统归结为"分析问题、解决问题的能力",并作为"双基"的重要一维来看待,显然缺乏对学科能力表现的深入剖析,没有"基本技能"的具体指标和要求,从而导致教学过程中"基础知识"的教学十分系统和扎实,但"基本技能"的培养难以系统地落实。实际上,"基本技能"并非学科能力表现的全部本质。新修订的义务教育课程标准由注重"双基"走向强调"四基",即基础知识、基本技能、基本态度、基本经验,应该说是一种进步,但即使新修订的各科课程标准,对各学科核心能力表现也尚未明确进行系统的设计。

(二)研究学科能力表现的意义

中小学生学科能力表现及其标准的研究,一直是我国课程教学改革研究的薄弱问题。自 2001 年以来,我国基础教育课程改革提出了"知识与技能、过程与方法、情感态度与价值观"三维课程目标,其中"过程与方法"集中指向的是学科能力表现。随着课程改革的深化,教学质量、学生的学习质量、学科能力表现研究日益引起重视。但各科课程标准关于学科能力表现及其标准疏于整体设计,课程实施中对教学缺乏明确清晰的学科能力表现的指标和

---

[1] 林崇德. 论学科能力 [J]. 北京师范大学学报(社会科学版),1997(1).

标准的指导。研制中小学生学科能力表现标准，注重学科能力表现的培养，对深化课程改革具有重要意义。

1. 有利于确立科学的教育质量观，全面提高义务教育阶段教育质量

全面提高教育质量，是我国基础教育在基本完成普及义务教育的社会背景下的必然选择。《国家中长期教育改革和发展规划纲要（2010—2020年）》强调"全面提高教育质量"是我国教育改革和发展的两大战略任务之一。"规划纲要"强调，全面实施素质教育，必须贯彻"坚持德育为先、坚持能力为重、坚持全面发展"的指导思想，培养广大中小学生的"学习能力、实践能力和创新能力"；必须减轻学生过重的课业负担，创新人才培养体系。教育质量的根本体现在学生发展上，体现在学生综合素质的提升上，尤其是体现在学生课程学习的过程之中。学生的基本素质、课业学习质量又是教育质量的核心，因此，研究我国义务教育阶段学生学业质量标准体系，是落实"规划纲要"精神、树立科学的教育质量观、全面提高教育质量的根本要求。

长期以来，我国基础教育存在教育质量观、学业质量观比较模糊的局限，加之应试教育倾向的影响，人才培养方式与时代发展对教育的要求日益不相适应。改革开放三十多年来，我国基础教育缺乏科学可行的学习质量标准、学生核心能力素质标准（如中小学生学习能力发展标准、实践能力发展标准、创新能力发展标准）等，学生发展评价过于偏重知识掌握的笔纸测验，学生的基本学习素养、学科能力发展、学科核心价值观的培养没有得到系统化的重视。中小学教师只能按照以"知识点"为线索的"教学大纲"为依据，侧重以知识掌握水平来决定教学行为和教学质量的评价方式。十年基础教育课程改革和课程标准的实验研究，为学习质量标准的研制奠定了坚实的基础。但我们认为，义务教育阶段各课程标准在学科核心能力表现标准、学科核心价值观发展标准等方面，还有待进一步明确。面临新的战略任务，基础教育课程改革进入了更深的层面，我们需要回答教育质量观、学业质量标准、学业质量评价等一系列重大问题，研究和建构包括课程标准在内的学业质量标准科学体系。这对建立科学的教育质量观，全面提高教育质量，具有重要的现实意义。

2. 有利于克服知识教学的局限性，促进学习方式变革，发展学生能力

过于注重知识的接受性学习，学习方式单一，过重的知识学习课业负担，既有考试评价的原因，也有教材容量、难度和深度方面的原因，还有过度学习的原因，而学生学科能力表现标准的缺失，也是重要原因之一。"深挖洞，广积粮"式的教学，本质上反映的是中小学生学业质量标准体系不明确的问题。研制我国义务教育阶段学生学业质量标准体系，对促进教育评价改革、减轻课业负担，具有重要的现实意义。

人才培养体系的创新，不仅仅表现在课堂教学中学习方式的多样化，而是涉及教育价值观体系、教育质量观及其标准体系、课程教学体系、管理与评价体系等一系列问题的复杂系统。单一的知识线索式的标准，以及"唯分数论"的教学和评价，对引导人才培养体系的创新存在明显的不足。解析中小学生学科能力表现的内在结构，初步建构中小学生学科能力表现的指标体系，探讨中小学生学科能力表现的观察、测量与评价的策略，以及学生学习质量监测的有效策略与技术，这对深化课程教学评价与教学质量管理，具有重要的指导意义。

二、学科能力表现的要素

学科能力是学科素养的核心组成部分，更是学生学业质量的重要组成部分。学生的学科能力表现应是有结构的，每一门学科的核心能力具有不同的类型和层次，不同类型的学科能力表现通过可观察的行为和可检测的思维活动能够得到评价，学科能力表现的内在结构涉及各学科核心能力表现的要素。

（一）学科知识内隐的认知能力要求

知识是课程或学科的基本内容，是课程标准的核心组成部分。但知识并不等于学科能力表现，学科知识既是学科能力形成的基础和条件，也内隐着学科能力表现的要求。有效的学科知识教学必须促进知识向学科能力转化，向态度和价值观与思维方式等方面的核心素养转化。这是知识的内在结构所决定的。知识具有三个不可分割的组成部分：一是符号表征。作为人类的认识成果，任何知识都是以特定的符号作为表征的。符号所表征的是人类关于世界的认识所达到的程度或状态，即"关于世界的知识"。二是逻辑形式。知识的逻辑形式是指人认知世界的方式，具体包括知识构成的逻辑过程和逻辑思维形式。三是意义。知识的意义是其内具的促进人的思想、精神和能力发展的力量。作为人类认识成果的知识蕴含着对人的思想、情感、价值观乃至整个精神世界具有启迪作用的普适性的或"假定性的"意义。这种普适性的或"假定性的"意义的存在，使学生通过知识习得建立价值观成为可能。[1] 学科知识本身不是学科能力表现，但是逻辑形式、意义系统等核心要素是学科能力表现的重要源泉。

赫斯特之所以认为最有价值的知识是"认知知识的形式"，就是相比较于知识的"符号表征"这一要素而言的。任何知识都反映了人认知世界的方式，这种"认知知识的逻辑形式"是隐含在"符号表征"之中的。正是因为知识中内在隐含着"认知知识的形式"，我们才能够转识成智，知识才可能具有认知价值。人获取知识，最重要的不是知道它是什么，不仅仅是作为一个名词（Knowledge）来接受，而是作为一个动词（Knowing）来经历。知识教学如果仅仅停留在符号表征的传递上，那它永远只能是告诉式的。知识的意义是知识的内在要素。之所以说"知识就是力量""知识改变命运"，就是因为知识意义的存在。费尼克斯（Phenix, P.）就曾经明确指出，知识就是意义的领域。从认识论立场上看，知识的意义是假定性的。但从教育立场来看，知识的"假定性意义"不是用来让学生直接接受的，而是学生建构新的意义系统的基础。因为对每个学生的发展来说，知识的现实意义是多元的、多样的，意义的实现方式也是无限的。正如费尼克斯所说："从理论上说，意义的多样性没有止境。意义形成的不同原理也被认为是无限的。"[2] 知识意义的存在，使教育理所当然地要承担起价值观教育的使命。

我认为，不应以学科知识的体系和线索为中心来表述学科能力表现，否则，学科能力表现的标准便成为课程内容标准的替代品。因为能力是一种比较稳定的心理特征，是以认知过程为基础的；在表述学科能力表现的具体水

---

[1] 郭元祥. 知识的性质、结构与深度教学 [J]. 课程·教材·教法，2009 (11).
[2] 贝利. 费尼克斯论意义的领域//唐晓杰译. 瞿葆奎主编. 教育学文集·智育 [M]. 北京：人民教育出版社，1993.

平中，知识仅仅是作为一种案例和载体来体现的。如语文的学科能力维度可以以阅读、表达（包括口头表达、书面表达、信息表达、情感表达等）、文化理解与沟通、思维方式与价值观判断等维度来分解具体指标，但不能具体到学习哪一篇作品的阅读能力等等，充其量可以具体到不同类型体裁的能力要求。科学学科能力表现围绕科学探究过程、科学方法论、科学思维等维度，而不仅仅以科学学科的不同知识序列来设计科学核心能力表现的指标要求。

学科能力表现的达成和评价并非否认知识目标的重要性，而是比简单的强调符号知识的理解和掌握更进一步，更强调学科知识的学习向学科能力表现的转化。按照安德生（Anderson）教育目标分类学修订版的构架，在学科能力表现的评价指标上，关于学科知识在评价指标上所发挥的作用，更注重的不是事实知识（Factual Knowledge）、概念知识（Conceptual Knowledge），而是程序知识（Procedural Knowledge）和元认知知识（Metacognitive Knowledge）。学科能力表现更侧重学科知识掌握的同时向认知策略、认知学科能力表现——意义、要素与类型策略——方向转化。

（二）行为表现与行为结果

国际上的课程与教学评价对中小学生学科能力表现研究非常重视。20世纪60年代，美国著名课程教学理论家布卢姆开展了教育目标分类学的研究，提出了认知领域、情感领域、动作技能领域的教学目标分类体系。70年代初，克拉斯沃尔等通过建立教育目标体系，建构了中小学生学科能力表现的指标体系，安德生（Anderson）等于21世纪初修订了教育目标分类学。[①] 教育目标分类学及其修订版所构设的教学目标领域及其体系，本质上是以学科能力表现为核心的，该教育目标分类学所提出的认知领域、情感领域、动作技能领域，分别构设了若干个具体要素或能力表现的维度。从根本上说，布卢姆及其后继者的研究所提出的学科能力表现要素或维度，如认知领域的目标要素：了解、理解、应用、分析、综合、评价等，构建的其实是各个学科普适

---

① Anderson, L. W. et. al.. *A Taxonomy for Learning, Teaching and Assessing: A Revision of Bloom's Taxonomy of Educational Objectives*. NewYork: Addision Wesley Longman, Inc. 2001.

性的学科能力表现要素。

学科能力表现是反映学生学科学习质量的重要维度，是涉及中小学生在不同学科领域的核心素养的要素。学科能力表现的维度，反映了人们对学生在不同学科领域素质发展的基本构想或者说是核心能力领域。一般来说，学科能力表现的指标和标准涉及指标维度、层级水平、条件三个基本向度量。根据什么来确定不同学科领域的学生能力指标维度，具有不同的课程领域差异性。近年来，联合国教科文组织与ISO国际标准化组织等制定了很多教育标准，并鼓励各国开发可以测量符合国际定义、标准、目的或目标的高质量教育的指标体系。欧盟制定的《欧盟学校教育质量报告——16项质量指标》列出了评价教育质量的16个标准，涵盖了学业成就、成功和转变、学校教育管理、资源和结构四个方面。自1982年始，比格斯（Biggs，J. B.）和科林斯（Collins，K. F.）领导的课题组研究了中小学生学习质量评价的理论与实践问题，发展了布卢姆的教育目标分类学理论，提出了可观察的学习结果的学习质量分类理论。2009年，出版了《学习质量评价》（*Evaluation The Quality of Learning: The SOLO Taxonomy*）一书，构建了学习质量分类、评价理论以及深度学习（Deep Learning）的策略。① 所谓SOLO，即可观察的学习成果结构（Structure of the Observed Learning Outcome）。② 毫无疑问，SOLO分类理论强调的核心是学科能力表现。与布卢姆教育目标分类学理论相比较，二者都注重从学习行为变化着手来评价学生的学业质量，但SOLO分类理论基于皮亚杰的认知加工理论，更注重从学习行为的变化结果上考察学生的学业质量，重视学生通过学科学习所发生的可观察的学习结果。比格斯的SOLO分类理论改变了布卢姆教育目标分类学的角度，学习质量评价所注重的不再是学习者行为，而是学习行为的结果。比格斯强调从能力、思维操作、一致性与闭合、应答结构四个方面将学生的行为结果分为五个不同水平来评价学习质量，注重学习结果在结构上的复杂程度对学习质量的影响。

---

① Biggs, J. B., Collins, K. F.. *Evaluation The Quality of Learning: The SOLO Taxonomy*. Academic Press, New York. 2009.
② 冯翠典，高凌飚. 现状与反思：SOLO分类法国内应用研究十年[J]. 教育测量与评价，2009（11）.

1998年,美国经济与教育中心(CEEA)和匹兹堡大学教育学院联合研制了美国《中小学生学科学习的表现标准》(*Performance Standards for English Language Art, Mathematics, Science and Applied Learning*),[①] 共分为小学、初中和高中3卷本。该标准从表现性目标等方面描述了学生应该达成的学习质量要求,并以大量的案例为中小学教师把握学业质量标准提供了教学和评价的参考。该学习质量标准的重点并不是单一的学科知识点学习目标,更强调的是通过具体知识的学习应该在行为、能力、态度上所发生的变化程度。该标准明确设计了美国小学、初中、高中三个学段各门课程学生必须形成的核心能力表现,并提出了每一个学期学生必须达成的能力水平。比如关于英语课程,就明确了阅读能力的水平层次,尤其强调信息提取式的阅读能力、反思性阅读的能力品质,并提出阅读能力表现的九项具体指标。应用学习课程能力表现标准中,设计了美国中小学生的9种核心能力表现,并为教师的教学提供了有价值的范例和具有操作性的评价建议。美国《中小学生学科学习的表现标准》明显区别于课程标准,其重心不在课程设计,而在于质量标准的设计。其发布一年后,就被40多个州采用,可见其影响力、导向性、操作性之强。

近十多年来,OECD实施的PISA(国际学生学业成就评价项目)项目,通过大规模的课程教学评价,着重考察世界上数十个国家中小学生在母语的阅读、写作以及数学和科学等领域的学科能力表现,通过PISA分析各国学生在母语、数学和科学等学科领域的学习质量、能力表现,研究了影响中小学生学科能力表现的影响因素,取得了比较系统的课程教学评价成果。2009年PISA关于母语能力的测评中,主要涉及的是阅读能力评测。阅读的具体维度及其指标包括连续性作品阅读与非连续性作品阅读能力,信息提取性阅读、理解性阅读与批判性阅读能力等维度和指标。

国际数学与科学教育成就趋势调查TIMSS(Trends in International Mathematics and Science Study)是由国际教育成就评价协会IEA(Interna-

---

[①] National Center on Education and the Economy and the University of Pittsburgh. *Performance Standards: English language Arts, Mathematics, Science Applied Learning*. 1998.

tional Association for the Evaluation of Educational Achievement）主办的国际测试。从最近一次 TIMSS 数学测评（即 TIMSS2007）的评价框架看，数学学科能力表现主要由两大维度组成：数学内容（Content）和认知能力（Cognitive）。在数学内容方面，四年级包括数（Number）、几何图形与测量（Geometric shapes and Measures）及数据呈现（Data Display），而八年级则包括数（Number）、代数（Algebra）、几何（Geometry）及数据和概率（Data and Chance）。其中每一个内容都包含若干个主题，而很多参与国又对各个主题进一步细化出一系列目标。在认知能力方面，两个年级都分理解（Knowing）、应用（Applying）和推理（Reasoning）三个层次。其中理解包括学生需要知道的事实（Facts）、过程（Procedures）和概念（Concepts），涉及记忆、识别、计算、检索、测量和分类/排序等表现行为；应用关注学生应用所学知识和概念解决或回答问题的能力，涉及选择、表征、建模、执行、常规问题解决等表现行为；推理指从常规问题的解决迁移到不熟悉的情境、复杂的背景和多步骤问题的解决，涉及分析、归纳、综合/整合、论证、解决非常规问题等行为表现。

三、学科能力表现的类型与水平层次

由于课程知识性质和课程价值的差异，不同学科具有不同类型、不同水平的核心能力表现。

（一）学科能力表现的类型

学科能力表现大致可分为基础性学科能力表现、知识性学科能力表现、学科素养性能力表现等不同类型。基础性学科能力表现是指各个学科皆有所表现的基本能力，是学生认知能力在学科中的具体体现，是指与思维活动的一般过程和形式相关的能力表现。如布卢姆所解析的认知领域目标：了解、理解、应用、分析、综合、评价等能力要求，就是各个学科都包含的基础性能力表现。基础性学科能力表现是认知能力在学科中的具体化。

知识性学科能力表现是学科具体知识学习的能力要求。不同学科的知识要素、知识性质、具体内容不同，知识性学科能力表现的要求就不同。如语文课程中的词语的意义把握与表达能力、语法与篇章结构的理解与应用能力；数学课程中的代数、三角、函数、几何、排列组合、微积分等的运算能力等。

学科素养性能力表现是学科的核心能力表现，是最能体现学科性质的维度。一般来说，母语课程的核心学科能力表现包括阅读能力、表达能力（包括口头表达和书面表达）、思维方式与文化理解能力、价值观判断与实践能力等方面。数学课程的核心学科能力表现包括数学运算、空间想象、数学论证与推理、数学思维与数学文化理解等。科学课程的核心学科能力表现包括科学观察、科学实验、科学探究与问题解决能力等。

不同学科具有不同的能力表现要素，也同样具有相同的能力表现（Key Performance），比如观察能力、跨文化交际能力（或跨文化沟通能力）、发现问题与提出问题以及分析问题与解决问题能力等等，这些在诸多学科领域都是非常关键的能力表现。课程实施要在这些核心能力表现具有不同的学科特质和差异性。科学观察与数学中的对数量关系的观察、对空间关系的观察，以及与语文中对生活和社会现象的观察就具有明显的异质性。其具体指标和水平要求不同，培养方式以及知识转化的方式也就不同。

（二）学科能力表现的水平层次

同一学科在不同年龄和学习水平上，核心能力表现的指标和项目也是有差异的。比如数学能力表现，在小学阶段最关键的是数量关系理解能力和计算能力，而到了初中和高中，这一核心能力表现则退到了比较成熟和次要的地位，而数学假设、推理、论证和应用则成为最关键的能力表现了。所以，同一学科的核心能力表现指标是因学生学习进程的变化而变化的。在同一学科中，各种学科能力表现指标及其重要性程度不是一成不变的。现行的课程标准、学科教学往往忽视了核心能力表现的变化性、差异性，而仅仅考虑知识掌握的水平差异性。从下表可以看出，我国对学生学科能力表现的标准是笼统的、不具体的，缺乏指标性、表现性的能力发展要求。

中美两国关于阅读能力要求的比较

我国义务教育语文课程标准关于阅读的能力要求	美国英语课程能力表现标准关于阅读的能力表现要求
用普通话正确、流利、有感情地朗读课文。	学生大声、正确地朗读（正确率达85%～90%），熟悉像阅读样书书目中所列的高质量、有难度的材料，并通过以下方式使听众明白：当继续阅读时，能自己发现以前所犯的失误；使用一系列暗示方法，如语言和背景暗示，来确定发音和意思；阅读富有节奏、流畅，语流和音节听起来就像日常讲话那么自然。 可以通过以下活动例子表明学生们大声、正确的朗读： ——向同伴或低年级学生大声朗读 ——参加读者剧院创作活动 ——在录音带或录像带上录制大声朗读的实例

学科能力表现的水平层次，体现了学生学科素养培育和发展的阶段性和顺序性的要求。不同学段、不同年级的学科教学，要明确分解各种学科能力表现要求的水平差异。以阅读能力的要求为例，从小学到初中，仅仅要求学生能够"用普通话正确、流利、有感情地朗读课文"，存在目标不明确、不具体，缺乏水平差异的局限性。什么是"正确"的朗读？什么是"流利"的朗读？什么是"有感情"的朗读？不同学段、不同年级在"正确""流利""有感情"三项亚指标的水平差异是什么，皆不明确。学科能力表现类型和水平层次的模糊，是影响学生学业质量、影响知识向能力转化的重要原因之一。

深度教学的知识论基础

知识的教育学立场

郭元祥

知识问题是教育学的经典问题,也是教育的现实问题。对这一问题的回答,在很大程度上支配着人们的教育理念和教学行为。近几年来,随着我国新一轮基础教育课程改革的不断深入,知识理解及其处理问题日益引起人们的重视。怎样看待知识,站在什么立场上理解知识,如何把握知识的内在构成及其与学生发展的关系,的确是需要谨慎面对的问题。

一、哲学认识论的知识立场对教育场域的局限性

长期以来,在我国课程教学的理论和实践中,主流的知识理解是传统认识论的观点,即所谓知识,"是客观事物的属性与联系的反映,是客观事物在人脑中的主观映像";[①] "知识是人类认识的成果,它是在实践的基础上产生又经过实践检验的对客观实际的反映"[②]。显然,关于知识的本质,哲学,尤其是哲学认识论回答的基本是人类知识的产生以及人的认识方式等问题,它为人们提供了理解知识最普遍的世界观和方法论。

哲学认识论把"知识"作为研究对象,目的在于揭示人类知识产生的一般过程和基本规律。毫无疑问,哲学认识论在分析了人类认识的历史过程和一般规律的基础上,从知识的生产过程和生产结果来界定"知识",揭示了知识作为人类认识成果的普遍本质——客观性、确定性、真理性。从解释人类总体的知识生产过程和规律来看,哲学认识论的知识观是一种合理的、本体论的知识观。这种本体论的知识观为教育理论和教育实践提供了理解客观知识的基本立场,即哲学认识论立场。但对教育活动中的知识问题而言,它缺

---

① 中国大百科全书·教育 [Z]. 北京:中国大百科全书出版社,1985.
② 中国大百科全书·哲学Ⅱ [Z]. 北京:中国大百科全书出版社,1987.

乏教育场域特质的观照。教育理论关于知识的理解和知识处理，不能直接移植哲学认识论的知识立场，相反，需要确立教育学立场，因为教育理论家和教育实践者不以"知识"为直接的研究对象和活动目的，而以"学生及其发展"为研究对象和活动目的。对教育特质而言，哲学认识论的知识观难以回答并解决教育中的知识问题。

（一）哲学认识论的知识立场是一种知识本体论立场

哲学认识论的知识观是一种知识本体论的立场，对解决教育中的知识问题存在场域适应性方面的局限性。哲学认识论思考知识生产过程的角度是人类总体的认识过程，而不是学生的认知过程。这种人类总体认知过程的视角，其实是一般认识论视角，是从人类知识的创造过程、产生过程、产生方式的角度，来揭示人类总体知识生产的一般规律。由此，哲学认识论确认了人类知识生产的基本过程：从实践到认识、再实践到再认识；并认为知识是人类认识的成果，它是在实践的基础上产生又经过实践检验的对客观实际的反映。

从根本上说，本体论的知识立场是就知识的生产来理解和揭示知识的本质，是就人类知识生产的一般过程来揭示知识生产过程的普遍规律，是从结果上来描述知识的特征。对教育而言，本体论的知识观不可能从学生特殊的认识过程和成长过程来解释知识的本质和价值，亦不可能从教育中学生的主体性和学生认识的交往性视野来揭示知识的本质和意义，即没有从人的形成和发展的视野上来阐释知识的本质和意义，揭示知识作为一种发展过程和人的生成价值的存在，而不是作为一种结果和既有事实的存在，从而丧失了对教育、对学生而言的生成视野和生存立场。

本体论的知识观对解决教育视野里的知识再生产问题的局限性在于，"知识"总是外在于学生的发展历程，没有促成知识与人（学生）的发展"相遇"。而知识与学生的相遇，最根本的标志是一切进入学生发展历程的知识都应赋予学生"成长意义"。此时，知识对作为知识再生产主体的学生而言，所涉及的不完全是"真理问题"，而更是"幸福问题"。[①] 本体论的知识观难以顾

---

① 赵汀阳. 知识，命运和幸福[J]. 哲学研究，2001（8）.

及教育活动中人的主体性和人的认识的交往性,其负面影响是极易导致教育上的"知识本位主义""知识授受主义"和"知识功利主义"倾向。"知识本位主义和知识授受主义在本质上是对人的自由自觉的反动,是对人的生命本质和生命意志的一种践踏。"① 从根本上说,从本体论的知识观出发,处理教育中的知识问题,就知识论知识,缺乏的是生命立场。

(二)哲学认识论的知识立场是一种"事实取向"的知识立场

哲学认识论对知识的理解容易导致教育工作者将知识客体化、对象化,将一切人类认识成果当作"库存知识"来打开或接受,表现为一种静态知识理解的立场。传统的哲学认识论所阐述的知识观是一种静态的知识观,它认为,知识作为人类认识的成果,是客观事物的属性与联系的反映,是客观事物的主观映像。静态的知识观试图把知识视为一种结果、一种定论、一种工具、一种产品、一种放之四海而皆准的真理,排斥了知识所具有的"真"以外的其他意蕴。这种知识观的本质是什么?形象地说,是认为知识就是被搁置在人类认识成果总库中的那些东西,是前人积累下来的经过了系统的理性思维并以"符号"的形式保存下来的过往经验,是理性的产品。对每个个体的发展和成长来说,知识是一种"作为事实"的客观存在。

传统哲学认识论认为,知识是人类认识的成果。作为人类认识成果的知识,诚如德国哲学家赖欣巴哈(Reichenbach, H.)所言:"一切知识都是概率性知识,只能以假定的意义被确认。"② 从本体论知识立场出发,教育只能赋予学生知识被确认的"假定的意义"。如果我们依然用本体论的知识观来理解主体论视野下的知识,那么,展现在学生面前的"知识"只能是"仓库"里的东西,是"仓储式"的,教师引导下的学生所进行的"知识再生产"只能是有些人所说的"打开"人类知识宝库或"打开知识"了。站在哲学认识论立场上谈论教育中的知识问题,也许是我国教育理论的局限之一。

这种静态的知识观一旦为教育理论家和教育实践者所认同,便在教育活

---

① 靖国平. 教育的智慧性格——兼论当代知识教育的变革 [M]. 武汉:湖北教育出版社,2004.
② 赖欣巴哈. 科学哲学的兴起 [M]. 伯尼译. 上海:商务印书馆,1991.

动中隐含着这样的两个基本假定：第一，客观性的知识、确定性的知识和普遍性的知识是可以直接传授给学生的，而且传递得越多越好。"传统教学派"和"百科全书派"便是典型代表，夸美纽斯就主张"把一切事物教给一切人类"，"百科全书派"也主张把当时所有的学科知识都传递给学生。第二，知识的掌握是至高无上的，知识占有量的增长实现着人的发展。静态知识观指导下的"知识授受主义"教学观无视教学的情境、教学过程中人与人之间的主体交往活动，作为结果、定论的知识授受至上，表现出"去情境""去过程"的特征。

把知识看作一种"事实"，即把知识"作为事实"的存在来理解，容易把客观知识作为教育的唯一内容来看待，甚至把它放大为教育内容的全部。一方面，它把知识看作是外在于教师和学生的要素，是被给予的东西。它实质是"将课程作为一件物品展示出来，这种观点遮蔽了教师、学生和课程政策制定者之间的社会关系"。[1] 另一方面，它是从静态的知识观演绎出来的课程观，它不仅把知识看作是一种事实，也把课程乃至整个教学视为一种客观事实。正如批判课程理论的代表人物之一吉鲁（Giroux, H. A.）所分析的那样："传统课程范式中的知识主要被作为一种客观'事实'的领域而对待。也就是说，知识好像是'客观的'，因为它是外在于个体或强加于个体的。这样，知识脱离了人的意义和交往主体的交流过程。知识不再被视为一种可探寻、可分析、可切磋的东西，恰恰相反，它变成了一种被管理和被掌握的东西。知识从生成自我意义系统的自我形成过程中被剔除了。"[2] "作为事实的知识"观念流传甚广，它不仅存在于自传统教学理论以来的课程教学主张中，而且在微观的教育社会学中也是如此。正如麦克·扬所指出的那样，"从涂尔干到帕森斯的大多数社会学家都是将教育当作是社会化特定知识、技能和价值观念获得的过程。因此，教师的问题就变成了如何设计更有效的传递技能和知识的方法，以传递尽可能多的学生，而不论这些技能和知识是什么"，从而"作为事实的课程的观念表达了师生之间的一种特定权力关系"。[3] 可见，

---

[1] 麦克·扬. 未来的课程［M］. 谢维和等译. 上海：华东师范大学出版社，2003.
[2] 张华. 课程流派研究［M］. 济南：山东教育出版社，2000.
[3] 麦克·扬. 未来的课程［M］. 谢维和等译. 上海：华东师范大学出版社，2003.

静态知识观所理解的知识仅仅是知识之表。只有当知识与学生发生关联的时候，它才具有了意义的可能性。

从此意义上看，哲学认识论知识立场的根本局限性并不是源于其"知识"本质，而是源于其不具有教育的立场，不适合教育场域的本质规定性。它只能为教育工作者提供一个被称为"知识"的客观性的、结果性的事实及其"假定性的意义"。这也许是杜威反对把现存的"知识"直接教给学生，而主张将作为符号的知识加以还原，还原为儿童的经验，还原为"有效率的习惯"的重要原因。

二、确立知识的教育学立场

作为教育理论和教育实践工作者，对待知识问题，不要忘了站在教育的立场上，不能丧失知识的教育学立场。对每一位教育者来说，从哲学认识论立场转向教育学立场来面对知识问题，不仅仅是知识观的转向，更是思维方式的转向，教育学应有自己的知识立场。

（一）教育学立场的特性

教育学的知识立场不是一种知识的本体论立场，而是一种主体论立场；不是一种共识性立场，而是一种个性化立场；不是一种事实性立场，而是一种价值性立场；不是一种纯粹的科学立场，而是一种生命立场。从教育的角度看，知识问题不是一个知识产生的问题，而是与学生发展过程相关联的知识再生产问题；不是关于客观事物的事实性问题，而是关于学生成长的价值性问题。从根本上说，教育学的知识立场的基点是人的生成与发展，它始终围绕着人的发展来处理知识问题。因此，知识的教育学立场具有三方面的特性。

第一，生命立场和主体视野。教育学思考一切教育问题的根本出发点是学生的生命成长，是学生作为主体人的发展需要和发展过程。在对待知识问题上，教育是不能仅仅把知识"作为人类认识的成果"来传递和告诉的。在教育学视野中，对知识的理解，不是把知识作为一种事实存在，不是把知识看作一种事实存在的符号、载体，而看成是与学生的生长、生成和发展相关联的意义系统。

教育学视野下的知识问题，所考虑的不是知识生产问题，而是知识再生产问题。知识再生产不是量的增加，不是符号知识的人际传递，不是学生对符号知识表层内容的简单掌握，而是通过知识与学生的相遇，实现知识意义和力量的增加。哲学认识论更关注人类的知识是如何产生的，认知心理学更关注人获取知识的心智过程和具体方式，而教育学所突显的则应该是知识对人的发展所发挥的作用。

库存知识对教育而言，应该不只是单一的素材、资料或符号。知识问题在教育中不是纯粹的认知问题，不是知识加工的技术问题，而是事实与价值的复合体，它是发展性的问题，是意义性的问题，是价值性的问题。任何层次和学段的学校教育，如果把知识仅仅当作符号来传递，当作事实来记忆，当作物品来展现，把未确定的假定性意义告诉学生，这种教育对学生来讲，都是缺乏活力的，都只能够使学生处于被动状态。

从某种意义上看，认识论所理解的"作为人类认识的成果"的知识，其实只能告诉人们"关于世界的知识"（Knowledge of the World），而不能使人获得"加入世界的知识"（Knowledge of-and-in the World）。① 教育绝对不能仅仅停留在告诉或传授给学生"关于世界的知识"，而应该使学生获得"加入世界的知识"，因为，"当知识成为存在的一部分，知识就和各种欲望、想象、权力、责任和利益分不开了"。② 站在学生生命成长的角度看，教育中所传递的一切知识都可以归入人文知识的范畴，而"人文知识不是科学意义上的知识，而是一种生存智慧"。③ 教育在处理知识问题时应该具有生命立场和主体视野，其根本追求是实现促进学生生命智慧的生长，而不是对人类认识成果的简单占有。

第二，生成立场和过程取向。生成立场和过程取向反对在教育活动中直接对知识进行接受性的传授，强调通过学生与知识的相遇，实现知识教学的

---

① 赵汀阳. 心事哲学//长话短说［M］. 北京：东方出版社，2001.
② 赵汀阳. 心事哲学//长话短说［M］. 北京：东方出版社，2001.
③ 赵汀阳. 心事哲学//长话短说［M］. 北京：东方出版社，2001.

丰富价值。

对知识的简单占有，不是教育活动的目的和结果。教育目的绝对不是仅仅基于认知层面对表层符号知识的"知道"。真实的教育结果实际上是教育过程的结果，是师生在教育情境中围绕知识主题，进行交互作用而实现的创造性、发展性结果。传统教育派和应试教育倾向所迷恋的是预设的确定性结果，并由于过于注重预设结果而遮蔽了过程本身的意义以及忽略了对教育目标的超越性价值的追求。从教育立场来看，认识论所理解的知识仅仅只是外在于教育过程的材料，而不是教育本身。

对学生成长而言，一切知识都应该是可征询、可批判、可分析、可研讨的对象，教育教学绝不是对库存知识的简单打开，不能仅仅把知识当成"展品"展现在学生面前，而应该通过对人类认识成果的丰富学习过程，生成新的意义。恰如柏格森所说的那样："真正的实在就是绵延。绵延乃是一个过去消融在未来之中，随着前进不断膨胀的连续过程。"① 这种前进中不断膨胀的连续过程，便是不断地产生新的结果、新的经验、新的体验、新的观念、新的价值的过程，即动态生成的过程。只关注预设的知识和假定性的意义，忽视甚至无视过程中的动态生成的结果和价值，教育便没有了活力，没有了创新，没有了鲜活的经验流动，没有了情感和思想的冲突，更没有了创造，剩下的只能是告诉、训练和杂乱无章的过往知识的堆积。

第三，价值立场和意义关怀。教育学对待知识问题，不能仅仅具有"科学立场"和对"真"的把握，而应时刻关注知识对学生发展的价值，赋予知识以意义关怀。面对知识问题，教育需要在知识论思维之外建立一种价值思维。缺乏价值思维的知识教育，往往只能给予学生公共知识、公共意义和假定性意义的理解，难以真正达成学生个人知识的形成和意义建构，知识的获得变成了人对知识的工具化占有，而不是与人的精神契合。

随着教育理论研究和改革实践的不断深化，人们逐步认识到静态知识观在教育上的一系列局限性，开始用辩证性思维、复杂性思维、生成性思维的观点方法，超越静态的知识观，看待教育中的知识本质和性质，认为知识不

---

① 柏格森. 创造进化论［M］. 王珍丽等译. 长沙：湖南人民出版社，1989.

仅具有客观性、确定性、普遍性和中立性等基本性质，还具有文化性、不确定性、境域性和价值性等基本性质。① 动态的知识观用发展和变化的观点把握知识的本质和性质。一方面，不再把知识看成是一成不变的永恒真理，注重把握知识的不确定性；另一方面，不再把知识完全抽象为某种"符号表征"，尤其注重把握知识的文化性和价值性，超越单一的"工具理性"观念，把知识与人类的境遇、命运和幸福关联起来。② 教育作为关于人的发展、人的命运与幸福生活的活动，需要以动态的知识观作为知识论基础。

（二）教育学立场中的知识观

在教育活动中，真正的知识不是一种事实存在，或者符号存在，不能作为展品或者定论、结果直接展示在学生面前，传统哲学认识论所理解的知识在教育场景中仅仅是师生活动的素材。从生命立场、过程取向和价值关怀的角度看，教育中的知识，是基于前人的认识成果，通过师生互动而产生的新的意义系统。

这种新的意义系统，当然离不开人类积累下来的理论化经验或认识成果。但前人的认识成果或所谓知识对儿童青少年的成长而言，仅仅具有"假定性意义"，而人文知识的假定性意义尤甚。本真的教育不是要把知识及其假定性意义直接告诉学生，更不能要求学生对假定性意义直接接受，而是要通过感知与理解、抽象与移情、感悟与升华、体验与反思等活动过程，生成新的意义。学生"在对知识的反思中，展现出来的是自我本身，是对自我的一种认识，是自我同一性的形成过程……看到了自我的自由意志和精神"。③ 教育便是学生在教师引导下，通过反思性实践而建构人生意义的活动。在这一活动过程中，作为人类认识成果的知识退居到"素材"的地位，它不再是至高无上的了。学生是在动态的反思和创造的过程中成长和发展的，知识为学生提供了反思和创造的对象。

麦克·扬在《未来的课程》（*The Curriculum of the Future*）一书中，之

---

① 石中英. 知识转型与教育改革 [M]. 北京：教育科学出版社，2001.
② 赵汀阳. 知识，命运和幸福 [J]. 哲学研究，2001（8）.
③ 麦克·扬. 未来的课程 [M]. 谢维和等译. 上海：华东师范大学出版社，2003.

所以把课程理解为"作为实践的课程",就是因为他看到了教育中真正的"知识"所隐含的新的意义。麦克·扬认为,"作为实践的课程",其"出发点不是知识的结构,而是知识是如何被共同活动着的人们所生产,这种观点一直关注的是师生的课堂实践",并且从"作为实践的课程"的角度来看,"知识不再被当作是为了让教师进行分配和传递而从学术'发现者'处传递下来的私有财产,知识成为师生合作工作的产物"。[①] 麦克·扬的课程理解显然超越了"作为事实的课程"理解,他揭示了课程自身所蕴含的师生关系活动、学生在课程中的成长过程,以及知识所内蕴的发展价值。

教育立场中的知识不能直接等同于认识论立场中的知识。认识论立场中的知识与教育立场中的知识的根本差异表现在哪些方面?我认为主要表现在价值的预设性和价值的生成性、意义的假定性和意义的现实性、内容的去情境化和内容的情境化、结论的公共性和结论的个人性等方面之间的差异。从知识的价值和意义实现的角度看,认识论立场中的知识对任何人而言,仅仅具有假定性、可能性、公共性,教育的作用便在于变知识价值与意义的假定性、可能性、公共性为生成性、现实性和个人性。从教育的角度看,任何不能使学生获得新的意义系统的知识教学或知识教育,无论采取什么手段和方法来开展,在本质上都只能是灌输。所以说,教育即启发、教育即解放、教育即发展。启发什么?解放什么?发展什么?毫无疑问,是新的意义,是智慧、心灵和价值观等构成的新的意义系统。没有了新的意义的形成,一切按照知识的假定性意义来灌输,那就走向了教育的反面。当然,新的意义系统的生成是有条件的,这种条件就是对认识论立场中的知识加以情境化、个性化,就是认知与理解、体验与感悟、生成与建构等活动,这些活动对每个学生的成长过程来说,本身就是创造,是创造新意义的过程。

三、知识的内在结构及知识教学价值的丰富性

无论是认识论立场中的知识,还是教育学立场中的知识,都有其内在结

---

① 麦克·扬. 未来的课程 [M]. 谢维和等译. 上海:华东师范大学出版社,2003.

构。虽然二者价值上不等值，性质上有差异，形成过程上有区别，但在结构上却具有同构性。从内在构成上，我们能够更加清晰地发现教育学立场的知识与认识论立场的知识的边界。任何知识教育或教学，如果不从知识的内在构成上加以分析，其教学过程乃至教学价值的实现都只能停留在表层上。

（一）知识的内在构成

"什么知识最有价值"是1859年英国功利主义教育家斯宾塞（Spencer, H.）提出的一个经典的课程问题。150年来，这个经典的课程问题把人们引向了知识分类学和知识价值比较的研究，通过五花八门的知识分类，人们从知识分类学的角度得出了关于"最有价值的知识"的不同答案。在众多的答案中，唯有英国教育哲学家赫斯特（Hirst, P. H.）超越知识表层类型划分，进入知识的内在构成来思考这一经典问题。他认为："最有价值的知识，是人类理解世界时形成的七八种独特的、基本的和逻辑上明确的认知知识的形式。"① 这表明，他开始超越知识类型的划分，深入知识的内在构成来思考知识与课程、知识与教学的问题。尽管美国教育哲学家索尔蒂斯（Soltis, J. F.）在评论中认为赫斯特分离了知识的内容与知识的形式之间的关系，但我认为进入知识的内部构成来讨论知识及其教学问题，其理论意义是显见的。近三十年来，我国的教育理论一直因循认识论的传统，把知识作为一个可以直接接受的认识结果的整体来看待，影响了教学丰富价值的实现。从内在构成上看，知识具有三个不可分割的组成部分。

第一，是符号表征。作为人类的认识成果，任何知识都是以特定的符号作为表征的。符号所表征的是人类关于世界的认识所达到的程度或状态，即"关于世界的知识"。认识论立场中的知识其实反映的是人类认识的成果，是以理论化的符号形式呈现的。

对教育而言，这些符号表征是值得传递的，是需要通过教学活动让学生获得的。任何严格意义上的教学，首先必须保证让学生获得人类的认识成果。但如果教育工作者把"符号表征"看作是知识的全部，那就过于狭隘了。因

---

① Soltis, J. F.. Knowledge and the Curriculum: A Review. *Teachers College Record*, Vol. 80, No. 4, May 1979.

为人类的知识生产凝结了人类的理性智慧和德性智慧，尽管它所承载的智慧和意义对每个人的发展而言是"假定性"的和预设性的，需要教育过程的转化活动才能由预设性转向生成性，由假定性转向现实性，但也应该思考符号表征的背后隐含的是什么、知识之后是什么等问题。唯有如此，知识教育才能走向深刻。

第二，是逻辑形式。知识的逻辑形式是指人认知世界的方式，具体包括知识构成的逻辑过程和逻辑思维形式。任何知识的形成，都经历了分析与综合、归纳与演绎、分类类比与比较、系统化与综合化等逻辑思维过程，都包含着概念、判断和推理等逻辑思维形式。如果说符号表征表明的是人对世界的具体看法或认识结果，那么，逻辑形式则体现的是人认识世界的方式和过程。没有逻辑形式的知识是不存在的。

赫斯特之所以认为最有价值的知识是"认知知识的形式"，就是相比较于知识的"符号表征"这一个要素而言的。任何知识，都反映了人认知世界的方式，这种"认知知识的逻辑形式"是隐含在"符号表征"之中的。正是因为知识中内在隐含着"认知知识的形式"，我们才能够转识成智，知识才可能具有认知价值。人获取知识，最重要的不是知道它是什么，不仅仅是作为一个名词（Knowledge）来接受，而是作为一个动词（Knowing）来经历。知识教学如果仅仅停留在符号表征的传递上，那它永远只能是告诉式的。

第三，是意义。知识的意义是其内具的促进人的思想、精神和能力发展的力量。作为人类认识成果的知识蕴含着对人的思想、情感、价值观乃至整个精神世界具有启迪作用的普适性的或"假定性的"意义。这种普适性的或"假定性的"意义的存在，使学生通过知识习得建立价值观成为可能。

知识的意义是知识的内在要素。之所以说"知识就是力量""知识改变命运"，就是因为知识意义的存在。费尼克斯（Phenix，P.）就曾经明确指出，知识就是意义的领域。在认识论立场上看，知识的意义是假定性的。但在教育立场来看，知识的"假定性意义"不是用来让学生直接接受的，而是学生建构新的意义系统的基础，因为对每个学生的发展来说，知识的现实意义是多元的、多样的，意义的实现方式也是无限的。正如费尼克斯所说："从理论上说，意义的多样性没有止境。意义形成的不同原理也被认为是无限的。"①知识意义的存在，使教育理所当然地要承担起价值观教育的使命。

(二) 实现知识教学价值的丰富性

由于知识是由符号表征、逻辑形式和意义构成的，知识教学具有丰富的价值。我国新课程强调的知识与技能、过程与方法、情感态度与价值观三个维度的课程目标，充分体现了知识的内在结构及其对知识教学价值的要求。

从知识的内在结构和功能上看，符号表征的传递、逻辑形式的教学、知识意义的生成，应该是知识教学价值的三个重要维度。唯有从结构上把握知识的内在构成，方能实现知识教学的丰富价值。如果人们依然站在认识论的知识立场上，把教学看作是"知识总库的打开"，独尊知识的"假定性意义"，丧失追求教育中通过师生互动而产生新的意义系统，那么，人们提出的情境教学、交往教学、对话教学、体验教学、实践教学还有什么意义呢？

这些年来，由于我们的知识观停留在传统认识论的立场上，对知识、课程的理解往往局限在"事实取向"层面，知识的内在构成被分割，"符号表征"被看作是知识的全部，知识的假定性意义被认为是理所当然地要加以接受，从而接受教学依然统治着学校课堂，知识教学的丰富价值未能得到应有的体现。新课程实验尽管对此有所改变，但从生命立场、过程取向和价值关怀的角度看，教育中通过师生互动而产生新的意义系统的追求依然还是一种奢望，知识传递过程中的"情感态度与价值观"教学问题，仍然是课程教学改革的难题。原因何在？人们总是习惯于笼而统之地把原因归结为应试教育，其实是我们把错了脉。从理论上看，根源是我们丧失了知识的教育学立场！

---

① 贝利. 费尼克斯论意义的领域//唐晓杰译. 瞿葆奎主编. 教育学文集·智育 [M]. 北京：人民教育出版社，1993.

知识的性质、结构与深度教学

郭元祥

知识问题是教育学的经典问题,也是课程教学改革的现实问题。对这一问题的回答,在很大程度上支配着人们的课程理念和教学行为。近几年来,随着我国新一轮基础教育课程改革的不断深入,知识理解及其处理问题日益引起人们的重视。怎样看待知识,站在什么立场上理解知识的性质,如何把握知识的内在结构及其与学生发展的关系,如何处理课程教学改革中的知识教学问题,的确是需要谨慎面对的问题。

一、从教育立场理解知识的性质

(一) 知识的教育立场

长期以来,在我国课程教学的理论和实践中,主流的知识理解是传统认识论的观点,即所谓知识,"是客观事物的属性与联系的反映,是客观事物在人脑中的主观映像";[①] "知识是人类认识的成果,它是在实践的基础上产生又经过实践检验的对客观实际的反映"。[②] 显然,关于知识的本质,哲学,尤其是哲学认识论回答的基本是人类知识的产生以及人的认识方式等问题,它为人们提供了理解知识最普遍的世界观和方法论,即哲学认识论立场。但对教育活动中的知识问题而言,它缺乏对教育场域特质的观照。

哲学认识论的知识观对解决教育视野里的知识再生产问题的局限性在于"知识"总是外在于学生的发展历程,没有促成知识与人(学生)的发展"相遇"。而知识与学生的相遇,最根本的标志是一切进入学生发展历程的知识都应赋予学生"成长意义"。此时,知识对作为知识再生产主体的学生而言,所

---

① 中国大百科全书·教育 [Z]. 北京:中国大百科全书出版社,1985.
② 中国大百科全书·哲学Ⅱ [Z]. 北京:中国大百科全书出版社,1987.

涉及的不完全是"真理问题"，而更是"幸福问题"。[①] 本体论的知识观难以顾及教育活动中人的主体性和人的认识的交往性，其负面影响是极易导致教育上的"知识本位主义""知识授受主义"和"知识功利主义"倾向。

哲学认识论对知识的理解容易导致教育工作者将知识客体化、对象化，将一切人类认识成果当作"库存知识"来打开或接受，表现为一种静态知识理解的立场。静态的知识观试图揭示的是知识的真理性，它没有揭示知识的多重属性，把知识视为一种结果、一种定论、一种工具、一种产品、一种放之四海而皆准的真理，排斥了知识所具有的"真"以外的其他意蕴。这种知识观的本质是什么？形象地说，是认为知识就是被搁置在人类认识成果总库中的那些东西，是前人积累下来的经过了系统的理性思维并以"符号"的形式保存下来的过往经验，是理性的产品。这种静态的知识观一旦为教育理论家和教育实践者所认同，便在教育活动中隐含着这样的两个基本假定：第一，客观性的知识、确定性的知识和普遍性的知识是可以直接传授给学生的，而且传递得越多越好。"传统教学派"和"百科全书派"便是典型代表，夸美纽斯就主张"把一切事物教给一切人类"，"百科全书派"也主张把当时所有的学科知识都灌输给学生。第二，知识的掌握是至高无上的，知识占有量的增长实现着人的发展。教育理论史上的"实质教育派"的局限之一便在于将知识客体化、对象化。静态知识观指导下的"知识授受主义"教学观无视教学的情境、教学过程中人与人之间的主体交往活动，作为结果、定论的知识授受至上，表现出"去情境""去过程"的特征。当"知识授受主义"走向极致的时候，教学的"过程"和"情境"的意义被漠视，教学被视为一种知识加工的程式。

知识的教育立场不是一种知识的本体论立场，而是一种主体论立场；不是一种共识性立场，而是一种个性化立场；不是一种事实性立场，而是一种价值性立场；不是一种纯粹的科学立场，而是一种生命立场。从教育的角度看，知识问题不是一个知识产生的问题，而是与学生发展过程相关联的知识再生产问题；不是关于客观事物的事实性问题，而是关于学生成长的价值性

---

① 赵汀阳. 知识，命运和幸福 [J]. 哲学研究，2001 (8).

问题。从根本上说，教育学的知识立场的基点是人的生成与发展，它始终围绕着人的发展来处理知识问题。因此，知识的教育学立场具有三方面的特性。

第一，生命立场和主体视野。教育学思考一切教育问题的根本出发点是学生的生命成长，是学生作为主体人的发展需要和发展过程。在对待知识问题上，教育是不能仅仅把知识"作为人类认识的成果"来传递和告诉的。在教育学视野中，对知识的理解，不是把知识作为一种事实存在，不是把知识看作一种事实存在的符号、载体，而是看成与学生的生长、生成和发展相关联的意义系统。

教育学中的知识问题是知识再生产问题。知识再生产不是量的增加，不是符号知识的人际传递，不是学生对符号知识表层内容的简单掌握，而是通过知识与学生的相遇，实现知识意义和力量的增加。哲学认识论更关注人类的知识是如何产生的，认知心理学更关注人获取知识的心智过程和具体方式，而教育学所突显的则应该是知识对人的发展所发挥的作用。

库存知识对教育而言，应该不只是单一的素材、资料或符号。知识问题在教育中不是纯粹的认知问题，不是知识加工的技术问题，而是事实与价值的复合体，它是发展性的问题，是意义性的问题，是价值性的问题。任何层次和学段的学校教育，如果仅仅把知识当作符号来传递，当作事实来记忆，当作物品来展现，把未确定的假定性意义告诉学生，这种教育对学生来讲，都是缺乏活力的，都只能够使学生处于被动状态。

第二，生成立场和过程取向。生成立场和过程取向反对在教育活动中直接对知识进行接受性的传授，强调通过学生与知识的相遇，实现知识教学的丰富价值。

对知识的简单占有，不是教育活动的目的和结果。教育目的绝对不是仅仅基于认知层面对表层符号知识的"知道"。真实的教育结果实际上是教育过程的结果，是师生在教育情境中围绕知识主题，进行交互作用而实现的创造性、发展性结果。传统教育派和应试教育倾向所迷恋的是预设的确定性结果，并由于过于注重预设结果而遮蔽了过程本身的意义以及忽略了对教育目标的超越性价值的追求。从某种意义上讲，认识论所理解的知识仅仅只是外在于教育过程的材料，而不是教育本身。

教育学视野里的知识，不应该是现存的、可直接传递和接受的"事实"或"展品"。教育更不是把人类知识总库中的"库存知识"位移到学生脑海里的过程。对学生成长而言，一切知识都应该是可征询、可批判、可分析、可研讨的对象，教育教学绝不是对库存知识的简单打开，不能仅仅把知识当成"展品"展现在学生面前，而应该通过对人类认识成果的丰富学习过程，生成新的意义。恰如柏格森所说的那样："真正的实在就是绵延。绵延乃是一个过去消融在未来之中，随着前进不断膨胀的连续过程。"① 这种前进中不断膨胀的连续过程，便是不断地产生新的结果、新的经验、新的体验、新的观念、新的价值的过程，即动态生成的过程。只关注预设的知识和假定性的意义，忽视甚至无视过程中的动态生成的结果和价值，教育便没有了活力，没有了创新，没有了鲜活的经验流动，没有了情感和思想的冲突，更没有了创造，剩下的只能是告诉、训练和杂乱无章的过往知识的堆积。

第三，价值立场和意义关怀。教育学对待知识问题，不能仅仅具有"科学立场"和对"真"的把握，而应时刻关注知识对学生发展的价值，赋予知识以意义关怀。面对知识问题，教育需要在知识论思维之外建立一种价值思维。缺乏价值思维的知识教育，往往只能给予学生公共知识、公共意义和假定性意义的理解，难以真正达成学生个人知识的形成和意义建构，知识的获得变成了人对知识的工具化占有，而不是与人的精神契合。

知识的教育立场用发展和变化的观点把握知识的本质和性质。一方面，不再把知识看成是一成不变的永恒真理，注重把握知识的不确定性；另一方面，不再把知识完全抽象为某种"符号表征"，尤其注重把握知识的文化性和价值性，超越单一的"工具理性"观念，把知识与人类的境遇、命运和幸福关联起来。② 教育作为关于人的发展、人的命运与幸福生活的活动，需要以动态的知识观作为知识论基础。

（二）教育立场下知识的性质

站在教育的角度看，传统哲学认识论所理解的知识在教育场景中仅仅是

---

① 柏格森. 创造进化论 [M]. 王珍丽等译. 长沙：湖南人民出版社，1989.
② 赵汀阳. 知识，命运和幸福 [J]. 哲学研究，2001 (8).

师生活动的素材。那么，教育立场下的知识有什么性质呢？

第一，教育中的知识，不是一种事实存在，或者符号存在，不能作为展品或者定论、结果直接展示在学生面前，而是基于前人的认识成果，通过师生互动而产生的新的意义系统。

对每一位教育者来说，把知识看作一种"事实"，即把知识"作为事实"的存在来理解，容易把客观知识作为教育的唯一内容来看待，甚至把它放大为教育内容的全部。一方面，它把知识看作是外在于教师和学生的要素，是被给予的东西。它实质是"将课程作为一件物品展示出来，这种观点遮蔽了教师、学生和课程政策制定者之间的社会关系"。① 另一方面，它是从静态的知识观演绎出来的课程观，它不仅把知识看作是一种事实，也把课程乃至整个教学视为一种客观事实。正如批判课程理论的代表人物之一吉鲁（Giroux, H. A.）所分析的那样："传统课程范式中的知识主要被作为一种客观'事实'的领域而对待。也就是说，知识好像是'客观的'，因为它是外在于个体或强加于个体的。这样，知识脱离了人的意义和交往主体的交流过程。知识不再被视为一种可探寻、可分析、可切磋的东西，恰恰相反，它变成了一种被管理和被掌握的东西。知识从生成自我意义系统的自我形成过程中被剔除了。"②"作为事实的知识"观念流传甚广，它不仅存在于自传统教学理论以来的课程教学主张中，而且在微观的教育社会学中也是如此。正如麦克·扬所指出的那样，"从涂尔干到帕森斯的大多数社会学家都是将教育当作是社会化特定知识、技能和价值观念获得的过程。因此，教师的问题就变成了如何设计更有效的传递技能和知识的方法，以传递尽可能多的学生，而不论这些技能和知识是什么"，从而"作为事实的课程的观念表达了师生之间的一种特定权力关系"。③ 可见，静态知识观所理解的知识仅仅是知识之表。只有当知识与学生发生关联的时候，它才具有了意义的可能性。

第二，教育中的知识，不仅仅具有客观知识本身固有的假定性意义，更要具有基于客观知识与发展主体的价值关系，通过多元化的学习活动，对发

---

① 麦克·扬. 未来的课程 [M]. 谢维和等译. 上海：华东师范大学出版社，2003.
② 张华. 课程流派研究 [M]. 济南：山东教育出版社. 2003.
③ 麦克·扬. 未来的课程 [M]. 谢维和等译. 上海：华东师范大学出版社，2003.

展主体具有现实意义和个人意义。

前人的认识成果或所谓知识对儿童青少年的成长而言，仅仅具有"假定性意义"，而人文知识的假定性意义尤甚。本真的教育不是要把知识及其假定性意义直接告诉学生，更不能要求学生对假定性意义直接接受，而是要通过感知与理解、抽象与移情、感悟与升华、体验与反思等活动过程，生成新的意义。学生"在对知识的反思中，展现出来的是自我本身，是对自我的一种认识，是自我同一性的形成过程……看到了自我的自由意志和精神"。[①] 教育便是学生在教师的引导下，通过反思性实践而建构人生意义的活动。在这一活动过程中，作为人类认识成果的知识退居到"素材"的地位，它不再是至高无上的了。学生是在动态的反思和创造的过程中成长和发展的，知识为学生提供了反思和创造的对象。

麦克·扬在《未来的课程》(*The Curriculum of the Future*) 一书中，之所以把课程理解为"作为实践的课程"，就是因为他看到了教育中真正的"知识"所隐含的新的意义。麦克·扬认为，"作为实践的课程"，其"出发点不是知识的结构，而是知识是如何被共同活动着的人们所生产，这种观点一直关注的是师生的课堂实践"，并且从"作为实践的课程"的角度来看，"知识不再被当作是为了让教师进行分配和传递而从学术'发现者'处传递下来的私有财产，知识成为师生合作工作的产物"。[②] 麦克·扬的课程理解显然超越了"作为事实的课程"理解，他揭示了课程自身所蕴含的师生关系活动、学生在课程中的成长过程，以及知识所内蕴的发展价值。

教育立场中的知识不能直接等同于认识论立场中的知识。认识论立场中的知识与教育立场中的知识的根本差异表现在哪些方面？我认为主要表现在价值的预设性和价值的生成性、意义的假定性和意义的现实性、内容的去情境化和内容的情境化、结论的公共性和结论的个人性等方面之间的差异。从知识的价值和意义实现的角度看，认识论立场中的知识对任何人而言，仅仅具有假定性、可能性、公共性，教育的作用便在于变知识价值与意义的假定性、可能性、公共性为生成性、现实性和个人性。从教育的角度看，任何不

---

① 麦克·扬. 未来的课程 [M]. 谢维和等译. 上海：华东师范大学出版社，2003.
② 麦克·扬. 未来的课程 [M]. 谢维和等译. 上海：华东师范大学出版社，2003.

能使学生获得新的意义系统的知识教学或知识教育，无论采取什么手段和方法来开展，在本质上都只能是灌输。所以说，教育即启发、教育即解放、教育即发展。启发什么？解放什么？发展什么？毫无疑问，是新的意义，是智慧、心灵和价值观等构成的新的意义系统。没有了新的意义的形成，一切按照知识的假定性意义来灌输，那就走向了教育的反面。当然，新的意义系统的生成是有条件的，这种条件就是对认识论立场中的知识加以情境化、个性化，就是认知与理解、体验与感悟、生成与建构等活动，这些活动对每个学生的成长过程来说，本身就是创造，是创造新意义的过程。

二、知识的内在结构

无论是认识论立场中的知识，还是教育学立场中的知识，都有其内在结构。虽然二者价值上不等值，性质上有差异，形成过程上有区别，但在结构上却具有同构性。从内在构成上，我们能够更加清晰地发现教育学立场的知识与认识论立场的知识的边界。任何知识教育或教学，如果不从知识的内在构成上加以分析，其教学过程乃至教学价值的实现都只能停留在表层上。

"什么知识最有价值"是1859年英国功利主义教育家斯宾塞（Spencer, H.）提出的一个经典的课程问题。150年来，这个经典的课程问题把人们引向了知识分类学和知识价值比较的研究，通过五花八门的知识分类，人们从知识分类学的角度得出了关于"最有价值的知识"的不同答案。在众多的答案中，唯有英国教育哲学家赫斯特（Hirst, P. H.）超越知识表层类型划分，进入知识的内在构成。他认为："最有价值的知识，是人类理解世界时形成的七八种独特的、基本的和逻辑上明确的认知知识的形式。"[①] 这表明，他开始超越知识类型的划分，深入知识的内在构成来思考知识与课程、知识与教学的问题。尽管美国教育哲学家索尔蒂斯（Soltis, J. F.）在评论中认为赫斯特分离了知识的内容与知识的形式之间的关系，但我认为进入知识的内部构成来讨论知识及其教学问题，其理论意义是显见的。近三十年来，我国的教育

---

① Soltis J. F.. Knowledge and the Curriculum: A Review. *Teachers College Record*, Vol. 80, No. 4, May 1979.

理论一直因循认识论的传统,把知识作为一个可以直接接受的认识结果的整体来看待,影响了教学丰富价值的实现。从内在构成上看,知识具有三个不可分割的组成部分。

第一,符号表征。作为人类的认识成果,任何知识都是以特定的符号作为表征的。符号所表征的是人类关于世界的认识所达到的程度或状态,即"关于世界的知识"。认识论立场中的知识其实反映的是人类认识的成果,是以理论化的符号形式呈现的。

从某种意义上看,作为符号的知识,其实只能告诉人们"关于世界的知识"(Knowledge of the World),而不能使人获得"加入世界的知识"(Knowledge of-and-in the World)。[①] 教育绝对不能仅仅停留在告诉或传授给学生"关于世界的知识",而应该使学生获得"加入世界的知识",因为,"当知识成为存在的一部分,知识就和各种欲望、想象、权力、责任和利益分不开了"。[②] 站在学生生命成长的角度看,教育中所传递的一切知识都可以归入人文知识的范畴,而"人文知识不是科学意义上的知识,而是一种生存智慧"。[③] 教育在处理知识问题时应该具有生命立场和主体视野,其根本追求是实现促进学生生命智慧的生长,而不是对人类认识成果的简单占有。

对教育而言,这些符号表征是值得传递的,是需要通过教学活动让学生获得的。任何严格意义上的教学,首先必须保证让学生获得人类的认识成果。但如果教育工作者把"符号表征"看作是知识的全部,那就过于狭隘了。因为人类的知识生产凝结了人类的理性智慧和德性智慧,尽管它所承载的智慧和意义对每个人的发展而言是"假定性"的和预设性的,需要教育过程的转化活动才能由预设性转向生成性,由假定性转向现实性,但也应该思考符号表征的背后隐含的是什么、知识之后是什么等问题。唯有如此,知识教育才能走向深刻。

第二,逻辑形式。知识的逻辑形式是指人认知世界的方式,具体包括知识构成的逻辑过程和逻辑思维形式。任何知识的形成,都经历了分析与综合、

---

① 赵汀阳. 心事哲学//长话短说 [M]. 北京:东方出版社,2001.
② 赵汀阳. 心事哲学//长话短说 [M]. 北京:东方出版社,2001.
③ 赵汀阳. 心事哲学//长话短说 [M]. 北京:东方出版社,2001.

归纳与演绎、分类类比与比较、系统化与综合化等逻辑思维过程，都包含着概念、判断和推理等逻辑思维形式。如果说符号表征表明的是人对世界的具体看法或认识结果，那么，逻辑形式则体现的是人认识世界的方式和过程。没有逻辑形式的知识是不存在的。

赫斯特之所以认为最有价值的知识是"认知知识的形式"，就是相比较于知识的"符号表征"这一个要素而言的。任何知识都反映了人认知世界的方式，这种"认知知识的逻辑形式"是隐含在"符号表征"之中的。正是因为知识中内在隐含着"认知知识的形式"，我们才能够转识成智，知识才可能具有认知价值。人获取知识，最重要的不是知道它是什么，不仅仅是作为一个名词（Knowledge）来接受，而是作为一个动词（Knowing）来经历。知识教学如果仅仅停留在符号表征的传递上，那它永远只能是告诉式的。

第三，意义。知识的意义是其内具的促进人的思想、精神和能力发展的力量，是知识与人的发展之间的一种价值关系。作为人类认识成果的知识蕴含着对人的思想、情感、价值观乃至整个精神世界具有启迪作用的普适性的或"假定性的"意义。这种普适性的或"假定性的"意义的存在，使学生通过知识习得建立价值观成为可能。

对每个个体的发展和成长来说，知识是一种"作为事实"的客观存在。作为人类认识成果的知识，诚如德国哲学家赖欣巴哈（Reichenbach, H.）所言："一切知识都是概率性知识，只能以假定的意义被确认。"① 从本体论知识立场出发，教育只能赋予学生知识被确认的"假定的意义"。如果我们依然用本体论的知识观来理解主体论视野下的知识，那么，展现在学生面前的"知识"只能是"仓库"里的东西，是"仓储式"的，教师引导下的学生所进行的"知识再生产"只能是有些人所说的"打开"人类知识宝库或"打开知识"了。站在哲学认识论立场上谈论教育中的知识问题，也许是我国教育理论的局限之一。

知识的意义是知识的内在要素。之所以说"知识就是力量""知识改变命运"，就是因为知识意义的存在。费尼克斯（Phenix, P.）就曾经明确指出，

---

① 赖欣巴哈. 科学哲学的兴起 [M]. 伯尼译. 上海：商务印书馆，1991.

知识就是意义的领域。在认识论立场上看，知识的意义是假定性的。但在教育立场来看，知识的"假定性意义"不是用来让学生直接接受的，而是学生建构新的意义系统的基础，因为对每个学生的发展来说，知识的现实意义是多元的、多样的，意义的实现方式也是无限的。正如费尼克斯所说："从理论上说，意义的多样性没有止境。意义形成的不同原理也被认为是无限的。"①知识意义的存在，使教育理所当然地要承担起价值观教育的使命。

在知识的内在结构中，符号是知识的外在表达形式，是知识的存在形式，即符号存在；离开了符号，任何人都不可能生产或创造知识，也不可能理解知识。而逻辑形式是知识构成的规则或法则，逻辑形式是人的认识成果系统化、结构化的纽带和桥梁，是认识的方法论系统；没有了特定的逻辑形式，同样不能构成知识。意义是知识的内核，是内隐于符号的规律系统和价值系统。只有把握住符号、逻辑形式、意义之间的内在关联，才能从整体上理解知识和掌握知识。

三、深度教学策略

（一）实现教学价值的丰富性

知识教学是任何教学活动不可回避的基本任务。我国新课程强调的知识与技能、过程与方法、情感态度价值观三个维度的课程目标，充分体现了知识的内在结构及其对知识教学价值的要求。

从知识的内在结构和功能上看，符号表征的传递、逻辑形式的教学和意义的生成，应该是知识教学价值的三个维度。唯有从结构上把握知识的内在构成，方能实现知识教学的丰富价值。如果人们依然站在认识论的知识立场上，把教学看作是"知识总库的打开"，独尊知识的"假定性意义"，丧失追求教育中通过师生互动而产生新的意义系统，那么，人们提出的情境教学、交往教学、对话教学、体验教学、实践教学还有什么意义呢？

知识的性质和内在结构决定了有效教学必须是完整的教学。有效教学必

---

① 贝利. 费尼克斯论意义的领域//唐晓杰译. 瞿葆奎主编. 教育学文集·智育[M]. 北京：人民教育出版社，1993.

须超越表层的符号教学，由符号教学走向逻辑教学和意义教学的统一，我把这种统一称为深度教学（Deep Teaching）。深度教学，并不追求教学内容的深度和难度，不是指教学内容越深越好，而是相对于知识的内在构成要素而言，知识教学不停留在符号层面，丰富教学的层次，实现知识教学的丰富价值。如果停留在传统认识论的立场上，人们对知识、课程的理解往往局限在"事实取向"层面，知识的内在构成被分割，"符号表征"被看作是知识的全部，知识的假定性意义被认为是理所当然地要加以接受，从而接受教学依然统治着学校课堂，知识教学的丰富价值未能得到应有的体现。

（二）4R 教学

深度教学基于把握知识的内在结构，体现知识依存性，彰显知识与主体发展的意义关系，赋予教学丰富性、回归性、关联性和严密性的特质，有效实现教学的发展价值。从此意义上说，4R 教学是深度教学的基本策略。

第一，丰富性教学（Richness Teaching）。丰富性教学是相对于单一性教学而言的。在教学目标上，丰富性教学强调从多维度、多层面完整地把握教学目标，从知识与技能、过程与方法、情感态度与价值观等不同维度和不同层次来预设和实现教学目标，促进学生发展的多种可能性。如果把教学目标仅仅设定在符号知识的传递层面，那无论采取什么样的教学方式，都只能是单一性的教学，是表层的教学。在教学内容上，一方面，丰富性教学注重处理好知识内在要素之间的关系，克服单一的符号教学，把符号的教学与逻辑形式的教学、意义的教学真切地融为一体；另一方面，丰富性教学强调处理好不同类型知识之间的关系，把握知识的不同表现形式，实现学习方式的多样化，发展多元智能。

第二，回归性教学（Recursion Teaching）。回归性教学又称为回应性教学，回归或回应，是指教学过程中学生对教学内容的接受与理解，在把知识作为对象进行学习的同时，把学习的意义和目的指向自我，即所谓"反求诸己"，从而引起学生通过与环境、与他人、与文化的反思性相互作用形成自我感。在教学目标上，回应性教学一方面要求培养尊重其他文化的意识与态度，帮助学生形成对自己文化的认同感与自豪感，使学生有能力从不同的文化视角来审视和理解同样的事件和经验，提高对文化差异性的欣赏能力；[①] 另一方面，要求学生通过知识的学习，不仅理解和把握知识内在固有的"假定性意义"，更应创生知识的个人意义与现实意义，实现知识意义的多种可能性。在教学方式上，回归性教学的根本方式是反思性教学。

第三，关联性教学（Relations Teaching）。关联性教学是相对于孤立性教学而言的。任何客观知识，都具有三种最基本的依存方式：背景、经验和逻辑。知识依存于特定的社会背景和自然背景，依存于种系经验和个体经验，依存于思维逻辑。知识作为一种符号存在，不是一座符号的孤岛，它不是完全超越背景、超越经验、超越逻辑的。不仅如此，知识之间本身也是相互联系的。知识如果仅仅被当做一种孤立的符号来看待，就不具有任何可理解的意义。孤立性教学往往表现为孤立的符号教学、机械教学，它割裂了知识的依存方式和基础，导致知识的理解性的丧失。知识的背景依存、经验依存和逻辑依存，以及知识之间的联系，为教育活动中的知识的可流动性与知识的可理解性提供了可能。关联性教学注重密切联系社会背景、学生经验，加强知识之间的内在联系，从而增强知识的可理解性，实现知识之于主体发展的现实意义。这也正是笔者一直主张教学回归生活世界的知识论基础。

第四，严密性教学（Rigor Teaching）。严密性教学是相对于经验教学、直观教学而言的。客观知识作为人类认识成果的结晶，本身具有理性的光芒、无限的智慧和严密的逻辑。尽管由于人类认识水平的局限，自然科学和人文学科对自然世界、社会世界和精神世界中的诸多问题还缺乏解释性，还存在诸多不确定性成分，但这丝毫无损于知识的严密性、方法的规范性，同时，也无损于理解的多样性和创造的可能性。尽管知识具有各种依存方式，教学需要回归生活、联系实际、整合经验，但教学是不能停留于经验和直观层面的。要真切地发挥社会背景、文化传统、时代精神、个体经验在教学中的作用，还必须依仗于两种最基本的学习过程：理性化和反思。正如杜威所指出的那样，理性化和反思是发挥经验的教育作用的两种基本途径。因此，严密性教学反对为经验而经验的教学。

---

① 夏正江. 简析文化回应性教学［J］. 全球教育展望. 2007（3）.

4R 教学不是四种不同的教学模式或教学方法，而是基于教育立场的知识论，有效教学和深度教学应遵循的四个质的规定性。有效教学需要根植于新的知识论基础，否则，仅仅停留在方法和技艺层面，是难以达至深度有效的。

论课程知识的本质属性及其教学表达

郭元祥　吴　宏

发展学生的学科核心素养,课堂教学需要克服表层教学的局限性。完整、忠诚、深刻地表达课程知识的本质属性,引导学生对知识的深度学习,促进课程知识在学生精神世界中的发育,是发展学生学科核心素养的根本条件。落实立德树人根本任务,深化课堂教学改革,需要关注课程知识的本质属性及其教学表达的问题。

一、知识的发展本质:"种子"和"镜子"

关于知识的本质,古希腊哲学家苏格拉底提出了"知识即美德"这一经典命题,且其逆命题"美德即知识"也是成立的。"知识即美德"并非指知识的内容本身就是美德,"即"不是等于,而是指知识变成人的美德素养的"可能"和"过程"。一切有价值的知识都孕育并实现美德素养的可能,是精神的种子。在学生的未来的可能生活和现实生活中,这些知识都是有待发育的精神种子,是学生理解世界和自我的一面镜子。

(一) 知识作为精神种子

对学生的成长而言,教学过程中的知识其实是一粒有待发育的"精神种子"。知识是一粒思想的种子、智慧的种子、美德的种子。知识是关于"科学世界"的,但更是关于"生活世界"的。知识作为人类认识的成果,是客观事物本质属性在人脑中的反映,是关于"物—我""你—我""我—我"关系的,知识内在地包含着人建立并处理社会关系的德性智慧。知识学习的重要目的,一方面在于基于认知与理解"公共知识",分享人类认识世界的文化和思想遗产;另一方面在于通过公共知识的转化,建立个人知识。个人知识其实是个体认识世界的方式。对公共知识的占有是通过知识获得生长社会性品质的过程，而个人知识的形成过程则是人的个性化成长的必经过程。学生学习知识的过程根本上说是知识作为"精神种子"发育成为个体的思想、智慧和美德的过程。

知识学习的过程不仅仅是通过前人的认识成果来认识世界，更是反求诸己，检视并回应自我，倾听自我内心的声音，观照自我内心世界，建立处世哲学、思维方式和方法论的过程。以知识为话题和中介的师生对话与交往、理解和探究、体验和反思，其实是知识作为"精神种子"在学生身上展开精神发育过程的土壤。"学习者中心"的课程和教学的根本价值就在于从对知识的关注转到对知识的精神发育的关注，个体的学习史是个体的精神发育史。

挖掘知识所凝结的思想要素、智慧成分和德性涵养，通过转化促进知识的精神发育，是当下课程教学改革的根本基础。但应试主义取向的教学有太多的短视和功利，太多的囫囵吞枣和食而不化，太多的浅尝辄止和"速效"课堂，必定消解课程教学的教育涵养。前人创造的知识给我们展示的是世界的理性模样，一切公共知识即所谓"关于世界的知识"，通过它学生能够更好地理解这个世界并发现世界的奥秘。但教学所关心的是学生内在的变化和发展，是包括认知、情感、意志、价值观和个性的发育和发展。因而把前人创造的知识传递给学生，其实仅仅是教育的起点，不是教育的全部。教育需要以此为基础，帮助学生进入世界，获得"进入世界的知识"。对学生的成长而言，公共知识仅仅是提供了一个"可能世界"，还需要引起学生内在精神世界的发育和发展，并作为主体进入一个"现实世界"。从此意义上说，知识是有待发育的精神种子。

知识作为精神的种子，其本质是思想的种子、思维的种子、德性的种子，具体的课程知识所凝结的是学科思想、学科思维和价值观念。所谓学科思想，是对学科事物或学科事物的某些方面或问题的概括性的、总结性的、综合性的、规律性的认识（看法、见解），是人们在对学科事物感性认识基础上进行分析、概括、抽象、整合和辨证等思维活动后的产物。学科思想常用于指涉及的问题带有战略性、达到一定境界，并且往往已经通过若干事实验证、为人们认可的理论认识体系。学科思想在各领域中对深化认识和改进实践，具有世界观和方法论层面的价值和意义。可以说，数学学科发展史就是一部数学思想的发展史，是人类应用数学思想改进生产生活的实践史。数学知识的教学如果仅仅停留于对公式和定理的记忆与解题方法训练，而没有真正理解数学知识所隐含的数学思想，学生是难以把握事物的数学现象及其规律的。语文学科的基本思想是普遍的思想意识和为人的核心价值观念，以及文化思想。文以载道之"道"便是思想，是为学、为事、为人的基本态度和思想意识。语文学习如果不深入思想层面，其教学就永远只能停留在语言知识或文学知识的学习层面，更难以陶冶情操、启迪心灵。因此可以说，教学就是引起知识作为精神种子发育的全部艺术。从此意义上说，教学的本质是转化，是促进知识作为精神种子向学生学科核心素养转化的过程。

（二）知识是学生理解世界和反思自我的一面镜子

知识教学不是仅仅让学生获得一大堆无意义的符号。从学生发展的角度看，知识其实是一面镜子，是学生看待自然世界、社会世界和人的精神世界的一面镜子。通过这面镜子，学生应该能够学习认识和理解客观世界。

知识不是故纸堆或历史档案馆中的一堆冷冰冰、硬邦邦的晦涩符号，而是凝结着人类智慧、道德与情感的成果，是对后人具有意义增值的启迪智慧、激荡情感、洗涤心灵的认识世界与人自身的成果，知识是有温度的。这温度便是知识对学习者在思想、态度、情感等方面的发展力、改变力、激发力。印度诗人、诺贝尔文学奖获得者泰戈尔曾经说过：真正良好的师生关系是师生之间心灵与心灵之间的约会。而知识便是约会的通道。知识理解的最高境界不是把知识作为结果或作为工具去简单占有，而是通过知识理解与学习，获得理智感、道德感和美感的体验，获得在认识和理解客观世界过程中的豁然开朗，获得对美好世界和美好生活的憧憬。克服单一的知识训练，引导学生通过知识理解，建立学科的基本思想、基本态度，丰富对新知识的意义增值，是深化课堂教学改革的根本要求。

相对于学生已有生活经验和认识世界的方式而言，知识是学生正确认识客观世界和自我世界的一面镜子。从人认知世界的方式来看，知识是观念之镜、方法之镜、经验之镜。通过知识，学生不仅能够认识到客观事物的本质和规律，还能够改变自我认识世界的方式、观念和经验。美国教育家杜威就反对把知识作为结果直接教给学生，主张通过对"系统的经验"和"理性的经验"进行反思性的学习，达成经验的改造或重组。他的《我们怎样思维》是一本聚焦一个概念（即反省性思维）来阐述其教育思想的著作。反省或反思的对象就是知识和经验，经验的不断更新或改造，就是生长。

二、课程知识的多维发展属性

知识是人类的文化存在形式，是人类社会发展的一种文化资本形式。人类总体的知识生产、知识的传递与更新，本身就是一种社会现象。近代科学的分化与发展，知识总量的不断增加，促进了人类知识的学科分野。教学要实现知识的育人价值，需要充分表达并实现课程知识的内在属性。

（一）知识的文化属性

从人类的历史长河来看，知识是人类的文化遗产，是人类的最典型的文化形式，更是人类文化的结晶。无视知识作为一种"文化存在"和"文化资本"内在具有的文化属性，极易导致课堂教学日益丧失文化敏感性和文化包容性。

知识具有高度的文化敏感性和文化包容性。知识在高度关切和忠诚表达内蕴的文化背景、文化属性、文化精神、文化价值中得以产生。"知识是人类认识的成果，它是在实践的基础上产生又经过实践检验的对客观实际的反映。"[①] 一方面，知识不仅是文化的一种符号，而且是文化的重要载体。符号仅仅是知识的表现形式，它所承载的才是文化内涵，即人们对客观事物和社会事务的本质与属性、人与事物的关系及规律、人的情感与观念、思想与思维的理解，任何知识都承载着特定的文化意义和文化精神。理解、把握并建立学生自我对知识所承载的文化内涵和文化意义的理解，才是真正完整的知识学习。另一方面，知识具有强烈的文化依存性。无论是自然科学的知识还

---

① 中国大百科全书·哲学Ⅱ [Z]. 北京：中国大百科全书出版社，1987.

是社会科学或人文学科的知识，都是特定的社会背景、文化背景、历史背景及其特定的思维方式的产物。知识都依存于特定的文化背景，或是依存于特定的自然背景，或是历史背景或社会背景，或是依存于特定时代人类的思维逻辑和认识世界的方式。离开了知识的自然背景、社会背景、逻辑背景，前人创造的知识对后人而言几乎不具有可理解性。

符号是知识的表达形式，而文化意义和文化精神才是知识的内核。引导学生理解知识的文化内核，是课堂教学的根本起点。课堂教学过程中的知识处理和认知加工，并非仅仅是对符号的处理和接受，而是对知识内核的深度理解和领悟。正因为如此，以理解为基础的探究、体验、反思真正成为内化知识价值的根本学习方式。接受主义教学观的错误就在于要求学生对知识的形式和内核一股脑儿地全盘接受，剔除了学生以理解为基础的意义领悟和文化觉醒，以及知识的意义增值的达成。单一的接受学习的问题在于丧失了在知识处理和认知加工过程中的对知识内核的文化敏感性和文化包容性。

（二）知识的社会属性

知识及其生产过程是一种社会现象，是人类长期的认知性实践的产物，是特定社会背景的产物，知识的生产离不开特定社会背景下人类的认知方式和认知水平。知识的社会属性是指知识的社会学特征，是社会存在的反映，知识的产生、价值及其内容，都是由社会结构决定的。知识因人类的社会生活而产生，因社会结构的变迁而变化，因社会发展的需要而发挥价值。知识的社会属性就是知识的社会性或社会制约性，这同时证明了知识存在着真理性和价值性的两重特征。从此意义上说，无论是宗教、科学、人文和社会知识，在本质上是社会知识，知识具有社会制约性、社会决定、社会价值性。哲学和社会学大师舍勒（Scheler, M.）就认为，"全部知识、思想、直觉和认识的全部形式等都具有社会学特征"。著名社会学家涂尔干（Durkheim, E.）认为，"只有从实际的集体社会生活与社会的各种表象出发，才能真正理解知识的性质和内涵"。[①] 在论及意识与知识的关系时，马克思明确表述了知

---

① 楚江亭. 真理的终结——科学课程的社会学释义 [M]. 北京：北京师范大学出版社，2005.

识社会存在决定思想，他说："意识的存在方式，以及对意识来说某个东西的存在方式，这就是知识。知识是意识的唯一行动……知识是意识的唯一的、对象性关系。"① 知识的社会属性决定了知识学习不是纯粹的符号认知和符号解码的活动，而是认识社会、理解社会，甚至通过符号中介参与社会和进入社会的过程。

但从根本上说，知识的社会属性的基础是其价值性，即满足人的生存与发展的社会需要，是通过知识与人的价值关系体现出来的基本属性。知识在被生产的过程中，已经凝聚了人类认识世界特有的方式、智慧要素和社会意识，这使得人通过获取知识形成智慧成为可能。但智慧的养成不是自然的、自发的过程，正如英国教育哲学家赫斯特所说的那样："只有把知识看作必然会按照合乎要求的方式来发展心智并由此促进美好生活时，才能真正被人接受。"② 麦克·扬认为，真正的教育，"出发点不是知识的结构，而是知识是如何被共同活动着的人们所生产，这种观点一直关注的是师生的课堂实践"，并且认为"知识不再被当作是为了让教师进行分配和传递而从学术'发现者'处传递下来的私有财产，知识成为师生合作工作的产物"。③ 教育过程中学生的知识获得不仅在于获得客观知识所描述的真理，更在于获得真情、德性和美感。科学知识是对客观事物合理的描述性体系，而对人的发展来说，知识则是涉及规范性、理解性和意义性的系统，"知识掌握与知识获得是有区别的。知识获得不仅需要'心智'，更需要'心事'"，"知识的获得要使知识与人的关系深入到精神的共契，而不是外在的、工具化的占有"。④ 人的生成、人的社会化不是一种简单的技术性问题，而是一种社会性问题，是人的社会化和个性化问题。知识的社会属性决定了教学的社会属性。

知识的社会属性还表现在其社会制约性上。知识是人类社会活动的产物，其内在地蕴含着人与复杂的社会因素之间的关系。社会生产、科学技术、政

---

① 马克思，恩格斯. 马克思恩格斯全集（第 42 卷）[M]. 中共中央马克思、恩格斯、列宁、斯大林著作编译局译. 北京：人民出版社，1979.

② Hirst，P. H. Education and the Nature of Knowledge. *Annals of the New York Academic of Sciences*，1965，2（4）.

③ 麦克·扬. 未来的课程 [M]. 谢维和等译. 上海：华东师范大学出版社，2003.

④ 赵汀阳. 心事哲学//长话短说 [M]. 北京：东方出版社，2001.

治经济、社会权力等因素都与知识问题具有千丝万缕的联系。麦克·扬探讨了知识与社会权力之间的关系，他认为，对"什么被视为知识？不同的社会集团怎样接近不同的知识？不同的知识领域与接近这些知识领域并利用这些知识的人有什么关系？"这些问题的回答，都可以清晰地发现社会对知识的制约性。[①]

（三）知识的辩证属性

知识是客观事物本质属性在人脑中的反映，从内容上看，知识是客观的，具有客观性。但人的认知方式、认知条件又阻碍着人们对客观事物内在规律把握的终极性和完全性，因此知识又是主观的，具有主观性。知识是主客一体的产物，具有客观性和主观性两重属性。知识揭示了客观事物的内在本质和规律，在特定历史条件下，知识是绝对的；但随着人类认识条件和认知能力的发展，旧的认识会被新的认知所补充、批判、替代，甚至颠覆，因此知识又是相对的，知识具有绝对性和相对性两重属性。此外，由于客观事物自身的复杂性，客观事物本身存在着变化和发展的周期性、模糊性、测不准性等特性，导致知识同时具有确定性和不确定性、真理性和价值性等两重属性。

看似科学的知识，背后隐藏着看似悖论的诸多问题，这决定了知识自身具有辩证属性，从而使知识成为可探寻、可质疑、可批判的人类认识的结果，而不是当作定论当作全盘接受的符号，这也为发展人的批判性思维提供了可能。知识的辩证属性的存在，决定了知识学习过程中认知加工的多维性和丰富性，需要经历从行为表征，到图像表征，再到符号表征的认知过程，来理解知识背后所隐含的思想、方法和意义，这正是布鲁纳的认知过程理论的针对性所在。把符号知识作为结论来接受，必然存在着认知风险。从现象到本质、从内容到形式、从结构到功能、从原因到结果，多层次地认识事物，才能真正理解知识所表征的事物的本质和规律。这也许是杜威强调知识理解要经历下沉与还原、经验与探究、上浮与反思的根本原因。这是知识的辩证属性决定的，也是人的认知规律所决定的。

---

① Young, M. F. D. *Knowledge and Control: New Directions for the Sociology of Education*. London: Collier, Macmillan Publisher, 1971.

知识的辩证属性还体现在知识意义的多维性上。对于学生的发展而言，知识的意义不是刻板的标准答案，不是孤立的符号存在，而是与人的生命成长紧密关联的意义世界。知识的意义存在于主观与客观、绝对与相对、确定性与不确定性、真理性与价值性之间的转换过程之中。这种转换过程，不是从书本知识到学生知识结构的简单位移，而是基于理解与探究、反思与感悟等活动达成意义增值过程。把前人赋予知识的假定性意义机械地告诉学生，是难以实现知识的意义增值的。实现知识在学生个体认知、情感、心灵乃至整个精神世界中的意义增值，是深度教学的追求。

三、忠诚表达知识的本质属性，让深度教学真实发生

当然，知识还具有科学属性、实践属性等基本属性，知识的多维属性意味着其多维的发展价值。实现课程知识的多维价值，需要教师转换知识处理过程中的教学思维，忠诚表达课程知识的多维属性。

（一）课程知识属性的教学表达与教学思维的转变

知识属性的教学表达，是指在教学过程中基于对具体的课程知识的本质理解，在处理知识过程中对知识的多维发展属性的挖掘和体现。作为认识成果的知识本身就凝结着科学、文化、社会、艺术和实践等意义，知识教学不是对知识符号的平面表达，而是对知识内在意义的揭示和表达。在处理知识的过程中，解释和揭示知识所凝结的科学属性、文化意义、社会制约、辩证关系和实践旨趣等层面的内涵，达到知识的多层次属性及其意义的层面。知识多维属性的教学表达，是实现对知识进行深度学习的基本条件。课程知识属性的教学表达，不是对知识属性的简单语言叙述和表面讲解，而是对知识多维属性的分层次的探究，是对其多层次意义的揭示，实现对知识学习的充分广度、充分深度和充分关联度。

知识的理解、内化、迁移仅仅通过符号接受性学习，是难以达成的。加拿大学者艾根（Egan, K.）在深度学习的研究中提出了深度学习的"深度"的标准。他认为"学习深度"具有知识学习的充分广度、知识学习的充分深

度和知识学习的充分关联度三个标准。① 充分的广度与知识的产生背景与知识对人的生成意义、与个体经验相关,也与学习者的学习情境相关。知识的充分深度与知识所表达的内在思想、认知方式和具体的思维逻辑相关。知识的充分关联度,是指知识学习指向多维度地理解知识的丰富内涵及其与文化、经验的内在联系。从广度,到深度,再到关联度,学生认知的过程是逐层深化的。所谓意义建构,即从公共知识到个人知识的建立过程,都需要建立在知识学习的深度和关联度之上。② 课程知识的广度、深度和关联度正是教学表达所应达到的课程知识的多维属性及其意义层面。

知识多重属性的表达过程便是对知识深度学习的过程,但课程知识属性的教学表达是受教师的教学思维支配的。所谓教学思维,是指教师在教学过程中处理知识的条件与知识理解、知识的内涵与外延、知识的符号表征与本质属性、知识的科学性与价值性,以及知识与德性、知识与能力等基本关系时所体现出来的思想方式和方法论。教学思维就是教学过程中所表现出来的处理知识的一种思维方式和教学理解。长期以来,点状的知识教学思维、平面化的教学思维、符号孤立的教学思维、单向成人化理解的教学思维主宰着课堂。教师拿到教材就找知识点,把知识点一个不漏地讲完,教学就完成了。结果学生所获得的还是分散的知识、点状的知识,而不是结构化的知识,知识在历史、文化、社会、经验、逻辑、价值观等层面的意义都没有进入学生知识理解的过程和应用知识解决问题的过程,知识的几大属性尤其是辩证属性、文化属性、社会属性、实践属性没有很好地体现。符号孤立教学或者符号抽象教学,总在对符号做推演、分析和分解,而经验、思想、观点、方法、问题情境没有进入学生知识的理解和问题解决的过程。因此,转变教学思维,本质上是要建立发展性的课程知识观。

(二) 课堂要有文化敏感性和文化包容性

对于学生的成长而言,对符号知识的占有并不是目的,促进知识向学科

---

① Kieran Egan. *Learning in Depth: A Simple Innovation That Can Transform Schooling*. London, Ontario: The Althouse Press, 2010.
② 郭元祥. 深度教学:缘起、基础与理念 [J]. 教育研究与实验, 2017 (3).

核心素养转化才是宗旨。任何知识，不管是科学知识、社会知识，还是人文知识，都是特定文化背景下的产物，都蕴含着特定的思想、思维方式和价值观念。正是由人类认知世界的思维方式、文化价值观念、文化思维方式、文化精神等组成了知识的内核，成为人类认识史上的"文化地标"（Culture Heritage Place）。教育在对待知识和处理知识的问题上，超越对知识的符号占有，获得符号所隐含的全部意义，才能让学生获得人类认识史上文化地标的全部价值，否则都只能导致唯一的结果：思想荒芜和文化沙漠。从教学的层面讲，深化课程改革就是要克服表面的、表层的、表演的知识教学的局限性，促进知识向核心素养的转化。当前应试主义教育盛行下的根本危险便是培养了一大批知道分子，他们只有知识而没有文化。

具有文化敏感性和文化包容性的课堂教学绝不是把知识仅仅作为一种事实或结论告诉或传递给学生，而是对具体知识作深入的文化分析，向学生表达出来或引导学生探究知识的文化属性、文化思想、文化精神和文化思维方式，体现出知识对学生的文化影响力，真正达成"转识成智""以文化人"的目的。如果课堂教学剔除了知识的文化内涵和文化意蕴，所传递的知识必然仅仅是冷冰冰的符号。表层的教学所传递的便仅仅是作为符号存在的东西，而不是饱含智慧和德性意义的文化知识。

超越知识表层的符号属性和符号规定的理解，高度关切并进入符号知识所承载的文化意义，忠诚表达出知识的文化意蕴，便是从符号理解走向文化理解，是对课堂教学文化敏感性和文化包容性的体现。课堂教学的文化敏感性在于彰显知识的文化内涵，文化包容性在于丰富知识的文化内蕴。让课堂拥有文化敏感性和文化包容性，是建设课堂文化和教学文化、提升课堂教学发展性品质的根本标志，更是引导学生基于文化理解、文化认同、文化尊重和文化自觉而建立文化自信的根基。

（三）回应经验与生成体验

知识的社会属性客观地要求知识学习和知识理解的过程成为与社会紧密关联的活动。脱离知识社会属性的知识学习，只能将知识抽象为单一的符号来认知和占有，不可能实现知识内在的意义。苏格拉底说"知识即美德"①；培根说"知识就是力量"②；杜威认为，知识只有还原为经验并通过反省性思维才能获得儿童的成长。③ 这些观念都包含着对知识的社会属性的确认。对人的生成与发展来说，知识是一种"意义领域"，而不仅仅是工具领域，更不是一堆事实。知识何以改变命运？其根据就是知识的意义。知识的意义只有与人的生成发生关联的时候才能真正产生。任何客观知识停留在人类科学宝库之中的时候，其本体的意义在于描述和解释事物；当知识与人相遇的时候，才具有"意义"。费尼克斯认为，"教育的正当目的就是要促进意义的生长"，知识的"意义的多样性没有止境。意义的形成可以被认为是无限的"。④ 知识对于人的生成的意义，便是其社会属性的根本。因此，课堂教学要体现知识的社会属性，是以忠实地实现知识对于人生长的意义为基础的。

回应经验、生成体验的基本标志是在学生学习过程中生成所谓画面感。所谓画面感，其实就是指知识教学过程中学生眼前应该呈现出真实的自然图景，或者脑海里想象的生活画面。课堂的画面感是学生在知识加工的基础上产生的丰富的联想、生动的形象，既是构成知识与学生人生经验和生活体验之间的意义关联和价值关联的状态，更是这种意义关联和价值关联的必然结果。增强课堂的画面感是促进学生知识理解、获得知识的意义增值、达成知识发展价值的基本途径。课堂的画面感通过将知识表征化促进学生对符号知识的深度理解。

联想、想象和反思，是充分发挥知识作为观念之镜、方法之镜、经验之镜作用的机制。联想、想象和反思的根本基础是建立知识与已有经验、生活

---

① 孙培青，任钟印. 中外教育比较史纲（古代卷）［M］. 济南：山东教育出版社，1997.

② 据邢贲思考证，在培根的《学术的进展》《新工具》等著作中没有这个命题，但在他的《沉思录》（Meditations Sacrae）的片断中却留下了这句话，它的拉丁文是："Ipsa scientia protestas est"（知识就是力量）。这个《沉思录》没有公开发表，人们只知道培根说过"知识就是力量"。

③ 杜威. 杜威教育论著选［M］. 赵祥麟，王承绪编译. 上海：华东师范大学出版社，1981.

④ Phenix, P. *Realms of Meaning*. New York: McGraw-Hill, 1964.

体验和观念的联系。深度教学特别强调"知识学习的充分关联度",通过建立所学知识与经验、与想象、与文化的紧密关联性。美国著名教育家布鲁纳认为,学生对新知识的认知加工经历了三个阶段:行为表征、图像表征和符号表征。行为表征是指学生学习活动的动作和过程,是一种最直接的动作参与和学习活动状态。真实的课堂活动中教师与学生的交往过程,是课堂教学过程中最表面的一种画面,是学习的动作、理解的情景和行为表现。图像表征是指将知识转化为各种想象的图景,是一种生动的再造想象,即用图像来加工新知识。学生在阅读某一文学作品时脑海里定会基于个人已有知识和生活经验产生丰富联想和图景,并会"触景生情",这"景"便是一种图像表征。符号表征是将具体的、生动的图景抽象化为概念的、观念的东西,用符号来表达观点、思维、思想和情感。在这三大表征系统中,行为表征和图像表征便是课堂画面感的主要体现。从此意义上说,课堂的画面感其实不仅是知识的画面感,即对知识的表象化和表征化,而且是学生知识理解过程的画面感,是对知识与经验的意义关联的具象化、表象化或表征化,是建立知识理解与学生人生体验之间的意义关联的结果。

深度教学视野下的人知关系重建

伍远岳

知识与人之间的关系不仅是教学论的问题,更是一个关涉个体发展的问题。学校的知识教学,其实质就是建构学生与知识之间的关系,不同教学理念指导下的教学行为会直接导致学生与知识之间形成不同的关系。随着课程改革的深入,学生与知识之间的"认知关系""占有关系"受到多方面的批评。深度教学追求学生对知识的深度认知与理解,追求对符号背后思想与文化的深刻反思与认同,追求个体对知识意义的澄明与建构,也就是追求新型人知关系的建构。

一、从对象占有走向双向互动

"占有的关系是认为人与世界的关系是占有者与被占有者的关系,是一种我想把每一个人、所有的一切包括我自身在内都变成我自己的财富的关系。"[1]学校教育中的知识占有关系,指的是个体将知识作为对象来加以理解与接受,这种占有关系是单向度的,知识被认为是固定的客体与对象,个体学习知识的过程被看成是个体将固定的客体"拿来"为己所用的过程。"占有指向的学生,在听一堂讲座时,是捕捉字句,理解其逻辑联系和意义,并尽可能面面俱到地记笔记……课堂上的内容并没有融为他们自己思想的组成部分,也更谈不上丰富和扩展他的思想。"[2] 这种对知识单向的、对象化的占有,将知识作为财富去接受,将知识物质化、功利化与工具化了,知识中所蕴含的丰富的人文性被泯灭了,知识中所蕴含的对个体生命、生活、精神、情感的丰富

---

[1] 齐慧甫. 占有与存在——论学生和知识关系的重建 [D]. 石家庄:河北师范大学硕士学位论文,2005.

[2] 埃·弗罗姆. 占有或存在 [M]. 杨惠译. 北京:国际文化出版公司,1989.

价值被抛弃了。在占有关系中，知识缺乏生命特征，缺乏个性色彩，个体所得到的只是表征知识的各种符号，学生通过知识的学习，仅仅获得各种孤立的知识点，而知识的结构性、完整性被破坏，知识并未对学生发生意义，知识对个体人生发展、人生意义建构的价值也丢失了。在占有关系中，个体在知识学习的过程中迷失了自我，学生个体的存在被忽视了，占有的过程成了学生不在场的过程。"在学生和知识的占有关系中，重占有的观念强调了关系双方中的一方即知识，忽略了关系的另一方——学生。"[①] 知识是学校教育的核心，而知识学习的主体——学生的主体性、能动性被彻底排除在学习过程之外，也就是忽视了知识学习过程中人的存在。人与知识之间的单向度占有关系带来的后果是严重的，它导致知识的物化与个体人格的异化，"如果把占有知识和获得文凭作为我们达到目的的手段，它们反而成为我们自我实现的障碍物，为了获得这些东西，我们利用一切可以利用的手段，最后，手段成了目的，目的反而成为人异化的手段"。[②]

随着知识观的演进，人知之间的占有关系受到越来越多的批评和反对，个体与知识之间的关系需要从占有走向互动，即建立人与知识之间双向互动的关系，"只有当学生在互动中充分理解课程知识的精神内涵并内化为自身的精神组成部分时，课程知识对人的成长的意义才能得以充分体现"。[③] 人知之间的双向互动关系，是指个体与知识之间主体间性关系的建立，人与知识不再是主体与客体的关系，个体的知识学习也不再是主体对客体知识的单向认知。在双向互动关系中，个体与知识是交互主体，个体的知识学习是体现主体间交互关系的活动，个体与知识是共在的，个体参与知识的产生与建构，而知识也参与个体的生成与发展。具体而言，在人与知识的双向互动关系中，知识不再是外在于个体，而是与个体的情感、精神、生活、人生履历等密切相关；知识学习不再是"无人"的活动，而是充满生命气息的旅程，是个体

---

① 齐慧甫. 占有与存在——论学生和知识关系的重建 [D]. 石家庄：河北师范大学硕士学位论文，2005.

② 齐慧甫. 占有与存在——论学生和知识关系的重建 [D]. 石家庄：河北师范大学硕士学位论文，2005.

③ 赵荷花. 教育学立场的课程知识研究 [D]. 武汉：华中师范大学博士后出站研究报告，2014.

通过双向的互动，将自身的精神、人格投射到知识中，改变了知识"非人格化"的特性，使知识具有了个体性。在人知双向互动过程中，以往将知识抽象化、将认识者抽象化的观念得以改变，知识和认知者都是具体、生动的，知识被个性化，认知者是充满了独特的个性色彩和浓厚的生命、生活色彩的个体。知识学习的过程是"焕发生命活力"的过程，知识教学也不再局限于"教师讲授—学生听课"这样的单向传输过程，教学过程也具有了互动性，教师的教和学生的学之间也呈现出双向互动的关系，人知关系的转化促进了教与学关系的转化。

二、从价值无涉走向价值负载

知识的"价值无涉"是指知识是客观的、普遍的、纯粹事实性的，不存在任何价值关涉、价值判断或价值选择。知识的价值无涉，其根源在于实证主义知识论将自然科学知识当作唯一的知识，而把日常生活经验、习俗、信仰、文化，甚至人文科学知识统统排除在知识之外。价值无涉的知识是去人格的，是文化无涉的，也是非意识形态的，其中不掺杂任何主观的和与人有关的东西。在学校教育中，知识的价值无涉影响着一切与知识相关的要素，教学被认为是将人类认识成果传递给学生的活动，只注重对学生进行符号、方法和规则的传授，以及对学生进行理性能力和逻辑思维能力的培养，而忽视了通过知识对学生进行伦理道德、生活意义和生命价值的引导。由价值无涉的知识所形成的知识世界"缺乏对人生价值和生活意义的人文关怀，没有给人以思想和价值判断的尺度，更没有给人以人生的价值和意义"。[①] 随着现代知识观的发展及人与知识关系的进一步深化，知识的普遍性被证伪，知识的客观性、纯事实性和中立性受到质疑并随之瓦解，知识的生成性、主动建构性、情境性、文化性、互动性、大众性、平等性等得到了普遍的认可，价值无涉的知识观逐渐失去了根据。只要是知识，就不可避免地与人发生联系，不可避免地与人的思维、情感和价值观等相联系，正如阿普尔所说，"没有哪

---

① 王攀峰. 现代教学论的发展趋向：生活认识论的启示 [J]. 首都师范大学学报（社会科学版），2007（6）.

一本书所包含的知识是中立、无任何利益倾向的"。① 因此，任何声称知识是价值无涉的说法都是不可能的，不存在价值无涉和文化无涉的知识，也不存在普遍有效的知识。

"凡是人与客观世界发生对象性关系的领域，都存在着各种形态的价值关系"，② 教育是价值负载的事务，一切教育形式都应该是价值教育或蕴含着价值的教育，无论是知识，还是各种与知识有关的活动，都是以价值为先决条件，都不可能是价值无涉，而应该是价值负载的。对于知识而言，不仅所有知识的产生是受到一定的价值引导的，而且知识本身就体现着一定的价值要求与期待，这一点在人文知识里面体现得尤其明显，"因为在人文领域里永远都不存在纯粹的事实，有的只是价值建构的事实；也永远不存在价值中立的语言表述，有的只是一定历史文化中形成的独特概括和原理表述"。③ 当然，不仅人文知识是价值负载的，自然科学知识、社会科学知识、工程科学知识同样也是价值负载的，是反映价值和追求价值的。知识是负载意识形态的，知识的产生交织着复杂的意识形态的关系，"不存在绝对'纯粹'的知识，在知识的背后不仅潜藏着研究者的兴趣、爱好，而且还有社会趣味、权力、利益乃至偏见"。④ 知识还负载着意志、公平、善良、勇敢、正直、宽容等品质，负载着人类几千年的文化遗产，而文化负载是价值负载的重要体现。因为知识的价值负载，知识教学理所当然地应该承担起培养价值观的任务。从价值无涉走向价值负载，学生的知识学习要注重人文性和生活性，实现从科学认识论到生活认识论的转化、从"物的世界"到"人的世界"的转变、从"事物世界"到"人格世界"的转变，真正让知识及其学习走进人的现实生活世界。

---

① 迈克尔·阿普尔. 教科书政治学 [M]. 侯定凯译. 上海：华东师范大学出版社，2005.

② 陆贵山. 人的认知关系和人的价值关系的统一和倾斜与文学 [J]. 社会科学战线，1997（3）.

③ 李晓峰. 浅议知识转型视界中的课程变革 [J]. 现代教育科学，2003（4）.

④ 王金娜. 论课程知识与权力主体的关系——基于合法性的视角 [J]. 四川教育学院学报，2006（5）.

三、从符号认知走向意义关系

知识首先是一种符号性的存在，符号是人类记忆和表达实际存在的事物、行为及思想的各种记号，也是知识存在的主要形态。符号认知成为人与知识之间最基本、最直接的关系，反映的是一种认识论的知识观，认为个体学习知识就是学习客观事物本身及其特性。在符号认知关系中，知识被客观化为供个体认知的材料与对象，隔断了人与知识之间的必要的意义联系。认识论的知识观将符号性的知识作为第一位的东西，而忽视了认识者个体的欲求和意志，抽干了知识的文化底蕴，认知者和认识对象之间是一种纯粹的主客关系；认识的结构取决于客体——知识本身，而与认识者的经验、情感、价值无关；人与知识之间的其他关系被完全割裂开来，"仿佛人一诞生下来他的全部生命就是认识世界，对他来说似乎从来就没有一个生存问题……他们受的教育越多，他们的思想就包裹在一层坚实的知识硬壳之中"。[①] 人在认识世界、改造世界与征服世界的过程中失去了自己的精神家园，儿童掌握了知识，习得了技能，但却也失去了兴趣，失掉了对生活的感悟、激情与灵性。在这种情况下，课堂沦为学生心灵成长的"屠宰场"，"学习变成精神苦旅，幸福旁落他乡"。[②] 于是，学生出现精神危机、人格危机、价值危机与意义危机，儿童本应该丰富的意义世界被异化为一个"死"的世界，一个"物"的世界。事实上，知识应该是要去关切儿童的幸福生活，拓展儿童的精神自由的，理应与儿童丰富的意义世界相联系，进而帮助儿童体验生活、理解生活、理解世界及其相互关系，提升意义世界。

20世纪西方哲学观从知识认识论到知识价值论、从关注知识世界到关注人的意义世界的转换给了教育以新的启示。海德格尔认为，"人是一种意义性

[①] 王春燕. 从知识到意义：课程价值取向重心的必要转移——20世纪西方哲学观转变带给我们的启示 [J]. 内蒙古师范大学学报, 2005 (9).

[②] 吴支奎. 论课程与学生幸福——基于知识意义的视角 [J]. 教育评论, 2009 (5).

存在，人所栖居的世界是一个意义世界，只有人有意义世界"。① 人生活的世界不仅仅是纯粹的物理世界，更是一个意义世界，呼吁教育从符号认知向个体意义世界回归。人与知识之间的"意义关系"，是指"一种与人的精神成长和生存处境相联的内在价值关系，它不只关心知识的选择，更关心人对待知识的立场和态度，关心课程处置知识的方式，即知识在课程中的存在方式"。② 较之认知关系，人与知识之间的"意义关系"更基础、更深层、更根本，也更具包容性。一方面，意义关系不排斥认知关系，因为正是人对知识的认知为意义关系的建构提供了最基本的条件，为意义关系的形成打下了基础；另一方面，意义关系的层次更深，不仅关注学习者个体心理意义的建构，同时也强调学习者精神意义的建构，它与个体的精神家园息息相关，"是一种与人的精神成长和生存处境相关联的内在价值关系"，③ 能够对个体有意义的生活给予滋养与护持。意义关系的建构是学习者通过与知识的相遇所产生的意义追求，是学习者对主体意义世界的不断丰富与完善。人知之间的意义关系根植于人对"如何生活才有意义"这一人之为人的根本问题的追问和思索，学习者学习知识不以"占有知识"为目的，而以个体精神的成长为目的，学习活动指向儿童的整体生存，是儿童的生命意义不断显现的过程。

---

① 海德格尔. 存在与时间 [M]. 陈嘉映，王庆节合译. 北京：生活·读书·新知三联书店，2006.

② 郭晓明. 知识与教化：课程知识观的重建 [J]. 华东师范大学学报（教育科学版），2003（2）.

③ 周燕. 从知识的外在意义到知识的内在意义——知识观转型对教育的影响 [J]. 全球教育展望，2005（4）.

评价学生知识获得的标准

伍远岳

人从开始接受教育的那一刻起,就与知识结下了不解之缘,学习知识成了人一生永恒的主题。长期以来,人们用一种功利的标准来评价学生的知识学习与获得,导致了知识以及知识学习意义的失落。

一、评价学生知识获得的功利标准批判

任何知识都具有两种并行的价值向度:功利价值和精神价值。在现代社会,人们关注的仅仅是知识功利性的一面,即知识的现实有用性,而忽视了知识的精神价值。什么知识最有价值?在现代社会背景下,人们的回答也许是"能够帮助学生考高分的知识最有价值"或者"能够帮助学生找到好工作的知识最有价值"。当这种带有浓厚功利色彩的"考高分""找好工作"的标准成为衡量学生知识获得的尺度时,知识的精神价值便荡然无存了。

(一)功利标准导致知识个性化意义的缺失

从教育学的立场即人的立场出发,知识不是"只能以假定的意义被确认",[1] 知识的假定性意义是建构知识的个性化意义的基础。所谓知识的个性化意义,是指知识对学生个体发展的现实意义。知识的个性化意义是学生个体生命与知识相遇,从而进入知识、体验知识、实现个体生命成长的核心,是对个体生存意义的解答。

评价学生知识获得的功利标准是一种只关注知识的确定性与共性的标准。对确定性和共性的过度关注,不可避免地导致了知识个性化意义的缺失,因

---

[1] 赖欣巴哈. 科学哲学的兴起 [M]. 伯尼译. 北京:商务印书馆,1991.

为要实现知识的个性化意义，需要关注知识的不确定性、灵活性和个体性。功利取向的知识获得标准导致知识个性化意义缺失，主要表现在以下五个方面：第一，以符号知识的习得为标准，忽视知识的精神价值；第二，以公共知识的掌握为标准，忽视学生的个体经验在知识生成中的作用；第三，以传递—接受的知识量为标准，忽视学生对知识的体验与建构；第四，以知识的假定性意义为标准，忽视知识的现实意义；第五，标准的统一性，缺乏对学生个性的观照。知识的个性化意义是知识对于学生个体生命发展与成长的现实意义，是学生获得精神解放与自由的条件。在功利取向的知识获得标准下，知识成了缺乏生机与灵气的事实性存在，知识个性化意义完全缺失了。

（二）功利标准导致教学意义世界的失落

费尼克斯（P. H. Phenix）认为，"教学的正当目的就是要促进意义的生长"，[①] 意义是人生的最高追求，意义的生长即个体精神的丰富与自由，是个体自我的实现。教学世界是人的世界，人在教学世界中寻求意义并促进意义的生长。因此，"教学世界即意义世界"。[②] 在教学中，知识的教学始终占据着重要的地位，评价学生知识获得的功利标准，在消磨知识个性化意义的同时，也导致教学意义世界的失落，知识教学陷入意义危机。

知识教学通过关注学生的过去经历、现实生活和可能生活以及它们之间的关系，来实现意义世界的建构。在学生的过去经历、现实生活和可能生活之间有着密不可分的联系，其关系是意义世界建构的逻辑线索，任何割裂这三者关系的思想和行为都会导致教学意义世界的失落。知识获得的功利标准将学生的过去经历、现实生活和可能生活生硬地割裂开来，从而导致知识教学意义世界的失落：第一，功利标准忽视学生的过去经历、文化背景、性格特征和兴趣爱好，是一种缺乏整体思维的标准；第二，功利标准只关注知识教学中学生知识学习的结果，而忽视了学生知识学习的过程，是一种缺乏过程思维的标准；第三，功利标准忽视知识对人建构未来可能生活的意义，只

---

① 贝利. 费尼克斯论意义的领域//施良方，唐晓杰译. 瞿保奎主编. 教育学文集·智育［M］. 北京：人民教育出版社，1993.
② 杨钦芬. 论教学的意义［D］. 武汉：华中师范大学博士学位论文，2010.

在乎当下利益的实现，缺乏长远的眼光，是一种缺乏关系思维的标准。

评价学生知识获得的功利标准使人迷失在充满功利色彩的世界中，使人陷入不可自拔的信念危机、信仰危机以及生存危机。要实现知识的个性化意义和教学意义世界的回归，评价学生知识获得的标准要注重知识意义的建构。

二、意义标准：评价学生知识获得标准的新取向

评价学生知识的获得应该从功利取向转向意义取向，从意义获得角度来衡量学生是否获得某种知识。由此，笔者提出评价学生知识获得的新标准——意义标准。

（一）意义：评价学生知识获得不可忽视的因素

1. 知识结构的最深层次是意义

传统哲学认识论的知识观认为，"知识是人类认识的成果，它是在实践的基础上产生，又经过实践检验的对客观实际的反映"。① 然而，对教育活动来说，哲学认识论的知识观并不适宜于学生所要学习的知识，教育学立场上的知识观要观照人的发展和个体自由精神的建构。要实现这样的目的，就需要从教育学的立场来分析知识的内在结构，从知识的内在结构中探求知识与意义的关系。

任何知识都是有结构的，只有进入知识的内在结构，才能帮助人们深入地思考知识的意义以及知识与教学意义的关系。郭元祥教授认为，知识具有三个不可分割的组成部分：符号表征、逻辑形式和意义。其中，符号表征是知识的最表层，任何知识都是以特定的符号作为表征的；逻辑形式是中层，体现的是人认识世界的方式和过程；知识的最高层是意义，是指知识内具的促进人的思想、精神和能力发展的力量，是知识与人的发展之间的一种价值关系。意义是知识的内核，"内隐于符号的规律系统和价值系统"，② 因此，任何知识学习都不能仅仅停留在知识的符号层面，而是要逐渐走向深刻，最终

---

① 中国大百科全书·哲学Ⅱ [Z]. 北京：中国大百科全书出版社，1987.
② 郭元祥. 知识的性质、结构与深度教学 [J]. 课程·教材·教法，2009 (11).

实现知识意义的生成。

2. 知识学习的终极追求是意义的获得

知识学习不能仅仅停留于表层符号知识的掌握，而要深入知识的意义，任何脱离意义的知识学习都是肤浅的学习。因此，学生掌握一定的符号知识，并不代表其真正获得了知识。当前学生普遍存在的"会做题，不会做事"的尴尬状况，正是由于知识学习脱离意义而造成的。学生"会做题"，只是说明其掌握了大量的符号知识，但是由于没有获得知识的意义而不会做事、不会做人。

"人生活的世界是一个价值世界和意义世界，在这个世界上，人是一个追求价值和意义的存在者。"[①] 在知识学习中，学生是一种未完成的生命体，但同时，更是意义的探寻者、遭遇者和创造者，学生正是在不断探寻意义的过程中实现个体生命的完整。因此，关注知识的意义、追求意义的实现是知识学习的应有之义。知识的本质在于"以文化人"，人通过知识的学习，从中获得意义，进而成为一个"文化人""意义人"。这一关系可以用"人—知识—人"这一过程来表示，前面的"人"是未经开化的人，通过知识的学习，从中获得知识的意义，人便得以"文化"或"人化"，从而生活在意义的世界中，成为一个大写的人。知识学习如果不追求意义的获得，只会沦为机械的知识掌握与技能的习得。知识学习中意义的失落也是当前社会信仰危机、生存危机和道德危机的根源。

（二）意义标准的实现条件

1. 意义标准的达到以学生掌握符号知识为基础

符号知识是知识的最表层，没有符号知识的掌握就不会有意义的生成与建构。"任何严格意义上的教学，首先必须保证让学生获得人类的认识成果。"[②] 因此，学生的知识学习要达到意义标准，必须以学生掌握一定的符号知识为基础和前提。

---

① 李香娥. 论教学观的转向：从知识教学到文化教学 [J]. 现代教育管理，2009 (7).

② 郭元祥. 知识的性质、结构与深度教学 [J]. 课程·教材·教法，2009 (11).

知识的符号表征和意义呈表里关系，人们在学习符号知识的过程中，通过一定文化背景下的领会和解读，潜移默化地接受文化意义的熏陶。① 学生在学习的过程中，直接接触的是知识的符号，而非意义，意义的获得是学生通过理解、体悟和反思而逐渐实现的。例如，学生在学习英语的过程中，首先必须认识单词，掌握单词和句子的意思，然后才能深入地理解英语课文中的各种文化现象，形成和发展自己的文化理解和文化认同的意识与能力。认识单词就是掌握知识的符号表征，而文化理解和文化认同的意识和能力则是知识对于个体内心、个体生命发展的真正价值，即意义。因此，知识的符号表征是表，意义才是内核。可以说，无符号之"表"，则无意义之"核"，离开了符号，意义就成了无源之水。

2. 意义标准的达到以学生思维水平的发展为保障

思维是连接知识的符号和意义的桥梁，在学生从符号表征出发探求知识意义的过程中发挥着重要的作用。学生的知识学习要达到意义标准，必须以学生思维水平的发展为保障。

思维水平的发展是人们认识世界、探求知识意义的关键，没有形成较高的思维水平，知识学习就永远只能停留在符号知识的学习上，而不能进入知识内核，获得知识意义，进而丰富自己的意义世界。思维水平的发展主要包括思维能力的提高、思维品质的提升和科学思维态度的养成。思维能力的提高指学生形成了较强的问题意识，同时思维的逻辑性、创造性和实践性增强。思维品质的提升指学生思维的深刻性、灵活性、独创性、批判性和敏捷性都得到极大发展。科学思维态度的养成能够使学生在思考问题时充分考虑到他人的观点，应付思维中的冲突，防止情感上的冲突和成见。在学生的知识学习中，学生通过思维活动，能够对知识或一定的文化现象及其价值进行判断和取舍。通过价值的判断和取舍，学习者进入到知识的意义系统中。

3. 意义标准的达到要求人与知识建立起意义关系

知识不是静态的客观的对象物，而是通过"师生互动而产生的新的意义系统"。② 学生学习知识的过程不是灌输—接受的过程，而是师生一起探求知

---

① 杨钦芬. 论教学的意义 [D]. 武汉：华中师范大学博士学位论文，2010.
② 郭元祥. 知识的性质、结构与深度教学 [J]. 课程·教材·教法，2009 (11).

识意义的过程。因此，学生知识学习要达到意义标准，学生与知识之间必须建立起意义联系，让知识学习充分观照到个体的精神自由。

学生知识学习达到意义标准并不仅仅在于领会知识的客观意义，更在于学生在"掌握"知识的基础上进一步在知识与人之间建立起"意义关系"，关注人的"精神的转变"。[①] 精神的转变也即柏拉图提出来的"心灵的转向"。学生通过知识学习后，努力探求知识与个体之间的意义联系，以知识的意义丰富人性，进而自觉地提升自己的精神世界，实现个体精神的自由，使自己成为真正的"大写的人"。为使学生与知识之间建立起意义关系，我们要关注学生所掌握的知识是否融入了他们自己的信念、情感、体验、希望等各种非理性因素，是否形成了他们自己的见解和主张，进而领悟人生的意义。可以说，学生与知识建立起意义关系是学生知识获得达到意义标准的最高层次，也是知识学习的终极价值所在。

三、深度教学：知识学习达到意义标准的必经之路

长期以来，教师知识教学限于符号知识的传递与积累，这是导致学生知识学习难以达到意义标准的关键原因。实施深度教学，是实现知识教学的丰富价值、使学生知识学习达到意义标准的必经之路。

（一）何为深度教学

深度教学是指"超越表层的符号教学，由符号教学走向逻辑教学和意义教学的统一"。[②] 也就是说，教师要引导学生超越表层的符号知识学习，进入知识的逻辑形式和意义领域，将符号学习提升为深层意义的获得，使学生学会思维、学会做人。

深度教学并不是追求教学内容的深度和难度，不是指教学内容越深越好，而是针对传统知识教学过于注重表层的符号而提出来的。缺乏深度的教学是

[①] 郭晓明. 知识的意义性与"知识获得"的新标准 [J]. 华东师范大学学报（教育科学版），2004（6）.

[②] 郭元祥. 知识的性质、结构与深度教学 [J]. 课程·教材·教法，2009（11）.

肤浅的教学,这种教学注重学生符号知识的掌握而不能引导学生发掘知识背后丰富的意义;在评价学生知识获得过程中,也只能以学生符号知识掌握数量的多少作为标准,而陷入一种功利的取向。深度教学不仅仅关注学生符号知识的掌握,还关注学生思维水平的发展,更重要的是,深度教学注重引导学生深入知识的背后,获取知识背后丰富的意义,从而实现知识教学价值的丰富性,使学生的知识学习充满意义关怀,是学生探寻意义、实现意义的过程。

(二)深度教学如何使知识学习达到意义标准

深度教学在知识符号教学的基础上,注重彰显教学的情感熏陶、思想交流、价值引导等功能,使学生的知识学习真正达到意义标准。

第一,教学内容的丰富、关联。深度教学强调教学内容的丰富性与关联性,这里的丰富并不是指教学内容越多越好,而是从知识的内在结构出发,将知识的各种表现形式关联起来,是针对单一性的符号知识教学而言的。

深度教学克服了单一的符号教学,把符号知识的教学与思维的培养、意义的获得融为一体。深度教学在教授符号知识的同时,引导学生通过文字来展开对自然、社会和人生的更为深刻的认识和思考;在思考过程中,学生的思维水平得到提高,将知识与自己的生活密切联系起来,实现知识"假定性意义"向"个性化意义"的转化。同时,知识具有三种依存方式:背景、经验和逻辑,知识依存于特定的社会背景和自然背景,依存于种系经验和个体经验,依存于思维逻辑。[①] 因此,知识具有多种表现形式,深度教学强调处理好不同类型知识之间的关系,实现学习方式的多样化。在教学过程中,深度教学注重知识教学与学生生活背景的联系以及学生个体经验和种系经验的联系,进而增强知识的可理解性。

第二,教学目标的多维融合。新课程改革提出"知识与技能、过程与方法、情感态度与价值观"的三维目标。事实上,三维目标与知识的三种表征形式是密切相关的,可以说,情感态度与价值观维度的教学目标就是知识教

---

① 郭元祥. 知识的性质、结构与深度教学[J]. 课程·教材·教法,2009(11).

学的意义目标。

在教学目标上，深度教学强调从多维度、多层面完整地把握三个不同维度的教学目标，使三维目标在教学过程中实现完美融合。例如，在英语课堂中，学生认识英语单词、理解语法是最基本的教学目标，但是，教师还可以引导学生形成尊重其他文化的意识与态度以及对多元文化的理解与认同，从而实现知识意义的多种可能性。这样，通过知识教学，实现了阅读、表达以及文化理解与认同等多维的教学目标，实现了教学目标的多维融合。

第三，教学方式的多元对话。深度教学摒弃了传统的"传递中心"教学，转向"对话中心"教学。对话是教学的存在方式，通过对话实现学生的知识理解、情感交流、价值升华和意义创生。而这些，正是学生知识学习深入到意义层面的重要表现。

深度教学强调深度的对话，深度对话则表现为学生与教师、同伴、文本和自我的多元对话。在深度对话的教学视野下，学生的学习不再是消极、被动的过程，而是在与教师、同伴、文本及自我的平等对话与深切交流中不断对所学的知识进行理解和内化，从而生成新的个体化知识和意义理解的过程。通过多元对话，学生获得的知识就不仅仅是固化的符号知识，而是深入到了知识的内部，获得了知识对个体发展的真正意义，如高尚的思想、伟大的情怀、纯真的品质和正确的价值观念。

评价学生是否获得了知识，不能仅仅以知识的数量作为衡量标准，而应该以学生是否获得意义作为标准。深度教学通过教学内容、目的和方式的思维转向，能够实现学生的知识学习达到意义标准的教学目标。教师通过引导学生学习符号知识获得知识的丰富意义，学生获得的就不仅仅是"关于世界的知识"，更是获得了"加入世界的知识"，既有"心智"，更有"心事"。①

---

① 赵汀阳. 心事哲学（之一）[J]. 读书，2001（3）.

深度教学的学习论基础

论学习观的变革：学习的边界、境界与层次

郭元祥

学习不是对知识的简单加工，不是单一的知识训练活动，而是复杂的、深层次的、多向度的意义建构活动。多年来，工具性、功利性、程序化、单向度的学习观将中小学教学导向了日益封闭的境地，学习被无限地窄化和矮化，导致了表面的学习、表层的学习和表演的学习，学习观日益狭隘化，学习的边界过于狭窄、封闭、单一，从而极大地折损了学习的丰富性及其发展价值。深化课程改革，培养学生的学科核心素养和关键能力，必须切实转变学习观，跨越封闭的学习边界，提升学习的境界，引导学习变革真实有效地发生。

一、学习的根本意义在于促进个体的精神发育

究竟什么是学习？教育心理学上关于学习的理解可谓流派纷呈，从桑代克的刺激—反应学说（即 S—R 学说）、格式塔完型学说、符号学习说，到皮亚杰的心理运算学说，布鲁纳、加涅的认知加工理论，再到班杜拉的社会学习理论、奥苏伯尔的意义学习理论，以及后现代的建构主义学习理论，我们不难看出，学习是一个非常复杂的过程，绝不是当前中小学教学实践中反映出来的对知识进行"接受＋训练"的狭隘学习观。

（一）学习作为个体的发展过程

学习问题是个亘古至今永恒的问题。"学习"的概念从一开始就具有非常丰富的内涵，不仅仅是指知识学习，而是指向人的发展。被称为世界上最早的一本教育学著作《学记》，探讨的核心问题就是学习、教养。《学记》开篇指出："君子如欲化民成俗，其必由学乎"，此"学"乃教育之意；"玉不琢，

不成器;人不学,不知道。是故古之王者建国君民,教学为先",言简意赅地指出了教学的根本宗旨在于"成人"。《学记》用较多的篇幅阐述"教"与"学"的辩证关系,认为只有通过"学"的实践,才会看到自己学业方面的差距,即所谓"学然后知不足,教然后知困"。《学记》其实不是记学,而是论学,是学论。《学记》之"学"不仅仅是指"学习",而是指"教育","学"是指向人的成长的活动。[①]《论语》开篇"学而时习之,不亦说乎"讨论的也是"学习"。古代虽有"半部《论语》可治天下"之说,其实,《论语》的核心是论学,即为学之道、为事之道和为人之道。荀子的《劝学》也是论学或学论,开篇"君子曰:学不可以已",就开宗明义地指出了学习是一个持续的丰富的过程;"蓬生麻中,不扶而直",意指环境学习或社会学习;"学恶乎始?恶乎终?"显然探讨的是道德学习。[②]《劝学》的本意不是劝学,而是论学,应用类比推理等方法,对师与生、教与学、学习环境与学习资源、学习过程与学习方法等基本范畴进行了深刻的论述。我国古代思想家和教育家所论述的"学习"具有非常丰富的内涵和意蕴,其宗旨皆指向人的道德完善、理智健全,成为善思、守道、崇礼之人。学习是一个边界宽广、内蕴丰富的概念,但"发展"是其核心旨趣。

20世纪以来,心理学认为:学习是有机体为了适应环境的需要而不断积累经验、改变行为的过程,但是并不是所有行为变化都是学习的结果,还有本能、成熟等其他方面对行为的影响。"学习是指学习者因经验而引起的行为、能力和心理倾向的比较持久的变化,这些变化不是因成熟、疾病或药物引起的,而且也不一定表现出外显的行为"[③]。可见,学习与经验、行为、能力、心理倾向、行为变化等变量直接相关联。不引起经验和行为变化的活动不是学习。在日常的理解中,人们往往把认知和认知过程等同于学习,其实认知是与脑细胞和神经胚胎的发育相关的,学习不等于认知及认知过程。学习与有机体的发育甚至认知的发展都不同,有机体的发育和认知的发展与胚

[①] 据郭沫若考证,《学记》为孟子的弟子乐正克所著,言简意赅而又系统地论述了教育和学习的地位、价值、目的、原则、方法等基本范畴。

[②] 荀子. 劝学.

[③] 施良方. 学习论 [M]. 北京:人民教育出版社,2001.

胎发育的整个过程相关联，而学习则不同。学习的发展性是与经验、行为和观念的变化相关联的。皮亚杰在1964年发表的《发展与学习》一文中，明确表达了这一观点。他认为学习与认知的发展"表现出与此相反的情形"，学习不是由胚胎发育引起的，而是由"情境所激发的"，"发展解释着学习"。① 因此，我们可以把学习理解为发展过程，尤其是指经验、行为、观念和精神的发展过程。在课堂教学过程中，如果不能激活学习者的经验，不能引起行为和观念的变化，不能引起学生的精神充盈与丰富，只是"知道了"许多关于外部世界的信息，那就不是学习，或者根本没有真正引起学习的发生。从此意义上说，学习即发展，学习是促进个体精神发育的全部过程。

联合国教科文组织在2015年发布的《反思教育：向"全球共同利益"的理念转变？》报告中指出："学习是特定环境中的多方面的现实存在。"② 这一观点隐含着对学习的丰富性、深刻性的理解，"特定环境"和"多方面的现实存在"决定了学习的本质。首先，"特定环境"是决定学习发生和学习过程的重要因素。环境不同，学习也不同，学习的发生依赖于特定的环境，引起学习的环境是多样的和复杂的。人们通常理解的环境是课堂，从而把学习理解为在课堂情境下围绕知识点所展开的所有活动。无疑这将学习狭隘化了，封闭了学习的边界，甚至把学习的边界仅仅限制在围绕那几个知识点展开的活动上，这是当前我国中小学教育中普遍存在的问题。其实，自然环境、社会环境、人为控制的实验室环境、场馆场所和场景都是学习的重要途径。其次，"多方面的现实存在"表明了学习的丰富性和深刻性。一方面，学习活动是多样化的活动，符号学习和知识训练是学习的一种形式，生命感悟、技术体验、社会参与也是学习，都能引起学生内在心理价值观念等方面的积极改变；另一方面，学习一定是学生作为主体的实践活动，无论是认知性学习，还是体验性学习，都具有实践属性和过程属性。作为具有过程属性和实践属性的"现实存在"，学习活动总是指向问题中心的，问题分析、问题探究、问题解决是学习作为一种"现实存在"的实践活动的根本出发点。纯粹的以符号理

---

① 皮亚杰. 皮亚杰教育论著选［M］. 卢睿译. 北京：人民教育出版社，1990.
② UNESCO. *Rethinking Education：Towards A Global Common Good？*［EB/OL］. http://www.unescocat.org/en/rethinking-education-towards-a-global-common-good.

解或知识理解为目的的认知性学习注定是远离现实的存在，因而，局限于符号占有和知识训练的学习，必然导致远离生活、远离社会、远离文化、远离经验等诸多弊病。

学习是人的成长方式，是学生作为人的生长过程的目的性的现实活动。尽管知识学习是学生学习的重要方面，但真正的学习是追求知识对于学生的生长意义及其价值实现的过程，从此意义上讲，学习即发展，学生的变化过程和变化状态体现了学习的层次和深度。苏联教育家赞科夫之所以强调"教学即发展"，强调要让学生真正进入学习过程，正是看到了学习作为发展的活动特性和过程属性。学习是通过认知活动、情感活动、意志活动等心理过程，理解外部世界的本质及其规律，并建立自我与外部世界关系的过程。在这一过程中，通过知识理解、社会认知、文化反思、环境参与等活动，学习者获得自我内在精神的发育和发展而实现学习的成长意义。学习者的个性化和社会化，是学习导向发展的两个根本宗旨。

十多年来，国际上兴起了"无边界学习"的新理念。"无边界"的本质是要求超越封闭的学习、单一的符号学习，实现学习的丰富性。"无边界学习"确认了学习的丰富内涵和多维的意义向度。学习不只是认知性的，更是实践性的；学习不只是为了掌握书本知识，更是追求通过知识引起学习者内在素养的变化；学习不只是在传统的课堂环境中发生的活动，更是多元的环境中发生的活动。正如深度学习所追求的那样：学习需要追寻知识的广度、知识的深度和知识的关联度，需要引发学习者的高阶思维，建立知识与情感、与文化、与想象、与经验的丰富关联性，引起知识作为精神种子在学生心灵中的意义生长。[①] 无边界学习的积极意义就在于回归了学习的社会本质和价值丰富性，重视特定环境的多样性和丰富性及其发展价值，突显了学习的实践属性和过程属性。人们日常理解的学习，把学习看作是学生课前自学和预习、上课听课做笔记、下课训练做作业等活动。其实这仅仅是涉及了学习的诸多内容的一个方面，即符号知识的学习，或者是接受性的学习，显然是一种狭隘的学习理解。当前中小学教学中最突出的问题之一便是实践学习的普遍缺

---

① 郭元祥. 论深度教学：源起、基础与理念［J］. 教育研究与实验, 2017（3）.

失，学习意义向度的迷失，以及对教学过程的刻板化、流程化、技艺化的设定和规框。

学习的边界不是一个反映学习空间和环境的物理概念，也不是一个指向学习内容的学科界限概念。对于人的发展而言，特别是在当下追求发展学生的学科核心素养和关键能力、培养学生的文化自信的背景下，尤其需要克服狭隘的、封闭的学习观的局限性。长期以来，人们总是一谈及学习，就是指向知识的学习特别是学科知识的学习，甚至指向点状的知识学习，或者将学习仅仅理解为一种认知过程，把学习仅仅看作是认知学习；或者在空间上把学习仅仅看作是在规范的课堂空间所开展的活动，即课堂学习，甚至至今人们依然认同"课堂教学是主渠道"如此狭隘的观点并将其视为教育规律。至于简单的学习程序翻转和粗暴的教与学的时间分配，更是窄化了学习的边界，矮化了学习的发展价值，从而导致学习方式的变革丧失了其发展性的意义达成。狭隘的学习观看重的仅仅是正式学习或格式化学习，忽视了非正式或非格式化学习，画地为牢，将学习仅仅看作是以符号知识训练为主的活动，其内在根源是忽视了学习的实践属性、过程属性、社会属性和文化属性，割裂了知识与社会、与生活、与文化、与情境的丰富关联性。跨越学习的边界，实现学习的丰富性和广阔性，是引导学生深度学习的根本条件。

（二）学习的意义向度：学习是个体精神发育的过程

学习是个体追寻与创造意义的实践活动，一方面表现为个体对知识意义的追寻。个体的知识学习始于符号，始于对符号的感知、认识、理解、接受与传递，然而，在个体知识学习的过程中，符号仅仅是个体学习的基础，个体的知识学习不能止于符号，而必须超越符号，获得符号背后的意义，意义创生是知识学习的必然追求。站在教育学的立场上认识知识，知识不仅仅是作为人类认识成果的事实性存在，更是一种价值的存在与意义的存在。将意义从知识中抽离出来，知识便成为毫无意义的符号。知识脱离了意义，就失去了知识最本质、最核心的要素，学生的学习也就变成了毫无意义的机械记忆与静态传递。脱离了意义的知识学习缺乏个体对知识意义的个性化认识，是共性的；缺乏个体对知识价值的理解，是事实性的；缺乏个体对自身生命的观照，是物性的。个体的知识学习在很大程度上就是通过符号对意义世界进行的探索，学生学习的过程实质上是对符号所表达的意义的理解与把握的过程，这种对符号所表达意义的理解和把握既包括符号所指称的含义，亦包括知识与人的发展之间的一种价值关系。另一方面，表现为学生在学习过程中对人生意义的创造。在学习活动中，学习主体（实践主体）通过对象化的活动将自身的本质力量作用于特定的客体或者活动，特定的客体或活动又反过来作用于实践主体，使主体实现自我理解、自我确证、自我实现以及自我超越，进而获得精神的充盈、生命活力的激发、自我素质的提升、主体性的自由创造以及人生境界的升华。通过学习，学生逐渐学会思考各种社会现象，反思生活，体验和感悟人生意义，形成一定的态度与价值观、人生观，从而使心灵世界得到拓展和丰富。这也是笔者把"学习的自我感"作为深度教学的内在发展性标准的根本原因。

学习作为满足人的成长需要的活动，本质上具有实践属性。日本学者佐藤学教授提出学习是"以交往与对话为特征的活动"[①]。他将学习界定为一种"对话性实践"，即学习者与客观世界的对话、学习者与他人的对话、学习者与自身的对话，学习就是一种"构筑世界""构筑伙伴""构筑自身"的实践。学习活动本身内在地包含着学生与自然世界、学生与社会世界、学生与自我世界的三重关系，因此，学习是一种三位一体的特殊实践。首先，从学生与学习内容的关系来看，学习是认知性、文化性实践。在学习活动中，个体与学习内容之间不断进行着客体主体化、主体客体化的实践活动，作为客体的知识实现了人化，不断向人生成，逐渐获得属人性质，成为个人化的知识；作为主体的人通过思维、认知、体验等活动，实现对知识的改造，吸收知识的价值和意义，重新建构包括他的需要、能力、知识结构、思维模式等等在内的心智结构，实现人的本质力量的确证与增加。其次，从学生与他人的关系来看，学习是交往性、社会性实践。学生在学习活动中通过交流、沟通，创造了师生关系、生生关系，师生关系、生生关系既是学习关系，又是"伙伴"关系。从学生与自我的关系来看，学习是伦理性、存在性实践。在学习

---

① 佐藤学. 学习的快乐——走向对话［M］. 钟启泉译. 北京：教育科学出版社，2004.

过程中，学习是一种以自身为对象的特殊实践，是一种人性自我建构的实践活动。在自我建构的实践活动中，学生既是学习活动的主体又是客体，通过主客体的相互作用而不断改造自己、发展自己、完善自己，对自身已有的心智结构进行审视与反思，"积极推进已有心智结构按所需要的方向发生相应的变化，实现预期目的对象化、现实化"①。由此可见，学生在学习这种特殊的实践中既改造了外部世界，也改造了自身内部世界，在这个过程中不断地扬弃外部世界和自身主观世界的自在性，实现对客观世界和自身的超越。

作为个体精神发育过程的学习，不是一种表面、表层的对符号的认知加工活动，而是与主体的社会活动和精神活动密切关联的。学习的实践属性决定了学习必定是丰富性、多层次的活动。认知是学习活动的起点，如果把起点当作学习活动的全部，必定陷入单一的符号学习的泥潭。从学习的角度看，表层学习、应试训练的局限就在于将学习活动及其过程线性化、单向度化，从而导致对学习者精神发育的漠视。深度教学强调突破知识占有性和接受性学习的狭隘边界，丰富学习的层次和境界，实现无边界学习。

二、学习的境界：理解、表达与意义

笔者认为，学习本质上是主体以理解为基础与自然世界、社会世界和精神世界的对话活动，理解是对话的唯一前提。学习也是主体通过理解和对话，进入和体验自然世界、社会世界和精神世界的活动，体验和表达是主体"进入世界"的基本方式。学习更是通过"进入世界"，寻求"可能生活"并实现人生意义的过程，反思是主体追寻人生意义的基本方式。因此，笔者认为学习的三重境界是：理解与精神的对话、体验与感悟的表达、交往与意义实现，笔者把这三重境界看作深度教学需要达成的学习境界。

（一）理解与精神的对话

人们通常认为认知是学习的基础，其实，认知不是学习的基础，而是学

---

① 鲁洁. 教育：人之自我建构的实践活动 [J]. 教育研究，1998（9）.

习的起点，认知的目的是为了理解，理解是一种更高层次的认知。失去了理解，也许学习对生活、对人生仅仅具有工具意义，而不能作为一种生活方式。当前中小学教学的弊端之一，就在于把认知作为一种完全的生活方式，而且更片面的是仅仅强调认知的知识性结果，从而导致了课堂教学只有知识而没有生活，只有符号而没有精神的发展，课堂教学呈现出表面化、表层化、表演化等弊端。

传统教育关于理解，似乎强调的是认知的结果，或是一种纯粹的认知过程和思维活动，没有看成是人的一种存在方式。什么是理解？这是个很难用一句话说清楚的问题。在心理学上，理解往往是指一种具体的认知过程。在教育过程中，理解往往具有"学会""弄懂""掌握"等表示认知结果的含义。在人际交往中，理解等同于人对人在"情感"上的沟通和认同。理解对人生和生活具有普遍的意义，理解不是一般意义上的具体的认识活动或认知活动的一个阶段，而是人存在的方式。理解着，人就存在着、生活着，理解弥漫在人的一切活动之中：解释、思想、情绪、行动、语言等等。因而，我们不能仅仅把理解视为精神主体的活动，而要看作是人的独特的生活方式和人生的过程，在这个过程中，理解、应用、解释同时融为一体，推进着人的生活。理解是人的存在方式，理解是人生的起点，也是人生活固有的特性[①]。儿童在教育活动和其他活动中，同样需要理解，没有理解儿童就难以生活。儿童心理学的实验研究表明，婴儿在处理与外界的人和事物的关系时，就有了理解，"理解"贯穿婴幼儿发展的全过程。[②] 在教育过程中，儿童通过对教材所提供的范例的理解，来形成自己对人生和生活的看法，并以此为基础建构自己的生活方式。美国学者阿特金斯认为，儿童在与课程和教材的接触中，实际上是以教材为理解文本来理解人生的意义。[③] 在儿童的日常生活和教育生活中，理解的目的不是为了掌握与获得某种实用的知识，理解就是儿童生存、发展

---

① 殷鼎. 理解的命运 [M]. 北京：生活·读书·新知三联书店，1988.
② 南京师范大学一位学者曾经做过一项关于婴幼儿"理解"发展的观察研究和实验研究。该实验表明：婴儿一出生，就有对妈妈、对环境、对声音、对玩具的不同理解，理解贯穿儿童的发展过程，即人生过程。
③ 阿特金斯. 释义学与课程理论 [J]. 郭元祥译. 现代外国哲学社会科学文摘，1989 (12).

的基本方式，按照生命哲学和本体论的解释学和批判的解释学的理解，"理解"对人生具有本体论的意义和生命意义，它与人生和生命存在融为一体。

关于理解，鲁洁教授提出了一个重要的命题：人对人的理解是道德教育的基础。如果她是从哈贝马斯所说的"社会世界"及其对应的道德事务来揭示理解的教育的话，那么，人对"客观世界"及其对应的自然事务的把握也需要理解，人对"主观世界"及其对应的人格同样需要理解，理解对学生的生活来说，具有普遍的意义和价值。生活是伴随认知的动态的活动过程，这一动态过程始终贯串着儿童对现实生活和对可能生活的理解。从此意义上说，理解生活或人生的真谛，是教育的基本要求，离开了对学生理解的关注，一切知识、信息、观念都采取灌输、给予、死记硬背、标准化规定的解释等方式，儿童的生活就丧失了"理解"这种基本生存形式，那么，教育怎么可能充满对学生的人文关怀？

对话是人与人之间交往的基本方式。学习需要主体与自然世界、社会世界和精神的对话，这是一种生命对话。所谓生命对话，是指用生命对待生命，用生命体验对待生命体验，以唤醒生命意识，觉醒生命观念。通俗地说，生命对话就是以心换心、用心育心。对话，是主体之间平等的互动过程。对话是人与人之间平等交流的活动，对话的基本前提是主体间的理解。平等相待，是主体之间开展对话活动的基本前提。不平等，不民主，不尊重，不可能有真正意义上的对话，只可能是训话。没有理解也不可能产生对话，缺乏理解的对话双方，在交流过程中，往往会产生无尽的误解和冲突，自说自话，目中无人，是难以通过对话来产生人对人的理解的。对话的内容，即话题，是主体间关注的问题。因此，从本质上看，对话是人对人的理解过程，是人对人的尊重过程，是人对人的精神引导和相互启发的过程。

对话不是单纯的言说，而是多维的互动。对话是一种教学精神，一种教学理念。对话是教师和学生之间基于教学内容的心灵的交流，精神的契合，它包括知识内容的传授，生命内涵的领悟，意志行为的规范，性格品质的形成。因此，对话并不仅仅局限于言语的交流，它可以是一个眼神，一个手势，一个微笑，每个动作和神情都代表着不同的情感、不同的思想，它们是师生之间知识的汇聚、思维的碰撞、思想的交锋、情感的融合，是在交流过程中自然而然达成的"共识",而不是计划好的、讲好的,或有某种意志的。对话不单是一种言语行为,更是一种内在的精神活动。教学过程中师生的对话有表层对话和深层对话之别。对话的外部表达形式是言语交流,即表层对话,而深层对话则与理解、反思、批判和建构等活动相关,对话的目的在于启迪智慧,提升观念,深化理解。因此,有发展意义的对话活动应是深刻的、多维的师生互动活动。对话不是机械的接受,而是生成的理解。对话不是一味地接受他人的思想观点,而否定自己的;也不是强迫他人同意自己的观点,或是努力地去说服、辩解,希望他人的思想和自己的一致。对话是一种双向的交流,交流双方在各自经验的基础上,不断向对方展示自己,在他者中发现自我,在自我中发现他者,这个认识的融合过程也是对他者的体验和体认、对彼此差异的认可的过程。在教学中,师生对话不是让学生机械地背诵,积累符号知识,而是使学生形成对知识的批判认识;亦非学生对教师所讲的全盘吸收,而是学生对知识的整合、权衡和认可,从而转化为个人精神整体的一部分。学生对生命意义的理解和觉悟,不是靠知识的传授和习得而达成的,而是靠生命领悟而实现的。

(二)体验与感悟的表达

体验(Lived Experience)是建立在理解基础之上,以客观对象为中介,通过亲身经历或移情,获得对人生的新的理解的过程。其基本的活动方式是在经历或亲历基础上的理解。体验的结果是体会,体会是一种具有结果性质的理解。在杜威那儿,经验就是儿童的体验,所以他说,人在经验之中,通过经验,进行经验的改造,而教育作为建构儿童人生具有生长意义的活动,就是儿童经验的不断的改造或改组。儿童的体会从哪里来?从活动中来,从做中来,从而他把"从做中学"奉为至上的教学信念和法则。体验有认知的成分,但不是一种单一的认知活动,而是一种理解活动。我们说,理解是儿童的生活方式或生活形式,为什么有"理解",还需要有"体验"?这与理解的前提有关。从教育学的角度看,体验是指学生在学习过程中对教材内容内化后,在特定的教育情境中的内心反省、内在反应或内在感受。体验是学生在教育过程中认知、情感和意志综合作用的结果,它们涉及对自然事物、社会现象和人自身的评价和观点。体验既是通过身体力行来进行的，也可通过心理移情来进行。把自己置身于某种特定的情境，或设想自己处于某种状态而产生特有的体会。美国教育理论家乔治·布朗（George I. Brown）在他的《生动的课堂》（*The Live Classroom*）一书中称之为精神的"幻想旅行"（Fantasy Trip），并认为生动的课堂只有通过精神的"幻想旅行"，学生在精神上才会有"高峰体验"（Peak Experiences）。① 理智感、道德感、美感就是通过理解和体验来获得的高峰体验。

感悟（Reflection and Insight）是在认知、理解、体验的基础上的自我觉醒，是人对生活意义的内在追问，更是通过学习的意义自我表达。从此意义上说，感悟是学生在生活情景中对自在生活的观照，是学生在认知、理解和体验基础上对可能生活的觉醒。离开了感悟，学生便会不自觉地成为片面生活的奴仆。感悟是一种综合性的学习活动，它包含着认知、理解和体验。从心理学的角度看，感悟既有感性认识的成分，又有理性认识的成分，还有直觉思维的成分；既有理智的成分，又有情感的成分，既是认识的过程，又是实践的过程。感悟的核心是人的自我意识的觉醒。人在生活过程中，"生活世界"为人的感悟提供了对象，认知为感悟提供了工具。而理解、体验则是感悟的必经阶段。感悟作为一种生活形式，强调作为生活的主体的人在生活过程中发挥主体性。感悟是人的自我意识的内在活动，它从来就不可能是被给予的。"悟"是人的生存的一种境界，只有发挥了主体性的人，才能在处理与自然事物、社会事务的关系的过程中有所"悟"。没有主体性的人，是不可能有感悟的。感悟的结果是意义，尤其是人的生活的意义。"悟"的结果是"道"，这"道"不是某种具体的技术和策略，而是人生的目的，是人的生存方式。从岩石缝中挺拔而生的松树，人们感悟出的是坚强和刚毅，从玫瑰花中感悟出的是爱慕之情，从滴水穿石中感悟出的是持之以恒，从《农夫和蛇》中感悟出的是对险恶之徒的识别与提防。感悟总是指向着事物对人生和生活的意义，没有感悟，人怎么可能自我确立自己的人生观念，更新生活方式，调整自己的人生坐标？

---

① Brown, G. I.. *Examples of Lessons, Units, and Course Outlines in Confluent Education*. In G. I. Brown. *The Live Classroom*. New York, NY: Viking, 1975.

（三）交往与意义实现

交往（Communication）也是人的一种基本生活形式。什么是交往？我国学者对交往的认识也有较大的差异。如有的认为"交往是一种相互沟通、相互认识、相互作用的相互性"[①]；有的认为交往"主要是指语言、会话上的交流和传播、传达和交际，是一种寻求共识的永不停息的过程"[②]。西方社会学对"交往"有不同的定义。"符合互动理论"认为，交往是人通过使用符号来协调人们之间的行为，以求得相互之间的沟通和共识的活动，而"对话理论"则认为交往是人与人之间的一种平等的对话活动。最有代表性的是哈贝马斯批判理论中的"交往行动理论"的解释："交往"是指至少两个具有言语和行动能力的主体之间的互动。[③] 无论如何定义"交往"，我觉得，"交往"的实质是人与人之间借助于言语和非言语行动进行的情感的沟通、心灵的对话和人格的相互影响。印度伟大的诗人泰戈尔用诗阐述了交往的本质，即"心灵与心灵相见"。

为什么学生的学习需要交往？因为学生是在人际关系和社会关系中成长、生活的，人的生活、人生是在社会关系和人与人的关系中展开的，即所谓的"人在世界中""人在他人中"。按照马克思主义的理解，人的本质可归结为一切社会关系的总和。处于社会关系中的人，就是在这种复杂的关系中存在、发展，人生的意义就在对社会关系的把握过程之中。每个人都有个性，要理解个性，理解差异，只有通过交往才能求得沟通。再者，心理学研究表明，交往是儿童社会化和个性化的必要途径。儿童只有通过与他人交流信息，沟通情感，互通思想，才能更好地理解自我，形成自我。交往是儿童生存和发展的必要活动。在教育史上，不少教育家特别重视儿童的交往需要，并视之为儿童的一种生活方式。杜威认为，儿童有"语言社交"的本能，并强调儿童的"社交冲动"是一个巨大的教育资源，他为了利用这一教育资源，试图

[①] 邵伏先. 人际交往心理学 [M]. 重庆：重庆出版社，1988.
[②] 曹卫东. Communication（交往）[J]. 读书，1995（2）.
[③] 宋林飞. 西方社会学理论 [M]. 南京：南京大学出版社，1997.

把实验学校办成"小规模的合作化社会"①。在杜威的教育理论和实验体系中，毫无疑问，"交往"是作为儿童生长或生活的一种重要形式。当然，杜威所强调的"交往"中还包括着"合作"，杜威指出："什么地方学校的作业只在于学习课文，互相帮助就不是一种合作的和联合的自然形式，而变成了解除邻近同学固有的义务的一种秘密行为。"②"合作"作为一种生活方式被视为促进学生生长的必要条件，对此奈勒（Kneller，G.）分析道："因为儿童只有通过与别人互相联系而生长"，所以"他不仅要学会与别人合作，而且要学会与别人互让。他必须不仅要学会如何在一个由许多人组成的团体中生活，而且还要学会使个人明智地适应这些人的需要和理想。儿童的教师应当比现在更懂得团体活动的特点，并更知道个人在团体活动过程中所起的作用"③。20世纪70年代以来，美国教育中兴起了合作学习理论，合作学习理论认为，课堂是学生人际互动的主要场所，建立合作交往互助的关系，是实现学生群体合作目标的基本手段。而在社会学习理论那里，人际交往技能的学习变得更加重要，罗米斯佐斯基（Romiszowski，A.J.）在教育目标分类中，还专门设计了"人际技能领域"（Interpersonal Skills Learning）的教育目标，以此来弥补布卢姆（Bloom，B.S.）的教育目标分类学的不足。这些改革从教育的角度说明交往对儿童生活、生存和发展的意义。因此，可以肯定地说，交往是儿童生活的一种基本方式。交往的人生意义或生活意义是十分重要的。在日常生活和教育生活中，儿童交往有其特性。儿童交往的目的不具有功利性和工具性，其根本意义在于促进发展，形成个性，即人化。儿童交往的对象主要是两大类：成人和同伴。儿童在与成人的交往中，交往双方的平等意义远甚于儿童与同伴交往的平等意义。在学校教育中，儿童的交往活动主要是师生交往和生生交往。儿童交往的背景则应具有教育性和发展性，从这个意义上看，儿童生活的物质空间和心理空间影响着儿童的交往。

---

① 凯瑟琳·坎普·梅休等. 杜威学校［M］. 王承绪等译. 上海：华东师范大学出版社，1991.

② 杜威. 学校与社会进步//华东师范大学教育系，杭州大学教育系. 现代西方资产阶级教育思想流派论著选［M］. 北京：人民教育出版社，1980.

③ 奈勒. 教育学的基础//陈友松. 当代西方教育哲学［M］. 北京：教育科学出版社，1982.

交往既是一种学习方式，更是一种生活方式。教育过程中的师生交往、生生交往并不应该由教师来决定，交往是儿童内在的心理需要或精神需要，因而，交往应渗透在儿童生活的每一过程、每一行为。可以说，没有交往就没有理解，没有交往就没有体验和感悟，甚至可以说，没有交往，儿童就没有了完整的生活。当然，交往不是机械的、重复的、浅层次的"小组合作"，真正有效的交往是建立在问题解决、复杂情境、多层次互动的基础之上的，深度教学追求有价值的交往。

三、学习的层次：学习的丰富性

学习的边界不是一个物理空间和认知空间的判断，而是一个广域意义的概念。严格来说，任何学科的教学在知识内容上都是有基本范围和界限的，教学活动也是一个有涯的过程，都有时间和空间的局限，但知识的意义达成是无界的。狭隘的学习和教授往往是为了知识而局限与知识符号层面的局限，是一种"点状"学习或教学，而不是意义的广域性学习，不是"网状"学习和立体的多维学习。突破知识训练的局限，无边界学习需要突显学习知识的广度、深度和关联度，以符号知识学习为基础，丰富学习的层次和意义领域，达至学习的高阶水平。从深度教学的视野看，无边界学习注重引导学生通过符号知识的理解，实现知识和学习对于学生成长的五个层次。

（一）科学认知

知识所表达的事物或事务的内在规律，是客观事物内在规律在人脑中的反映，学习的首要基础便是通过符号知识学习来理解事物或事务的本质及其规律，形成对客观事物的科学认知和正确理解。学习的出发点根本就不是学习符号知识，而是通过知识来认识和理解事物的本质、理解事物的内在关系及其规律、理解并建立关于事物和事务的基本思想，形成正确的认识和理解事物的思维方式。深度学习和深度教学之所以注重引导学生在知识的广度、知识的深度、知识的关联度上来理解事物，根本的目的就是要超越表层的符号理解，由符号学习导向科学学习和思想建立。

从科学认知的角度看，学习过程是以理解为基础的学科思想建立的过程，是一个基于理解引发探究的过程，而不是一个符号理解的过程，符号的理解其实只是科学认知的第一步。当前我国中小学的教学改革往往把重点放在由谁来发动学习、由谁来引导理解、用什么程序来进行符号理解，笔者认为这种改革仅仅是对学习过程的工具性的改变，而难以真正实现学习的发展性价值。从深度教学的角度来说，点状的教学、表层的符号学习之错就在于将学习过程以知识点为根本画地为牢，使得学习过程丧失了理解的深刻性和价值的丰富性。

知识是以符号的形式记录或存在的，符号是知识的外衣或外壳，思想才是知识的内容。从知识的内在构成来看，知识之后是什么？显而易见，是符号所掩盖的思想、思维方式、价值观和思想意识。科学认知是揭示、理解和掌握科学原理、科学思想、科学方法的学习层次，是对符号隐藏的思想和方法的内化过程。知识教学超越符号表征及其现象，必然将走向思想的建立、思维方式的确立、思想意识的形成，以及向核心素养的转化。真正的知识，其实是关于世界的思想以及看待世界的方式，不同的学科领域为人们提供了认知世界不同领域的基本思维方式和基本思想。英国课程理论家赫斯特（Hirst, P.）在《知识与课程》中讨论知识的价值时说：最有价值的知识是人类认知世界的七八种逻辑形式。这种所谓的"逻辑形式"是关于世界的基本思维方式和核心思想，是知识内在构成中最有价值的组成部分。知识教学务必要让学生理解并建立知识所承载的学科思想。

从内容上看，知识的本质是思想、文化和思想意识。科学认知的核心是理解事物和社会事务的本质及其规律，建立学科思想。所谓学科思想，是对学科事物或学科事物的某些方面或问题的概括性的、总结性的、综合性的、规律性的认识（看法、见解），是人们在对学科事物感性认识基础上进行分析、概括、抽象、整合和辨证等思维活动后的产物。学科思想常用于指涉及的问题带有战略性、达到一定境界，并且往往已经通过若干事实验证、为人们认可的理论认识体系。学科思想在各领域中对深化认识和改进实践，具有世界观和方法论层面的价值和意义。从学习过程的角度说，学科思想是一系列的学科信息输入人的大脑后，经历一个包括采集、整理、汇总、分析、判断等细节得出一个成型结论的复杂过程,形成的一种可以用来指导人的行为的认识体系。理论上来看,学科思想的形成离不开学科知识。学生学习学科知识的同时,形成了关于认识学科研究对象的学科思想。但是,知识和学科思想之间的关系不是线性的,也就是说,并非知识学得越多,获得的学科思想就会越多。学科思想与学科概念、观点、理念、方法有所联系,也有所不同。概念是事物本质的反映,是对一类事物进行的客观概括表征。概念也是一种思维形式,是人类思维的最基本单位。观点不仅指观察事物时所处的立场或出发点,也可以指对具体事物或问题的看法。理念也是思考活动的产物,已经初步获得理性和实践的支持,但是仍然不够丰满、充实,有待进一步验证、充实、完善和发展。方法是指为获得某事物或达到某目的而采取的手段与行为方式。

学科思想具有学科差异性。数学学科的基本思想是数学思想,比如对称思想、确定性思想、不确定性思想、排列组合思想、数形结合思想、微积分思想等等,可以说,数学学科发展史就是一部数学思想的发展史,是人类应用数学思想改进生产生活的实践史。数学知识的教学如果仅仅停留于对公式和定理的记忆与解题方法训练,而不真正理解数学知识所隐含的数学思想,学生是难以把握事物的数学现象及其规律的。语文学科的基本思想是普遍的思想意识和为人的核心价值观念以及文化思想。文以载道之"道"便是思想,是为学、为事、为人的基本态度和思想意识。语文学习如果不深入到思想层面,其教学就永远只能停留在语言知识或文学知识的学习层面,更难以陶冶情操、启迪心灵。笔者在前面所谈及的教学的文化敏感性和文化包容性问题,其中便涉及大量的文化思想学习问题。当然,学科思想的建立是离不开学科逻辑、学科独特的思维方式的。如数学学科中数学思想大多既是思想的具体内容,也是思维方式;历史学科的基本思维方式是反省性思维,是对历史和文化的尊重与觉醒。学科思想对于学科教学而言,是具有陶冶情操、启迪心智、孕育灵魂的教育价值的。

(二) 技术体验

知识作为人类的认识成果,总是指向人类不同领域的实践问题的,知识所凝结的思想和方法为人们进行问题解决提供了有力的支持。从此意义上说，任何知识都内在包含着技术的成分。技术本身又是关于分析和解决问题的概括性、规律性、普遍性、系统性的总结性观念和系统性的方法与方法论，技术与思想是一对孪生子。思想是对技术本身的哲学思考和理性概括，思想的丰富性和深刻性，体现了一种技术的理性化程度，技术创新本质上是思维方式和思想的创新。因此，知识学习必须在科学认识和理解的基础上，导向技术实践，即问题解决的过程与方法体验。技术体验，也成为技术学习、应用学习，是学习向更高一级层次学习转化的必经阶段。从科学认知到技术体验，是知识学习的第二个层次。当然这种技术学习并不是指任何知识的学习都要与工具性的技术相关联，而是在应用思想和方法的基础上学会分析解决实际问题。正是因为分析解决问题的需要，知识学习需要从科学认知和理解走向对问题情境的沉浸，导向对知识所凝结的思想和方法的体验与应用。

学习不是一个从符号到符号的过程，而是一个从符号到思想，再到问题情境和问题探究，以及问题解决的过程。问题解决不仅仅依赖于理性思维，也依赖于特定技术环境、主客体相互作用的过程，依赖于手段、工具和环境，也就是依赖于活动。皮亚杰认为，"儿童应通过动作进行学习"，动作学习发生的起点就是"主客体相互作用唯一一个可能的联接点——活动"[1]。他所说的"活动"，不是纯粹的理性思维活动或认知过程，而是动作、操作、应用、探究，是基于实践的问题解决。技术体验是由符号学习走向应用、走向问题解决的重要阶段，其本质是应用学习（Applied Learning），尤其是在开放情境中借助一定的手段和条件解决复杂问题的应用学习。为了指导学生在各门课程中的应用学习，美国经济与教育中心和匹兹堡大学教育学院就联合研制了美国中小学英语、艺术、数学、科学课程的应用学习标准。在课程标准中，应用学习的基本标准是表现性标准，是关于课程学习过程中学生学业表现（Performance）的规范，是对学生学科应用学习方式和学习过程的形象刻

---

① 皮亚杰. 皮亚杰教育论著选 [M]. 卢濬译. 北京：人民教育出版社，1990.

画。① 应用学习的基本目标是发展问题解决能力、动作技能，积累具体科学领域的活动经验，特别是学生在学科经验和学科能力上所能、所应发生的具体变化。表现性标准是学生经历丰富、完整和规范的过程性履历、方法性履历之后所能、所应产生的学习结果。比格斯（Biggs, J. B.）认为表现性的学习结果应是有结构的、可观测的，即"可观察的学习成果结构"②（Structure of the Observed Learning Outcome，SOLO），由此他提出了 SOLO 学习质量评价理论。表现性的学习结果是在符号知识学习基础之上的应用学习，其学习内容是从符号知识向技术、方法和方法论的转化。

（三）社会参与

无论是科学知识还是社会知识或者人文知识，都是具有社会属性的，都与人类丰富而复杂的社会现象、社会关系、社会结构、社会运行相关联。知识学习的基本功能之一便是发展学生的社会性素养并促进学生社会化成长，从符号学习走向社会学习，是学习的应有之意。当然社会学习不是简单地参与社会，而是理解社会关系，认识社会现象，体认社会活动，为承担社会责任奠定基础。因此，知识的学习需要时刻伴随着社会理解与社会探究。所谓"家国情怀"的意识和能力，是需要建立在对社会的理性认知和理解的基础上的。

学习具有社会属性和实践属性，学习不是个体的自我蜕变的自私活动，通过知识学习，理解社会并进入，建立自我与社会的关系，学生社会化成长才能够实现。深度教学强调知识学习的深刻关联性，其关键便是建立知识学习与社会成长的关系。因此，学生的核心素养在本质上是进入社会、参与社会的必备品格和关键能力。社会参与不是指教学活动简单地参与到真实的社会情景中去，而是基于多维度地建立其知识学习与社会的关联性，通过知识

---

① New Standards. *Performance Standards*: *English Language Arts*, *Mathematics*, *Science*, *Applied Learning*. Washington, DC: National Center for Education Statistics and the University of Pittsburgh, 1997.

② Biggs, J. B., Collis, K. F.. *Evaluation the Quality of Learning*: *The SOLO Taxonomy*. New York: Academic Press, 2009.

理解建立起主体与社会的联系，构成人与社会的关系，即"我—你"关系，从而思考社会问题，建立社会责任感，发展学生的社会意识、分析解决社会问题的能力，以及各种社会活动能力。

社会参与是学习必须达到的层次，是以科学认知和应用学习为基础，建立自我与社会关系、理解社会结构、探讨社会问题、建立社会责任感的学习，其本质是社会学习。社会学习的最高境界是参与社会，而社会参与是以社会认知为基础，以社会探究、社会参与、社会服务和社会实践为主体对符号知识的拓展学习。尽管社会学习与社会现实和社会实际具有千丝万缕的联系，但不能机械地把社会学习理解为在真实的社会情境中学习。社会学习的基础依然是知识的社会属性决定的，知识的产生、知识的内容、知识的价值具有强烈的社会依存性。深度教学强调知识学习的充分关联性，其中知识与社会背景、社会现象、社会问题、社会生活的内在关联性首当其冲，这也是教学回归生活世界的根本。

社会学习的根本目的是发展学生进入社会、进入生活、参与社会的意识、责任和能力，直至改造社会的必备品格和关键能力。这正是 20 世纪 30 年代前后面对一系列的社会问题，布拉梅尔德等美国社会改造主义教育家孜孜以求的教育目标。尽管不同学科、不同知识的社会学习具有不同的途径和方式，但从知识的社会属性和教育社会属性上看，任何课堂、任何知识、任何教学，都需要把学生的社会性成长作为根本的观照，社会生存能力、社会实践能力、参与社会生活的情感态度和价值观是学习走向发展的必然境界。

（四）文化觉醒

知识是在实践的基础上产生又经过实践检验的对客观实际的反映。一方面，知识不仅是文化的一种符号，而且是文化的重要载体。符号仅仅是知识的表现形式，它所承载的才是文化内涵，即人们对客观事物和社会事务的本质与属性、人与事物的关系及规律、人的情感与观念、思想与思维的理解。任何知识都承载着特定的文化意义和文化精神。理解、把握并建立学生自我对知识所承载的文化内涵和文化意义的理解，才是真正完整的知识学习。另一方面，知识具有强烈的文化依存性。无论是自然科学的知识还是社会科学或人文学科的知识，都是特定的社会背景、文化背景、历史背景及其特定的思维方式的产物。知识都依存于特定的文化背景。从根本上说，知识学习本质上是文化学习。

文化学习的核心价值是内化知识所凝结的文化涵养。所谓文化涵养，即知识对人的品性的文化滋养。知识是一种"文化资本"的形式，深度教学之"深度"所强调的就是知识的意义系统，是知识的意义系统在学生精神世界中的意义增值。文化的本质是"以文化人"，知识习得并不是指对知识的符号习得，而是指向知识的文化属性，是对知识的文化属性的内化。每一个数学定理在数学发展史上都是具有"文化地标"意义的，数学知识的学习不仅是理解并建立数学思想，更重要的是理解和内化数学的文化意义。从文化理解，到文化精神的内化，再到文化觉醒和文化自信，是知识学习走向意义的必由之路。

知识的文化学习需要教学过程具有文化敏感性和文化包容性，在知识学习的过程中高度关切和忠诚表达知识所内蕴的文化背景、文化属性、文化精神、文化价值。具有文化敏感性和文化包容性的课堂教学绝不是把知识仅仅作为一种事实或结论告诉或传递给学生，而是对具体知识作深入的文化分析，向学生表达出来或引导学生探究知识的文化属性、文化思想、文化精神和文化思维方式，体现出知识对学生的文化影响力。文化学习的根本标志是超越表层的符号理解，走向文化体认、文化反思和文化觉醒，从而建立文化自觉和文化自信。这对于当前深化课程教学改革具有重要的现实意义。

（五）生命体悟

从教育的角度说，学习是一个人精神发育和成熟的过程，而知识则是学生精神发育的种子。作为一种发展的中介，知识是促进学生成长的基因。如果说科学认知是指向事物和事务的，那么生命体悟则是指向内在自我的。任何知识都具有完善人的理智感、道德感和美感的价值，都有助于学生对自我的认识、对自我的调控、对自我的反思。因此，学习的根本宗旨是导向学生的自我发展。学习的意义感和自我感，是检验学习的发展性的内在标准。学习的过程是以知识为基础，实现生命认知与理解、生命尊重与关爱、生命伦理与道德、生命智慧与能力、生命成全与幸福的发展过程。把知识与学生的生命成长、生命体验完全剥离开来，就根本不是教学和学习，而是典型的灌输。生命学习是知识学习的最高境界，是学习和教学的根本意义方度。叶澜教授提出的"让课堂充满生命活力"，根本就不是一种教学技术的考量，也不是教学方法的考量，而是对学习的意义关怀和对学生的生命关怀。

一个人有幸福的人生，必定是个生命主体自我意识强烈的人。苏格拉底说：不经过思考的生活是不值得过的，讲的就是生命的自我感。我国古代思想家曾子说："吾日三省吾身"，涉及的也是生命的自我感。糊涂人生、迷失方向、人不自知，都是缺乏生命自我感的表现。培养学生的生命感，是教学在教育过程上的一种重要理念。自我，是个非常复杂的问题，近代以来的主体哲学思考的核心问题就是"我"的问题。笛卡尔的"我思故我在"，休谟的"自我观念"，胡塞尔的"我本"，海德格尔的"从自我到我在"，萨特的"超越自我"，哈贝马斯的"我生故我在"，梅洛-庞蒂的"沉默的自我"等等，都是关于人的自我问题的结论。[①] 无论结论怎么不同，主体哲学家们思考的都是关于人作为生命体，自我的存在样式的问题。一个人总是去追问和思考自己作为生命是怎样存在的问题，表明他已经开始关注自我了，开始有自我感了。自我感，即主体经过对自我存在和精神世界的认识和理解所获得的体验。所谓生命自我感，是指生命主体对生命存在、生命活动的认识与理解所获得的体验。具有强烈的生命主体意识，能够充分认识自我，时刻意识到自己言行的得失正误，能够时刻找到自己的位置，等等，是生命自我感的基本表征。通俗地说，生命自我感，就是生命主体在生命实践中能够时刻找到自己，外界事物能够引起主体对自我生命的理解和体验。自我感是生命主体对自我的"注视"[②]，当主体不能注视自己的时候，自我其实是已经被自我对象化了，而生命主体没有与自我同一。人作为生命主体，总是习惯于注视"他人"或"他在"，而不习惯于注视自我。生命自我感，强调的就是生命主体对自我生命的关注。生命自我感的形成是以生命主体的理性思维、生命价值意识、生命实践活动为基础的，从根本上看，生命自我感的形成取决于生命主体的生

---

① 陈立胜. 自我与世界 [M]. 广州：广东人民出版社，1999.
② 萨特在《存在与虚无》一书中，用"注视"来表达人作为主体对自我的认知。

命自省、生命自觉、生命自悟三种内在精神活动。

一是生命自省。生命自我感，是在主体与外部世界交互作用的关系活动中产生的，是生命主体在与自然世界、社会世界、精神世界发生关系的过程中，对自我生命的认识和理解所产生的体验。离开了物我关系、你我关系和自我关系，就无所谓生命自我感了。从而，生命自我感的形成和建立，客观地要求生命主体开展自我对生命的生存状态、生命的活动过程和人生的境遇加以深刻的反省性思考。自我对生命的反省性思考，即生命自省。生命主体通过自我反省，能够在复杂的关系世界中认识自我、发现自我，并在对生命活动的认知基础上，产生各种生命体验。"我"安全吗？"我"健康吗？"我"满足吗？"我"有成就吗？"我"得到尊重吗？"我"快乐吗？"我"幸福吗？"我"是我自己吗？"我的"行为合乎生命伦理和道德规范吗？生命主体对诸如此类的问题回答，都需要建立在认识、理解和反思的基础之上。生命主体需要自省的不是外界对象或事物，而是生命本体的状态。生命自省的价值在于引导生命主体在复杂的生活世界中发现自我。没有生命自省，就没有生命体验。生命自省有助于生命主体对自我存在意义的确认。生命自省是人内在的、生存的基本过程。

二是生命自觉。一个人该怎样去生存？一个人的生活该怎样过？一个人的人生该怎样度过？一个人该怎样寻求生命的幸福？也许每个人都有自己的答案。但有一个共同的前提，那就是生命自觉。如果说生命自省是以自我认知为基础的，那么，生命自觉则是以生命自律、生命自控为基础的。生命自觉是生命主体在自我认知的基础上，依循生命法律、生命伦理和生命道德对自我生命行为的自我调控、自我规约、自我律戒。生命自我感强调生命体验，强调尊重生命权利和生命价值，但并非要使生命主体无视外界事物的存在而唯"我"独尊。个体生命的权利、成就和幸福并不以牺牲他人生命为代价。生命自我感并非"唯我"。生命自觉是维护生命自我感的重要保证，是维护生命行为合理性的条件。如果说生命自省是以生命的意义标准和价值标准为依据的话，那么，生命自觉则是以生命法律、生命伦理、生命道德为依据的。

三是生命自悟。从个体生命成长的角度看，生命法律、生命伦理、生命道德是外在于生命主体的，是约束生命行为的准则。一个人的人生是否幸福，是否有成就，是否完整，最终还是取决于个体生命的自我觉悟。悟，即领悟、体悟，悟的结果是道，为事之道，为人之道，生存之道，生命之道，人生之道。从生命体验到生命悟道，是生命自我感的基本规律。自我感作为一种体验，包括理智感体验、审美感体验和道德感体验，只有经过自悟这一过程，才能升华为人生之道。培育生命自我感，是教学的第一法则。生命主体如果连自我感都难以建立起来，怎么可能成就生命？

学习的实践属性及其意义向度

郭元祥　伍远岳

长期以来，人们总是将学习仅仅理解为一种认知过程，且将实践理解为"动手做""操作"或"行动"，在学习与实践的关系上，把实践看成是学习的一种方式或方法，这种对学习、实践及其相互关系的理解有失偏颇，从而导致学习方式的变革丧失了其发展性的意义达成，其内在根源是忽视了学习的实践属性和发展性意义。

一、学习的实践属性及其特征

学习过程是一种特殊的认识过程，更是一种实践过程，这是由学习的实践属性及其对人的生成价值所决定的。"从人的全面发展的角度看，实践是人的成长与发展的重要基石。作为有目的地培养人的活动，教育必须处理好认识与实践的关系，理性而有价值地寻求认识与实践的交融点。"[①] 学习作为个体基于对符号知识和经验知识的理解，探究外部世界并建立与客观世界之间关系的活动，本身就是一种特殊的实践样式。

（一）实践属性是学习的基本属性

实践是主观见之于客观的活动。从马克思主义的实践观出发，我们需要从人与自然、人与社会、人与自我的关系的角度来理解实践，实践内在地包含着"主体—客体"与"主体—主体"的双重关系，是工具性与价值性的统一，是主体客体化和客体主体化的统一。实践范畴揭示了作为社会活动主体与客观自然世界、社会世界和精神世界的内在关系和价值取向。

---

① 郭元祥. 论实践教育［J］. 课程·教材·教法，2012（1）.

马克思主义哲学认为，事物的属性是事物内在规定性的外化，是一事物与他事物发生联系时表现出来的质，是由事物内部的构成要素及其内在联系构成的。实践属性是指人的活动和生存方式具有实践的三大本质规定性：一是确立人作为活动的主体地位；二是主客体通过统一达成内在关联性，形成人与客观世界的"关系世界"；三是主客体统一所体现的合价值性目标，即活动具有满足主体内在需要的内源性意义。

学习作为满足人的成长需要的活动，本质上满足了实践属性的特质。日本学者佐藤学教授提出学习是"以交往与对话为特征的活动"[①]，他将学习界定为一种"对话性实践"，即学习者与客观世界的对话、学习者与他人的对话、学习者与自身的对话，学习就是一种"构筑世界""构筑伙伴""构筑自身"的实践。学习活动本身内在地包含着学生与自然世界、学生与社会世界、学生与自我世界的三重关系，因此，学习是一种三位一体的特殊实践。首先，从学生与学习内容的关系来看，学习是认知性、文化性实践。在学习活动中，个体与学习内容之间不断进行着客体主体化、主体客体化的实践活动，作为客体的知识实现了人化，不断向人生成，逐渐获得属人性质，成为个人化的知识；作为主体的人通过思维、认知、体验等活动，实现对知识的改造，吸收知识的价值和意义，重新建构包括其需要、能力、知识结构、思维模式等在内的心智结构，实现人的本质力量的确证与增加。其次，从学生与他人的关系来看，学习是交往性、社会性实践。学生在学习活动中通过交流、沟通创造了师生关系、生生关系、朋友关系，师生关系、生生关系、朋友关系既是学习关系，又是伙伴关系。再次，从学生与自我的关系来看，学习是伦理性、存在性实践。在学习过程中，学习是一种以自身为对象的特殊实践，是一种"人性自我建构的实践活动"[②]。在自我建构的实践活动中，学生既是学习活动的主体又是客体，通过主客体的相互作用不断改造自己、发展自己、完善自己，对自身已有的心智结构进行审视与反思，"积极推进已有心智结构

---

① 佐藤学. 学习的快乐——走向对话 [M]. 钟启泉译. 北京：教育科学出版社，2004.

② 冯建军. 教育成人：依据与内涵 [J]. 教育研究与实验，2010 (6).

按所需要的方向发生相应的变化，实现预期目的对象化、现实化"①。由此可见，学生在学习这种特殊的实践中既改造了外部世界，也改造了自身内部世界，在这个过程中不断地扬弃外部世界和自身主观世界的自在性，实现对客观世界和自身的超越。

在学习过程中，知识是构筑学生与外部客观世界、与自我精神世界关系的桥梁，是实现人的生成与发展的条件和素材，而不是目的。如果仅仅将符号知识或他人经验作为学习对象来接受或占有，而不能通过对知识所描绘的客观世界的理解和掌握而建立起学生与自然世界、社会世界和精神世界的内在关联性，学习便丧失了实践属性；如果只能让学生获得"关于世界的知识"而不能获得"进入世界的知识"，只能占有公共知识而不能形成个人知识，这样的学习也就丧失了实践属性。在学习活动中，丧失了学生与外部世界的关联性，只有对象性学习而缺乏学习的自我感和实践感，学习活动也就丧失了对学生成长的意义。

（二）学习实践属性的特征

人类社会普遍存在着三种实践样式：认知性实践、工具性实践、交往性实践。学习的实践属性不是指普遍性实践，不是指某一种具体的实践样式，如单纯的动手操作、认知或社会交往，而是指学习活动内在地包含着多种实践特质，是高于某一种单一实践样式、具有丰富内容和明确价值取向的目的性与意义性活动，学习的实践属性并不是指学习活动与人类普遍的实践方式具有等值性。学习的实践属性具有价值性、情境性和过程性特征。

学习实践属性的价值性。马克思指出，"动物只是按照它所属的那个种的尺度和需要来建造，而人却懂得按照任何一个种的尺度来进行生产，并且懂得怎样处处都把内在的尺度运用到对象上去；因此，人也按照美的规律来建造"②。可见，马克思所理解的实践是种的尺度（即物的尺度）与内在的尺度（即人的尺度）的统一。物的尺度是指外部对象的尺度，要求我们按照客观事

---

① 鲁洁. 教育：人之自我建构的实践活动［J］. 教育研究，1998（9）.
② 马克思，恩格斯. 马克思恩格斯全集（第42卷）［M］. 中共中央马克思、恩格斯、列宁、斯大林著作编译局译. 北京：人民出版社，1979.

物的本质和规律改造世界，说明的是"如何实践"的问题，形成的是关于世界的事实性认识；人的尺度是指根据人内在的愿望、目的和需要改造对象，说明的是"为何实践"的问题，形成的是关于世界的价值性认识。人的尺度作为价值尺度，体现了实践的价值性，体现了实践的人文关怀向度，这是实践最为根本的属性。具有价值性的实践总是与人的生存和发展相联系，关系着人如何寻找真正的精神家园的问题。实践的价值维度意味着实践不仅仅是求真的活动，更是求善、求美的活动，是真、善、美的统一。学习实践属性的价值性意味着学习不是价值中立、价值无涉的，而是一种价值性实践，充满了多种可能的价值关怀与追求。学习不是纯粹地掌握知识去认识、适应、改造外部物质世界，获得"何以为生"的知识与技能，它更根本地在于说明和回答人生的意义、生存的价值等这些具有永恒意义的问题，强调从"人的尺度"出发领悟"为何而生"，建构完满的精神世界。通过价值性的实践活动，学生体验生活的善与美好，实现真、善、美的统一，形成完整、完满的人格，达到人的尺度与物的尺度的统一。

学习实践属性的情境性。实践具有情境性，任何实践活动总是在一定的时间和空间中进行的，"实践完全内在于持续时间，故与时间联结在一起"①，实践是在时间中展开的。实践总是实践主体基于前人积累的知识和经验，以一种现在进行时的状态开展，同时指向未来更好地认识与改造世界、更好地发展自身。时间与空间共同构成了实践的情境，并且这种情境是主观与客观的统一，经验性与发展性的统一。学习实践属性的情境性意味着学习不是单纯的头脑内部信息输入—输出的活动，而是个体基于已有知识结构和生活经验在具体、真实的情境中主动参与的实践。通过在情境中的主动参与，个体的知识在真实的情境脉络中得以建构和生成，学生的发展在与他人、文化、自我相互作用的情境中得以实现，学生的生命、生活的意义在情境中得以显现。同时，学习实践属性的情境性还表现为学习实践属性的彰显对情境的依赖性，没有具体真实的情境，学生实践属性就难以得到体现。

学习实践属性的过程性。人的任何活动都是一个过程，都是以过程的形

---

① 皮埃尔·布迪厄. 实践感 [M]. 蒋梓骅译. 南京：译林出版社，2003.

式存在的。恩格斯说,"世界不是既成事物的集合体,而是过程的集合体"①。世界的本质就是过程的存在,离开了过程,事物不可能存在,也不可能产生变化和发展。"教育的过程是教育活动的主体(教师和学生)围绕一定的活动主题,在特定的情境中,通过互动式交往进行的建构性实践活动的结构,是教育要素之间交互作用的变化和发展过程。"② 个体的学习活动就是一个在时间和空间上不断变化的复合的运动,学习内在地蕴含于过程之中,离开了过程,学习就不能被称为学习。学习的实践属性在学习过程中显现出来,在学习时间上的持续性和空间上的广延性表现出来。无论是学生与学习内容的认知性、文化性实践,还是学生与他人的交往性、社会性实践,抑或是学生与自我的伦理性、存在性实践,学习都是以过程的形式展开的。在过程中,学生实现知识的理解、思维的发展、情感的体验、人格的养成和意义的建构。具体而言,学习实践属性的过程性表现为学习的动态性、生成性、交互性和创造性,任何"去过程"的学习都是对学习过程性的践踏,是对学习实践属性的遮蔽。

二、学习实践属性的意义内涵

切实体现人的实践本质,是彰显学习实践属性的根本基础。人是实践的创造者,实践是人最普遍的存在方式。人在社会中存在,不仅表现为生命的自然存活,还表现为个体对自身完满生活的追求,在实践中对个体存在意义的追寻。实践中的人是追求意义的个体,因为学习实践属性的存在,追寻与创造学习对人的生成的意义是学习的应有之义,学习理所当然地成为个体追寻与创造意义的实践活动。

---

① 马克思,恩格斯. 马克思恩格斯选集(第四卷)[M]. 中共中央马克思、恩格斯、列宁、斯大林著作编译局译. 北京:人民出版社,1995.
② 郭元祥. 论教育的过程属性和过程价值——生成性思维视域中的教育过程观[J]. 教育研究,2005(9).

（一）人是实践性存在者

马克思主义哲学认为，实践是一种有目的的活动。主体、对象、目的、手段是实践的基本要素，实践创造了人与人类社会，是人的基本存在方式，因为实践主体性、目的性的存在，才使得人类的实践不同于动物的本能行为。有学者将人是实践创造的存在者的观点总结为"人的实践本质"，即"人作为实践创造着的人而产生、存在和发展，获得各种丰富的规定性，从自然世界和动物界提升出来，生存和生活在'人的世界'里"[①]。人自身的实践活动是人作为人而存在的基本根据，离开了人有目的、有意图、有创造性的实践活动，人就不能成其为人。因此，实践是人的本质存在的根本要求，"对人的生存和发展而言，实践是作为主体的人的存在方式，是改造世界、实现人的解放与人的全面发展的全部过程。离开了这一过程，人的生存、发展与解放是不可想象的"[②]。人是具有多重属性的存在，如自然属性、精神属性和社会属性，作为实践性存在者，人的多重属性在实践中实现了有机的统一。

人是实践性存在者，首先意味着实践是人与动物的根本区别。马克思说过："一当人们自己开始生产他们所必需的生活资料的时候，他们就开始把自己和动物区别开来。"[③] 由于人的生命的未特定化，人不能像动物一样完全适合某个特定的环境，而需要靠自己的劳动去改造环境，满足基本的生存需要，因为"有意识的生命活动把人同动物的生命活动直接区别开来"[④]。其次，人是实践性存在者意味着实践创造了人。实践是人与自然的对象化活动和人与人的交往活动的统一，在人与自然的对象化活动中，人通过对自然的改造形成"人化自然"，而改造后的自然又转化为人的本质力量的因素，成为人的一部分。通过人向自然的生成与自然向人的生成活动，人与自然之间实现了统一。在人与人之间的交往活动中，人创造了一定的社会关系，如经济关系、

---

① 王永昌. 论实践本质[J]. 中国社会科学，1991（4）.
② 郭元祥. 实践缺失是我国基础教育的根本局限[J]. 教育研究与实验，2014（3）.
③ 马克思，恩格斯. 马克思恩格斯全集（第3卷）[M]. 中共中央马克思、恩格斯、列宁、斯大林著作编译局译. 北京：人民出版社，1979.
④ 马克思，恩格斯. 马克思恩格斯全集（第42卷）[M]. 中共中央马克思、恩格斯、列宁、斯大林著作编译局译. 北京：人民出版社，1979.

政治关系、法律关系、情感关系等,这些社会关系又对人产生影响,塑造着人自身。再次,人是实践性存在者还意味着实践总是指向人的自我实现。人作为实践创造的存在者,不仅仅表现为人通过实践活动与外部世界之间进行物质交换与创造活动,即不仅限于"动手做"的操作与活动,还表现为实践是内在于人的活动的。"实践作为人的本质的存在方式,具有总体性,其中既包括人类本能的、功利的活动,也包括伦理的和审美的乃至于终极关怀,其中人类的终极关怀作为人类追求的最终意义,理应融汇人类实践的全部内容。"① 实践总是指向人的自我生成与自我实现,与人的生命存在相互关联,具有终极关怀的意义,进入了人的生存—存在境界,这正是实践的终极指向。

(二)实践中的人是追求意义的个体

马克思主义哲学认为,人的生活不同于生存,人的生存只是人的自然生命的存活,而人的生活是有意义的自在存在,人是不能满足于自然生命的简单存活的,而必须不断追求有品位的、有意义的生活。"生存只是人追求生活意义的手段,人的生活以生存为手段来追求和实现生活的意义。所以,人可以为了有意义的生活而放弃无意义的生存。"② 有学者认为人是有着两重性存在的生命体:实体存在和意义存在,认为"人之为'人'的本质应该说就是一种意义性存在、价值性实体"③,"人类追求意义,就是在追寻自己,实现自己的本性"④。因此,从人的本性上来说,人是寻求意义的生物,人不能忍受无意义的生活,只有通过对意义的追求与创造,人才能成为真正意义上的"人",才能从自然性上升到社会性、价值性。人的本质就是一种"意义性"的存在,人是寻求意义的生物,人不仅寻求事物的意义,也寻求自身的意义。

一方面,人类寻求一切事物的意义。人与事物之间,是通过意义而发生联系的,事物只有具有了意义才会和人产生联系,发挥事物对人的作用,而事物的意义不会自然地显现出来,必须通过人对事物意义的追求才能产生。

---

① 丁立群. 亚里士多德的实践哲学及其现代效应 [J]. 哲学研究, 2005 (1).
② 金卓. 论实践的意义维度 [J]. 广西社会科学, 2012 (11).
③ 秦光涛. 意义世界 [M]. 长春: 吉林教育出版社, 1998.
④ 秦光涛. 意义世界 [M]. 长春: 吉林教育出版社, 1998.

另一方面，人类在不断地寻求自身的意义。各种动物在世界上存在着，但它们的存在只是生物学的存在，是在不断地适应环境的过程中求得生命的保全和存活；唯人有所不同，人不仅存在着，而且不断寻求着自身存在的意义，创造着自身存在的意义，人总是在不断地追问"我为何而生""我的行为有什么意义"等意义性和价值性的问题，在不断的追问、反思中，人为了自身意义的实现而开展各种实践活动，获得存在的意义。

人的本质是一种"意义性"存在，人的"意义性"本质彰显的过程伴随着人的各种"意义性"实践活动，人的"意义性"实践活动就是人类追求意义、创造意义的过程，"正因为人的活动是一种追求意义、创造意义的过程，所以离开与意义的关系，单纯用物理的、生物的存在方式来看人，就无法理解人的活动"①。无论是人的物质活动还是人的思维活动，都是人类追求意义和创造意义的活动。实践中的人是追求意义的个体，本身就是精神与物质的统一体，是一种意义性的存在，是具有自我认知、自我实现、自我超越的本性的存在。现实中从事实践活动的人，是意义产生的根源与生长点。

（三）学习是个体追寻与创造意义的实践活动

"实践既不是单纯的物质性过程，也不是单纯的精神活动，它是物质精神结合在一起的追求意义、创造意义的活动。"② 学习具有实践属性，其核心的意义在于学习本身就是个体追寻与创造意义的实践活动。

学习是个体追寻与创造意义的实践活动，一方面表现为个体对知识意义的追寻。个体的知识学习始于符号，始于对符号的感知、认识、理解、接受与传递，然而，在个体知识学习的过程中，符号仅仅是个体学习的基础，个体的知识学习不能止于符号，而必须超越符号，获得符号背后的意义，意义创生是知识学习的必然追求。站在教育学的立场上认识知识，知识不仅仅是作为人类认识成果的事实性存在，更是一种价值的存在与意义的存在。传统哲学层面上的知识观认为，知识是"客观事物的属性与联系的反映，是客观

---

① 秦光涛. 意义世界［M］. 长春：吉林教育出版社，1998.
② 秦光涛. 意义世界［M］. 长春：吉林教育出版社，1998.

事物在人脑中的主观映像"①。这种知识观脱离了教育的场域和学生生命的立场，割裂了意义与知识之间的联系，将意义从知识中抽离出来，使知识成为毫无意义的符号。知识脱离了意义，就失去了知识最本质、最核心的要素，学生的学习也就变成了毫无意义的机械记忆与静态传递。脱离了意义的知识学习缺乏个体对知识意义的个性化认识，是共性的；缺乏个体对知识价值的理解，是事实性的；缺乏个体对自身生命的观照，是物性的。费尼克斯说"知识就是意义的领域"②，个体的知识学习在很大程度上就是通过符号对意义世界进行的探索，学生学习的过程实质上是对符号所表达意义的理解与把握的过程，这种对符号所表达意义的理解和把握既包括符号所指称的含义，亦包括知识与人的发展之间的一种价值关系。

另一方面，学习是个体追寻与创造意义的实践活动表现为学生在学习过程中对人生意义的创造。在学习活动中，学习主体（实践主体）通过对象化的活动将自身的本质力量作用于特定的客体或者活动，特定的客体或活动又反过来作用于实践主体，使主体实现自我理解、自我确证、自我实现以及自我超越，进而获得精神的充盈、生命活力的激发、自我素质的提升、主体性的自由创造以及人生境界的升华。通过学习，学生逐渐学会思考各种社会现象，反思生活，体验和感悟人生意义，形成一定的态度与价值观、人生观，从而使心灵世界得到拓展和丰富。

三、学习实践属性的意义表现

将学习理解为一种单一的认知活动，只关注到了学习的认识维度，忽视了其实践维度及其意义向度；而将实践仅仅理解为动手做、动手操作的观念，则消损了实践丰富的意义内涵及其教育价值。"意义的生长点就是现实的人的现实的实践活动，也就是说人总是为了某种意义而从事实践活动"③，意义并非实践，却是内涵于实践、推动与引导着实践的。学习实践属性的根本意义

---

① 中国大百科全书·教育［Z］. 北京：中国大百科全书出版社，1985.
② Phenix, P.. *Realms of Meaning*. New York: McGraw-Hill, 1964.
③ 金卓. 论实践的意义维度［J］. 广西社会科学，2012（11）.

通过学习者主体性的确立、意义感的获得和自我觉悟的提升而得以体现。

（一）学习实践属性的意义表现为主体性的确立

主体性原则是马克思主义哲学的基本原则，也是当前教育理论和实践中的热门话题。"如果任何教育体系只为持消极态度的人们服务，如果任何改革不能引起学习者积极地亲自参加活动，那么，这种教育充其量只能取得微小的成功。"[①] 彰显主体性也是时代赋予教育的重要使命，在个体的学习活动中，学生是有着鲜活生命个性的个体，有强烈的主观能动性和积极的主动性、创造性，他们个性的彰显、生命活力的激发、创造力的发展都需要以其主体性的彰显为基础。学习实践属性的意义首先表现为使学习成为一个彰显学生主体性、发展学生主体性的过程。

马克思认为，"凡是有某种关系存在的地方，这种关系都是为我而存在的"[②]。在具有实践属性的学习中，学生的主体性就体现于学生与教师、学习内容的关系中。一方面，学生的主体性体现于个体与教师的关系性实践中，学生是自由的个体，在教师的引导下自主开展学习活动，自主思考与追问人生的意义，教师不能代替学生的学习行为，也不能代替学生进行意义的追寻与创造；另一方面，学生的主体性体现于学生个体与学习内容的关系上，学生是主动、积极、探索性地去把握学习内容，根据自己的生活经验和人生履历建构学习内容的意义，按照自我的目的和倾向去把握客体及其价值。在这个过程中，学生是主动的发现者，而不是被动的接受者；学生是积极的探索者，而不是消极的应付者。

学习实践属性的意义表现为个体主体性的确立，而学生个体主体性的确立又主要体现为学生主体意识的形成、主体能力的发展和主体人格的养成三个方面。学生的主体意识是学生主动学习、寻求主动发展的意识，是学生"作为认识和实践活动的主体对于自身的主体地位、主体能力和主体价值的一

---

① 联合国教科文组织国际教育委员会. 学会生存——教育世界的今天和明天［M］. 华东师范大学比较教育研究所译. 北京：教育科学出版社，1996.
② 马克思，恩格斯. 马克思恩格斯全集（第3卷）［M］. 中共中央马克思、恩格斯、列宁、斯大林著作编译局译. 北京：人民出版社，1979.

种自觉意识，是主体自主性、能动性和创造性的观念表现"①。个体主体意识的强弱，直接影响个体的主体行为与主体能力，影响个体在学习过程中对自身主体地位的确立和对人生意义的追寻。学生的主体能力是"主体能动地驾驭外部世界对其才能实际发展的推动作用，从而使自身主体性不断发展的能力"②，通过主体能力的发展，学生能够有效地处理其在学习过程中的各种关系，利用各种外部条件积极地实现自我教育、自我管理和自我完善，增强其主体性。主体人格是个体主体性发展的非理性力量，对个体主体性的确立发挥着推动、激发和催化的作用。

(二) 学习实践属性的意义表现为个体意义感的获得

"人是一种意义性的存在，人所栖居的世界是一个意义世界，只有人才有意义世界。"③ 人无法忍受无意义的生活，人对人生意义的追求成为人永恒的追求，意义的生长即个体精神的丰富与自由，是个体自我的丰盈。如前文所述，学习的实践属性所指的实践不仅是一种工具性实践，更是一种价值性实践、意义性实践，因此，学习实践属性的意义还表现为个体意义感的获得。

意义深藏于人们的生活事件、生活世界和生活实践之中。没有拷问，没有沉思，没有觉醒，意义就会迷失。意义是主体对自我的评判，是主体对自我生活事件、生活实践、生活世界的合目的性、合价值性的评判。意义感，是主体对生活实践的意义性的意识活动，是建立在主体自我意识、自我反思和自我觉醒的基础之上的。对意义的理解和确认，是人开展生活实践的重要基石。

在学习中，学生通过个体有意义的实践，通过体验、探究、交往，从生活事件、生活世界和生活实践中获得意义感。个体在学习中的意义感是学生在学习过程中对学习内容及学习活动本身的价值认同，是对自我作为主体的力量的价值澄明，是对个体自身存在的价值确认。个体在学习中获得的意义

---

① 张天宝. 基础教育新概念：主体性教育 [M]. 北京：教育科学出版社，2002.
② [德] 海德格尔. 存在与时间 [M]. 陈嘉映，王庆节合译. 北京：生活·读书·新知三联书店，2006.
③ 张天宝. 基础教育新概念：主体性教育 [M]. 北京：教育科学出版社，2002.

感主要在学生的生命、心灵和精神上得到体现，学习帮助学生认识到学习对个体成长发展的价值和对自身精神生活丰富的意义，让学生的生命得以涵养、心灵得以净化、精神得以陶冶。在学习中，学生不仅仅进行知识学习，更是通过知识理解思考人生问题，不断地追问与反思自我人生的意义。可以说，学生学习的过程就是师生一起探求知识意义与人生意义的过程，个体在学习过程中意义感的获得是学习实践属性彰显的重要标志。

（三）学习实践属性的意义表现为个体自我觉悟的提升

自我觉悟意味着深刻内省，是个体在认识自我的基础上对自我的认知和判断，萌发自我意识，进而确立人的自我，实现自我的觉醒。认识自我是自我觉醒的前提条件，提升自我的觉悟是哲学探究的最高目标，也是人类个体生活的最高追求，只有在认识自我的基础上提升自我觉悟，个体才能真正地实现自我。学生自我觉悟的提升是在一定知识的基础上，在与客体、他人、自我之间的互动与交往的实践过程中实现的。

"教育的本意其实就是发展人的自我认识，开启、孕育个体人生的价值内涵，把自我引向对善好人生的追求。"[1] 黑格尔首先提出个体在实践中认识自己的思想，他认为，人除了可以通过认识的方式获得自我认识外，"人还通过实践的活动来达到为自己（认识自己），因为人有一种冲动，要在直接呈现于他面前的外在事物之中实现他自己，而且就在实践过程中认识他自己"[2]。个体是在实践过程中认识自我的，也是在实践过程中提升自我觉悟的。个体的学习活动是一个主观与客观相互作用的过程，是学生个体通过知识中介与客观世界相互作用的实践活动，是学生开展的理智和感性的交往性实践，在这个过程中，学生增进对自我的理解，进而提升自我觉悟。"实践是主客观相互作用的过程，它既是充分暴露客体现象与本质的过程，也是主体本质的表现、暴露、确证和实现的过程，人从中认识客体，也能认识主体。"[3] 在学习过程

---

[1] 恩斯特·卡西尔. 人论 [M]. 甘阳译. 上海：上海译文出版社，2004.

[2] 刘铁芳. 自我认识的提升与个体价值精神的超越——论当代教育中的价值引导 [J]. 高等教育研究，2006（12）.

[3] 吴炳海. 论实践的自我认识功能 [J]. 浙江大学学报，1997（12）.

中，学习者不仅关注客体，更关注自身，从对学习内容的理解性实践中提升自我觉悟，在交往性实践中提升自我觉悟，在反思性实践中提升自我觉悟，进而实现自我、增强自我意识，体验到自我的发展。具有实践属性的学习过程就是学生参与、体验、反思的过程，是"有我"的实践，而非"无我"的实践。学生作为学习的主体带着自我已有的认识发展新的认识，以自己的经历体验着新的情感，以自己的思维建构新的意义，改进自己的思维方式、生活态度和处事方式，同时在这个过程中增强自我认识、自我觉悟、自我变化，最终实现自我、超越自我。

彰显学习的实践属性，提升课堂教学的发展性品质，是当前课堂教学改革的根本诉求。单一的符号知识的接受性学习，只能让人的灵魂在一个虚幻的符号世界里飘荡，不能真正理解并建立起主体与客观世界、他人的关系，更不能真正地认识自己，建立与自我的关系。离开对书本知识的意义获得，离开了学生的自我认识、自我觉醒、自我觉悟，何以消解儿童青少年内心自我的孤独感、对外部世界的迷茫感、对社会生活的陌生感和对现实世界的厌恶感？何以真切地增强学生对社会的责任感、对生活的热情和对世界的关怀？因此，课堂教学改革需要切实改变知识观、学生观、教学观，克服简单的教与学在时间序列上的翻转或删减的局限性，增强学习的实践属性及其意义，提升学生学习的自我感与意义感，引导学生在学习中形成"物—我"关系、"我—你"关系和自我关系，充分地发展人的实践本质。

学习投入的内涵、类型及其优化

陈 娜

学习投入是学生置身于学习过程中处于何种状态的一种整体表现，它能够映射出课堂教学是否具有广度、深度和温度，反映出课堂的运作逻辑是否与其本质追求相契合。长期以来，人们习惯性地将学生学习行为的部分显性表现简单地等同于学生学习投入的整体状态，其后果是窄化了学习投入的丰富涵义，导致学生学习投入的残缺与不足，使得课堂教学的发展性品质无法达成。那么，学生的学习投入是什么？它表现为哪些类型？如何优化？这是当前深化基础教育课程改革亟须关注的问题。

一、学习投入的内涵与特征

（一）学习投入的内涵

学习投入（Academic Engagement 或 Learning Engagement），亦被称为学业投入、学业参与、学习参与等。国内外关于学习投入的内涵界定没有达成共识，最具代表性的有以下几种：第一，学习投入是强调学生"参与学习活动的任务时间和努力质量"的行为投入，或是学生聚焦于"学习的主动性、自我监控、学习策略"[①]的认知行为，抑或是"学生在学习活动中的兴趣、价值及情感体验"[②]的情感自觉行为。第二，学习投入是行为投入、认知投入、情感投入中两者或三者共同构成的多元变量。例如，国际学生评价项目

---

① Pintrich P. R., De Groot E. V.. Motivational and Self-regulated Learning Component of Classroom Academic Performance. *Jounal of Educational Psychology*, 1990, 82(1).

② Kindermann T. A.. Natural Peer Groups as Contexts for Individual Development: The Case of Children's Motivation in School. *Developmental Psychology*, 1993 (29).

(Programmer for International Student Assessment，英文缩写 PISA）认为"学习投入是学生对学习的一般情感和参与程度"①，强调学习投入的行为、情感成分。而新加坡教育部提出了"投入型学习框架"，认为学生只有在行为、认知、情感三个方面均积极投入时，真正的投入型学习才会发生。② 第三，学习投入是学生参与有效教学实践活动的频繁度，是学生对各类学习活动参与的标志，也是课堂内外以及整个学习生涯互动性的标志。它由两部分组成："一是学生在学习和其他能积累经验、引导学生成功的活动上所投入的时间和精力；二是学校分配资源的方式，以及为引导学生参与并受益于学习活动而组织学习机会、提供服务的方式。"③ 第四，学习投入是指："学生参与学习过程的行为、情感态度、思维方式、意志品质、生活经验、学习策略等学生的个体因素，以及与学生联系的学校、教师等社会性因素，其中，学生个体因素是关键要素。"④ 从上述关于学习投入的概念来看，在前两种定义中，研究者最初是从学生个体的角度出发，单一地关注学生自身在学习中的行为投入、认知投入、情感投入，或者是将学习投入看作是由这三者交叉构成的融合变量。这种概念界定是建立在传统的心理主义学习本质观基础之上的，对学习投入的理解较为狭隘，片面地重视学生学习投入的结果，而忽视学习过程中投入发生、变化的相关影响因素。相较于前两种定义，在后两种定义中，研究者超越了对学习的传统理解，重视学习的文化性、社会性、情境性，以关系性、过程性的思维来解读学生学习投入的发生、持续，既关注学生个体在学习活动中投入的丰富性，也强调社会性支持资源在学生学习过程中的参与以及对其学习投入所产生的作用。

综上所述，学习投入是指学生在参与课堂内外学习活动过程中所付出的

---

① Finn J.D., Voelkl K.. School Characteristics Related to School Engagement. *Journal of Negro Education*，1993（62）.

② 刘冬岩，刘家访. 新加坡"投入型学习"框架述评［J］. 全球教育展望，2014（8）.

③ 伊丽莎白·F. 巴克利. 双螺旋教学策略：激发学习动机和主动性［M］. 古煜奎等译. 广州：华南理工大学出版社，2014.

④ 郭元祥. "U型学习"与学习投入——谈课程改革的深化［J］. 新教师，2016（8）.

时间、精力、能力与其所经历的发展性资源等。它实质上是指学生在课堂内外学习活动中的身心参与，这种参与不仅仅指由学生主体所发出的单向投入行为，还强调学生在参与过程中与发展性资源的相遇、共生。也就是说，学习投入既包含学生由内向外的学习付出，也包含学生由外向内的学习获得。它表明学生在学习中的真正"在场"，能够刻画出学生身心素质发展变化的基本过程与未来发展状态，使学生"能够与周围世界进行多向互动并基于互动体验来对自己的学习和生活进行理解、定位，进而获得自我的意义感、归属感、身份感。这种成长体验能引导学生从历史的视角来看待自身过去、现在、未来学习经验之间的关联，清醒地认识自我且对自我有合理的期许"[①]。

（二）学习投入的特征

1. 学习投入是学习质量评价的关键指标

学生在特定情境下的学习质量主要表现在两方面："第一，掌握一些资料性的知识，如事实、技能、概念和问题解决的策略；第二，懂得以某种方式来利用这些技能、事实和概念，比如能够依据学科特点对所学内容做出解释、解决问题、从事某项工作或进行判断等。"[②] 这说明学习质量的评价既要关注学生学到了多少知识，也要关注学生的整个学习状态如何。学习投入发生于学生对知识进行吸收、理解、批判的深度学习过程之中，它既能够反映出学生的学习意向是否与教师的教学意向相符、学生的旧学与新知能否建立联结，凸显学生的个人才智、学习方法、学习动机、学习风格及学习情感唤醒的敏感点，也能够规避教育风险，引领学生朝着更好的方面发展。也就是说，丰富、深入的学习投入能使学生积极参与课堂内外活动，勇于克服学习上的困难，并始终对学校和班级拥有持续的归属感，从而不断提高自己的学业成就。例如，美国学生学习投入调查项目（NSSE）将学生在学习过程中的时间投入、态度投入、能力投入、资源投入、社会投入等作为教育质量监测的主要

---

① 陈娜. 学习的自我感：内涵、形成条件与培养策略 [J]. 教育研究与实验，2018（1）.
② 约翰·B. 彼格斯，凯文·F. 科利斯. 学习质量评价：SOLO 分类理论（可观察的学习成果结构）[M]. 高凌彪等译. 北京：人民教育出版社，2010.

影响因素，把学生学习投入作为分析教育质量的分子，把学业成就作为分母，来考察教育质量的效益和效率。① 因此，学习投入是学生学习质量评价的关键指标。

2. 学习投入由学习动机与主动学习交互作用而成

学习动机是"学生对学习的热情程度以及对学习投入关注和努力的程度"，它是一种在学习环境中通过个人经验积累而习得的能力，能够将个体长期养成的洞察力、技能、价值观和性情串联在一起。学生的学习投入扎根于学习动机之中，当学生对学业成功有积极的期望，他就会积极地参与课堂内外活动，对学习充满热情并感到兴奋。学生参与课堂内外学习活动的频率越高，在一定程度上就表示其学习投入越多，但若将学生在学习活动中的交谈、课堂上单向的聆听等同于学生的学习投入状态，未免草率。学生的学习投入与主动学习密切相关，主动学习意味着学生能够自主地、熟练地运用自省、分析、融合新旧知识等思维活动对学习过程和结果进行回顾和监督，从而获得持续的深层次学习。因此，学习投入是学生的学习动机和主动学习交互作用的产物，学习投入的发生意味着学生学习动机和主动学习发生了交集，两者相互影响、构造紧密。

3. 学习投入具有关联性与协同性

学习是学生参与文化传承与再创造的过程，是发现并编织同隐蔽的他者之间亲密的关系和纽带的活动。② 那么，学习原本就是一种协同性的实践，而学生的各种学习投入也必然是相互关联、交织的。首先，学生投入到某种图情知识的学习中，不管教师和学生自身是否意识到，这都意味着他们与以这种图情知识为纽带而组织的知性共同体建立了关联，跨越时间和地域的协同性学习投入也就随之生成。其次，学生在学习中接触的前辈或者教师、相互激励的同伴、拥有不同经验与文化而又共享这种经验与文化的他者等都会使学生形成以现实生活为基础的社会人际情结，激励和丰富着学生的学习投入，而学生的这些学习投入亦可以看作是集体智识的凸显，正如"我们都是在自

---

① Sandra L. Christenson, Amy L. Reschly, Cathy Wylie. *Handbook of Research On Student Engagement*. springer, 2011.

② 佐藤学. 课程与教师 [M]. 钟启泉译. 北京：教育科学出版社，2003.

己构建知识,知识不在世界的一个地方,或在我们自己心里就可以找到,它需要我们置身于社会群体去关注每个人所处的社会情境"[1],有意义地去发现、建立联系。最后,从与社区的关系上来看,学校作为教育与文化的共同体,需要吸纳社区文化并赋予其意义,培育社区内的多元知性共同体并成为联结这些共同体的据点,这就为学生的学习投入创设了协同的知性资源环境,从而保证了学生学习投入的协同性。

二、学习投入的类型

(一)个体性学习投入

个体性学习投入是指学生在学习活动中的参与状态与付出程度,它由学生在学习过程中付出的时间和精力、发生的实践行为、体验的情感态度、变化的思维方式、养成的意志品质、积累的学习经验、自我总结的学习策略等因素综合作用而成。具体来说,个体性学习投入体现为四个方面:一是学习的行为投入,指学生在学习过程中能被观察到的与学习直接相关的行为表现。例如参与班级和学校安排的学习任务或相关课外活动时表现出的坚持、注意力集中、积极提问等状态。二是学习的社会投入,是指学生在遵循教室与学校内成文或者不成文的规则时的表现。在这里较为关注学生的消极表现,例如破坏教室纪律、扰乱课堂讨论秩序、不跟随教师的指导、随便缺勤、不尊重他人、打架斗殴等。[2] 这种消极性的社会投入会减少学生自己以及其他学生的学习机会,降低学生学业成绩,进而破坏整体的课堂学习氛围。三是学习的认知投入,指学生为了解决复杂的学习问题或者掌握有难度的学习技能时所付出的精神能量资源,如描述学习经历、调整学习策略、检视学习进程等。四是学习的情感投入,主要是指学生对教室、学校、教师、学习的积极和消极的情感反应,例如厌倦、快乐、悲伤、焦虑等。学习投入的情感成分生成

---

[1] Thayer-Bacon, B. J.. *Transforming Critical Thinking: Thingking Constructively*. New York: Teachers College Press, 2000.

[2] Sandra L. Christenson, Amy L. Reschly, Cathy Wylie. *Handbook of Research On Student Engagement*. Springer, 2011.

于适当的、具体的参与性任务中,一般不能被完全观察到,但会持续地对学生学习的意愿产生影响。总之,上述四个方面相互联系、相互影响,共同构成学生完整的个体性学习投入。如图1所示。

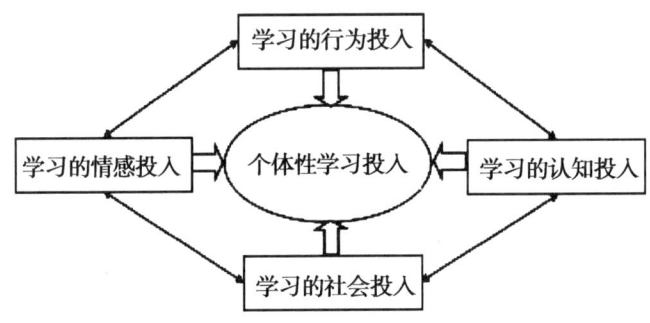

图1 个体性学习投入的构成要素

(二)社会性学习投入

社会性学习投入是指学生在学习活动中积极地参与相关教师、同伴,或班级、学校、家庭以及社区等环境因素的互动,与其协同构建丰富的条件性、过程性学习资源。社会性投入体现为两个方面:一是教室环境氛围的营造。教师、同伴群体是教室学习环境创设的主体。教师持续的教学热情会使其了解何时和如何去主动地与学生交流,以增强学生的学习积极性,引导学生意会彼此间的同情共感和相似的命运承担,实现两者之间认知、情感以及人格的相遇、相通。而同伴群体的学习态度和行为则为个体经历学习后的自我表征提供了参考样态,"该群体内隐性的共有价值取向、交往准则,则将成为个体建构自我的有效精神资源"[①]。因此,学生要敞开自我,主动消融自我与"他者"的边界,接纳"他者",以培养彼此之间理解默契和共享的文化记忆。二是学校环境的建设。首先,就学校的内在规模、规则、安全和实践活动而言,学校的规模越小,学生的学习参与度、满足感、出勤率越高;学校的规章制度愈清晰、公平、全面,学生的学习投入度就越高;学校环境的安全、健康有助于增强学生的学习投入;学生活动任务的适量、有趣性直接影响学

---

① 安秋玲. 论班级同伴群体交往的自我生成价值[J]. 全球教育展望,2009(9).

生在课堂学习中的参与度。① 其次，学校与家庭是学生日常生活学习的重要情景空间，加强家校沟通与合作有助于建立学习环境的一体感、连续感，从而稳定学生的学习情绪，激发学生的学习动机。最后，学校作为一种文化体验的场域而存在，它能够通过与周边社会环境的沟通，引领教师、学生、家长、社区人员进行"文化的洗礼"，即进入"相互学习的关系"之中，从而为学生学习提供丰富的发展性资源。学生置身于这些学习资源的建构过程之中，必然要对其作出积极的回应，既要认识、确认这些学习资源对于提升自身学习质量、优化自身学习轨迹的积极作用，也要主动去接纳并促进这种积极作用的发生、维持。如此，社会性学习投入才能真正地融入到学生的学习经验之中，与学生的个体性学习投入相互融合，共同丰富学生的发展轨迹。

三、学习投入的现实迷误

（一）学习投入的片面化界定

学习是学生在获得经验过程中身心方面所发生的相对持久的变化，这种变化能够将学生内在的多种可能的发展倾向转化为现实的个性，将学生引向比目前更好的状态。学习活动之所以能够促进学生自身素养的提升，主要原因就在于学习过程中主体与客体通过相互转化、渗透会形成对象化的联系，主体客体化与客体主体化同时发生，共同促进学生学习经验的生发。教育领域内习惯性地将学习投入狭隘地理解为学生在学习活动中表现出的可视状态，并用这种片面化的表现评价学生的整个学习状态。学生的学习活动是基于复杂的社会语言脉络而展开的社会文化实践，与周围的环境、他人以及自我都有密切的关系，学生的学习投入不只局限于学生个体投入的认知、行为、情感，还应当将学生学习活动发生的环境和涉及的对象囊括在内。将学习投入狭隘地界定为个体性学习投入，实则是将学生视为一个孤立的、不完整的人，这就割裂了学生学习的整体意蕴，无法引领学生"从一系列社会文化、种族、社会阶级的视角去审视人类经验，进而建构他们自己对于过去、现在和将来

---

① Sandra L. Christenson, Amy L. Reschly, Cathy Wylie. *Handbook of Research On Student Engagement*. Springer, 2011.

的看法"[1]。

(二) 学习投入的表面化理解

课程可以看作是学生的学习得以形成、展开的过程，是容纳多层的认知性与文化性教育经验的、社会的、伦理的、实存的过程。[2] 当前，学校教育的主流课程是教师单向地向学生传递"制度化"知识的课程。这种课程运演背景下的学习注重对既存的公共性知识的直接确认，学生不需要再主动投入时间和精力去探寻知识的深层意蕴。学校及社会的评价也取决于学生对"塞进叠层食盒般被分割成支离破碎的知识"[3] 的占有量，因此，这种功利化的评价取向又会在无形之中加剧学生对知识学习的工具性投入。工具性学习投入是对学习投入的表面化理解，它忽略了学生学习经历的个性化、生活化、社会化，遗忘了学生对知识的体认、反思和创造。对于学生来说，学习是对客观事物的内化和转换，在提问、思考以及实践的过程中，学生逐渐独立并发展自己的思想，主动加工外在的文化刺激，以多种方式作出反应并对塑造自身的社会和世界反过来发生作用。[4] 表面化的学习投入让学生体验到的不是学习本身或者参与学习的喜悦，而是学生在学习中为了使他人高兴所盲目地追求达到既定正解或获得教师积极评价之后的喜悦。这种学习投入实质上与真正的学习相脱离。

(三) 学习投入的平面化处理

学生的学习投入是一个永远不结束的、富有创造性的动态变化过程，多样化的学习投入会引导学生走向理解、探究、对话、反思，从而感受意义的增值。当前中小学课堂教学注重依靠固定的教学方法和精心设计的教学模式来线性化地运演课堂，忽视学生学习的能动性与自主调控意识的培养，更缺

---

[1] Banks, J. A.. *A Curriculum for Empowerment, Action, and Change*. New York: State University of New York Press, 1991.

[2] 佐藤学. 课程与教师 [M]. 钟启泉译. 北京: 教育科学出版社, 2003.

[3] 佐藤学. 课程与教师 [M]. 钟启泉译. 北京: 教育科学出版社, 2003.

[4] 克努兹·伊列雷斯. 我们如何学习: 全视角学习理论 [M]. 孙玫璐译. 北京: 教育科学出版社, 2010.

乏对学生学习投入的持续性和生成性的关注。与这种静态的课堂教学相对应的是学校用标准化考试来衡量学生的学习结果,注重考察教育的产出,而不关注学生在学习过程中发生的具体变化。例如,学生与知识产生了什么关联?学生的学习投入、体验是怎么变化的?等等。学生的学习投入是动态的、生成的,它是个体性学习投入与社会性学习投入相互联系而产生的多向互动过程。线性化的课堂教学对学生学习投入的平面化处理会使学生成为课堂的"边缘人",无法引领学生在学习场域中与学习材料以及社会环境进行互动,产生共鸣,进而无法使其获得源于过去又面向有意义的未来的学习体验。

四、学习投入的优化

(一) 凝练课程智慧,丰富学生的学习投入

课程寓意着学生将要经历的以及能够给学生带来益处的教育路程,其本质是记录学生成长状态与发展方式的履历。可见,课程能够在过程意义上表现出学生参与学习活动的个体性、社会性经验,教师在课堂教学中对课程智慧品性的挖掘则能丰富学生的学习投入。课程智慧是建立在特定的道德敏感性之上的一种复杂的教育判断,它强调外部提供的教学材料只是学生在课堂上建构经验的工具,教师要将课程内容转化为民主生活的实例,关注学生与教育相关者共同创造的经验。[①] 这就要求教师要在坚持多维会话与"折中的艺术"的精神实质中开展课堂教学,引领学生在一种全纳的、协同的学习体验中自我检视、自我超越。例如:教师要关注学生是否能为具体的生活事件、行为提供合理的解释和意义的叙述;是否能在不同的社会情境中有效利用新知识并提出批判性的想法;是否能深入到他人的内部感觉和世界观;是否能认识到自己的无知并对自己的行为进行反思。同时,教师要以丰盈学生学习体验的方式实施课程,关注知识的人文向度与社会背景,仔细观察学生在课堂中的真实表现,例如学生在阅读、写作、交谈、问题解决、询问、创造、思考、合作等活动中的行为、认知、情感投入状态,机智地引导学生将知识

[①] 亨德森,凯森.课程智慧:民主社会中的教育决策[M].夏惠贤等译.北京:中国轻工业出版社,2010.

与自身的实践经验、社会责任以及周围的学习环境建立联系。如此，学生的学习经历愈发多样，其学习投入也会愈发丰富。

（二）精炼教学技巧，深化学生的学习投入

随着课堂改革的深入，在转变学生观、知识观、教学观、质量观的基础上实施为学生的理解、思考、发展而教的深度教学，引导学生进行深度学习，从而提升课堂教学的发展性品质，是当前深化课堂教学改革的根本方向。[①] 深度学习意味着学生超越了对知识的表层学习，浸入知识的深层，并与知识建立了意义关系。它表示着一种深层次的、高质量的学习投入状态，这种学习投入是由学生的学习动机与主动学习协同作用而形成的。因此，在具体的教学过程中，教师应该巧妙地创造条件使学生的学习动机和主动学习发生于同一时空且相互促进。一方面，教师需要对学生有一种持续的期待，发展并适时展现自身的吸引力，例如自身的活力、热情、公正、乐观、平易近人等，这都会在无形之中牵引着学生进入学习场域中。另一方面，教师在课堂中要恰当、有效运用表扬与批评来提升学生对成功的期望值。对学生的表扬应该是恰当的、及时的、真诚的、自然的，教师要给予那些达到学习标准的学生以表扬并明确指出具体的表扬指向和内容；而具有激励性的批评则应以一定的评估标准为基础且涵盖具体的行为，教师要明确自己所提出的问题是属于学生的最近发展区之内且学生有能力改进的。此外，为了保证学生能够主动地进行思考、讨论、阅读、解答问题以及反思，教师要设立清晰的学习目标，让学生明确自己要学习什么以及达到什么程度，注重学习方法的引导，帮助学生掌握学习策略来管理自己的学习。

（三）延展教学时空，激活学生的学习投入

大脑类似一个平行处理器，它能够在同一时空对思想、情绪、知觉进行加工，促成学习的发生。因而学生在学习过程中体验的感受和态度均会参与到学习中并对学习产生深远影响。为了激活学生的各种学习投入，教师应该

---

① 郭元祥. 课堂教学改革的基础与方向——兼论深度教学［J］. 教育研究与实验，2015（6）.

远离权威角色，将学生视为平等的"你"来看待，与之建立"我—你"的对话关系，身体力行地引领学生创建学习的文化空间。一方面，教师在日常教学过程中可以通过引导学生在教室墙面张贴与学科、班规等知识相关的艺术品或海报，尝试圆形或"U"形的座位编排来优化学习的空间结构，培养学生之间共同的学习兴趣，打破学生之间性别、种族、语言、阶层、年级的束缚，扩大学生彼此的学习关联；另一方面，教师可以通过多元化的途径来扩展学习共同体，以为学生的学习时间增值，例如在网络课堂中创建一个不受课本内容限制的可供学生自由交流的讨论组，或者通过开展班级期末活动，如学习成就展示、班级合照、校友回访等鼓励学生积极参与，使学生由课堂的"边缘"向"中心"靠拢，共同创造集体故事，从而使学生的学习时间变得可逆、循环、多重，以赋予每位学生共同而又独特的学习记忆，增强学生学习的内在动力。此外，教师也要引导学生、家长积极建构良好的亲子关系，全面了解学生的学习背景，建立学生在学习中的情感连续性，增强课堂教学在时空上的可塑性、延展性，以适时调整学生的学习投入。

人具有未完成性，总是处于不断的创造、超越自我的过程之中。课堂内外教学就是要关注学生发展的这种未完成性及其具体的变化状态，引导学生自觉地进行学习投入，才能够达到预期发展目标。学生在学习过程中深入的、丰富的投入表明学生在不断地进行自我建构，挖掘和拓展自身的发展潜能。而学生学习投入的优化便能够将课堂内外产生的多样且复杂的教学事件串联起来，增强课堂时空的一体感，从而焕发课堂的生命活力，实现课堂的发展性品质。

小学生数学学习投入水平的测评与提升

李 新

学习投入（Student Engagement，Academic Engagement），常被译为"学生投入""学生参与度"和"学习参与"等，指的是学生在数学学习过程中，采取深度学习策略和元认知策略，积极参与课内外学业活动，与他人结成深度交往关系，并伴随着积极的情感体验的一种学习活动。数学学习投入是以行为投入为载体，情感投入、认知投入和行为投入三者交互作用的统一体，它是学习投入在数学学科领域的具体化。学生的学科学习投入不仅能预测学生的学业成就，而且是评价学生学科学习过程质量的重要指标。目前，国内外学习投入的相关研究多关注泛学科化的学习投入问题，探讨作为自变量的学习投入对学业成就的影响结果效应，其对学习投入的影响因素研究仅关注学校、教师或家庭单一层面，研究对象多为中学生或大学生。研究表明，学生在数学学习过程中存在不投入（Disengagement）的现象①，数学历来是学生学习"不投入"和学业表现不理想较为突出的学科之一②。因此，本研究从数学学科层面来探讨学科学习投入问题，关注影响学生数学学习投入的多层社会性因素，以探索提升学生学习投入水平的改进机制。

一、数学学习投入的结构与测量

国外关于学生学习投入结构研究的观点主要分为两种：一种观点认为学

---

① Kong Q P, Wong N Y, Lam C C. Student Engagement in Mathematics: Development of Instrument and Validation of Construct [J]. Mathematics Education Research Journal, 2003, 15 (1).

② 孔企平. 数学教学过程中的学生投入及其对学习结果的影响 [D]. 香港：香港中文大学博士学位论文，1999.

习投入是"认知投入—情感投入—行为投入"三维度的概念组合结构；另一种观点认为学习投入是"活力（Vigor）—奉献（Dedication）—专注（Absorption）"的结构组合，这一结构基于工作投入的概念提出，但学生的学习投入和成年人的工作投入有着本质区别，因此大多数研究更倾向认同学习投入"认知投入—情感投入—行为投入"三维度结构。① 基于国外已有的学习投入结构测量工具，孔企平采用课堂观察和追踪访谈相结合的质性研究方法，对上海地区不同小学五年级学生的数学课堂学习进行研究，基于数据分析结果确立了学生数学学习投入结构，并开发了学生数学学习投入量表。

数学学习的认知投入结构包括三个方面：浅层策略（Surface Strategy）、深层策略（Deep Strategy）和依赖（Reliance）。在使用浅层策略的学习中，动机是外在的，学习者持有量化学习的概念，因此机械记忆和反复练习是最好的学习方法，但却忽略了知识的内在意义和联系。深层学习策略取向的学生将学习建立在内在动机和学习兴趣等因素上，注重知识与个体有意义的情境以及已有知识结构的联系。依赖主要指学生在学习过程中对教师的依赖，反映了学生学习的独立性特征。学生在数学学习过程中，采用越多的浅层策略，认知投入越低；采用越多的深层策略，认知投入越高；对教师依赖越多，认知投入的独立性越差即认知投入越低。

学生数学学习的情感投入结构包括四个方面：乐趣（Interest）、成就取向（Achievement Orientation）、焦虑（Anxiety）和厌倦（Frustration）。研究发现：情感投入结构与学生自我效能感、乐趣、参与、感知到的控制、自主性相关。其中，乐趣是指学生对数学学习产生兴趣，学生被数学在现实生活问题解决中的实用性、问题解决的方法和数学的几何美所吸引，随之激发好奇心，获取满足感。成就取向是指学生在数学学习中的努力动机和驱动力，它能帮助学生取得好成绩，并给予其愉悦感。焦虑是指心理不安的学生在数学课堂上特别是数学测试中感到的紧张，焦虑会影响学生的数学学习，且在他们遇到困难时愈加严重。厌倦是指学生对数学产生的倦怠心理，当学生对数学课堂上任何新知识的学习不感兴趣时，学习数学的唯一目的是消磨时间。

---

① 蔡敏，刘璐. 美国中小学生"学习投入"测量之研究及启示［J］. 教育测量与评价，2014（10）.

可以看出，乐趣和成就取向是数学学习情感投入的正向，而焦虑和厌倦是情感投入的负向。

学生数学学习的行为投入结构包括三个方面：专心（Attentiveness）、钻研（Diligence）和时间（Timespent，分为作业时间和课外补习时间）。基于对学生数学课堂行为的观察结果，学生的行为投入可以分为在数学课上的表现和课外时间投入两个方面。专心主要反映学生在课堂集体教学过程中的专心与努力程度，如听课专心程度和参与讨论等。钻研主要反映学生在完成课堂习题时的钻研情况。时间投入主要指学生在课外学习数学所花的时间，包含每天数学作业时间和每周额外数学补习时间。[1] 本研究除了监测学生的数学学习投入现状，还调查了影响学生数学学习投入的可能因素，这对于探索提升学生学习投入的路径以改进教学设计和课堂实践更具有现实意义。在影响学生学习投入的人口学背景变量中，已有研究发现性别和年级两个变量产生一定作用，女生的学习投入显著高于男生，随着年级的升高学生的学习投入有逐渐下降的趋势。[2] 在影响学习投入的环境因素方面，教师学习支持、同伴因素、家庭学习支持、课堂环境（秩序和纪律）感知会影响学生的学习投入。[3][4][5][6] 根据 PISA 2012 数学学习投入测量框架，学生的学校归属感（Sense of Belonging，基于学生自我报告的社会关联感、幸福感和在校满意度的派生

---

[1] 黄显华，朱嘉颖. 一个都不能少：个别差异的处理——"小学生在中文、英文、数学三科的学习动机与模式发展与研究"计划的理论与实践 [M]. 上海：上海科技教育出版社，2003.

[2] 柴晓运，龚少英. 中学生数学学习投入：感知到数学教师支持与数学自我概念的作用 [J]. 中国特殊教育，2015（6）.

[3] 韦芳玉，戴春林. 小学生家庭学习支持对学习投入的影响 [J]. 基础教育，2013，（3）.

[4] 王鉴. 中学生学习投入的个人和班级影响因素 [J]. 中国健康心理学杂志，2015，（12）.

[5] 范金刚. 高中生的学习投入与班级心理气氛的关系 [J]. 中国健康心理学杂志，2010，（9）.

[6] 姜金伟，李苏醒，许远理. 基于同学和教师支持提升初中生学习投入的设计性研究 [J]. 教育研究与实验，2015（5）.

指数）也会影响学生的数学学习投入。①

二、小学生数学学习投入水平的研究设计

1. 研究工具

本研究采用问卷调查法来监测小学生的数学学习投入。"小学生数学学习投入问卷调查"的编制借鉴国内外已有成熟量表。问卷的设计结构主要包括两部分（表1所示）：第一部分为背景信息及影响因素调查，其中影响因素的5个监测指标均采用PISA 2012学习投入量表；第二部分为小学生数学学习投入调查，采用孔企平编制的小学生数学学习投入量表，包括数学学习认知投入、情感投入和行为投入三大量表。

表1 小学生数学学习投入水平调查问卷的设计结构

维度	指标	指标描述
背景信息及影响因素	人口学变量	学生的年级、性别
	学生在数学课堂上感知到的教师支持	PISA 2012学习投入量表（5个题项） 1=很少或几乎不；2=某一些课； 3=大部分课；4=每一节课
	学生感知到的数学课堂纪律氛围	PISA 2012学习投入量表（5个题项） 1=每一节课；2=大部分课； 3=某一些课；4=很少或几乎不
	学生感知到的同伴数学学习态度	PISA 2012学习投入量表（6个题项） 1=非常不同意；2=不同意； 3=同意；4=非常同意
	学生感知到的父母对数学的态度	
	学生的学校归属感	PISA 2012学习投入量表（9个题项） 1=非常不同意；2=不同意； 3=同意；4=非常同意

---

① OECD，PISA 2012 Results. *Ready to Learn：Students' Engagement，Drive and Self-Beliefs (Volume III)*. PISA，OECD Publishing，2013.

学生数学学习投入	数学学习认知投入	浅层策略、深层策略、依赖三个指标（21个题项）
	数学学习情感投入	乐趣、成就取向、焦虑和厌倦四个指标（22个题项）
	数学学习行为投入	专心、钻研和时间三个指标（14个题项）

2. 研究对象

本研究采取随机抽样和整群抽样相结合的方法，从武汉市A、B两所小学各抽取四年级两个班级的学生和五年级两个班级的学生参与问卷调查。问卷集中在学生期末考试复习课时间统一发放、填写并回收。本研究共发放问卷450份，有效问卷424份，采用SPSS软件进行数据分析。本文对调查对象的背景特征进行了描述统计，从性别分布来看，性别变量上的缺失样本为7，故有效样本数为417，其中，男生230人，女生187人；从年级分布来看，四年级学生213人，五年级学生211人。

3. 问卷信效度分析

（1）信度分析

"小学生数学学习投入问卷调查"主要包括两大量表："学生数学学习投入量表"和"PISA 2012学习投入量表"。其中，"学生数学学习投入量表"由学生数学学习认知投入、情感投入、行为投入三个分量表组成。本研究信度检验结果显示，"学生数学学习投入量表"所有55个题项李克特测量指标内部一致性系数为0.920，学生数学学习认知投入量表的21个指标的内部一致性系数为0.771，学生数学学习情感投入量表的22个指标的内部一致性系数为0.931，学生数学学习行为投入量表的14个指标的内部一致性系数为0.940，这说明本研究所使用的"学生数学学习投入量表"具有较好的内部一致性，信度较高。[①] 本研究采用的PISA 2012学习投入四个分量表：数学课堂教师支持量表、数学课堂纪律氛围感知量表、数学学习主观感知量表以及学生学校归属感量表，这些量表的内部一致性系数分别为0.808、0.799、0.811、0.858，说明上述量表的信度较高。

---

① 目前，大多数学者认为，任何测验或量表的信度系数如果在0.9以上，则该测验或量表的信度甚佳；信度系数在0.8以上都是可以接受的；如果在0.7以上，则该量表应进行较大修订，但仍不失其价值；如果低于0.7，则量表需要重新设计。

(2) 效度分析

本研究主要采用主成分分析对学生数学学习认知投入量表、学生数学学习情感投入量表、学生数学学习行为投入量表中的各指标进行指标降解和合成分析，效度分析结果显示，三个一级指标即认知投入、情感投入与行为投入因子分析的 KMO 值分别为 0.863、0.928 和 0.943，即 KMO＞0.8，$p=0.000<0.05$，表明该数据适合做主成分因子分析，同时因子分析旋转后的成分矩阵所提取的主成分和量表拟定的指标框架保持一致，说明该研究所采用的"小学生数学学习投入量表"具有良好的结构效度。

三、小学生数学学习投入水平的数据处理与结果分析

本文使用描述性统计方法、独立样本 T 检验、相关分析、回归分析等多种数据分析方法，对小学生数学学习投入的关键领域和多项指标展开多维分析，以检测小学生数学学习投入表现的现状与群体差异，揭示影响小学生数学学习投入水平的因素。

1. 小学生数学学习投入水平的现状分析

为了解小学生在数学学习投入上的表现，本文采取描述性统计方法对调查对象在数学学习投入各指标上的表现进行分析（详见表 2）。数据分析结果表明，小学生在数学学习过程中，学习行为投入最强，认知投入最弱，情感投入处于中间水平。在认知投入上，小学生在数学学习过程中经常采用记忆、背诵解题方法等浅层学习策略，并且倾向于依赖数学教师的教学与安排，其学习独立性欠缺，但是学生也善于将数学知识的学习与已有知识经验、生活情境建立联系。在行为投入上，小学生在数学课堂上听课专心并积极参与课堂讨论，能持续性地钻研数学问题。在情感投入上，小学生对数学的学习兴趣较高，数学学业成就动机较强，对数学知识学习和数学课堂学习的厌倦感较低，但小学生在数学测验或考试时的焦虑水平较高，影响其数学学习状况。

表 2 小学生数学学习投入表现的描述统计

变量	有效样本	最小值	最大值	平均值	标准差	同意度百分比
浅层策略	414	1.00	4.00	2.26	0.69	58%
深层策略	404	1.00	4.00	3.28	0.61	76%
依赖	404	1.00	4.00	2.44	0.75	52%
认知投入	376	1.58	3.92	2.68	0.39	56%
乐趣	420	1.00	4.00	3.29	0.72	76.33%
成就取向	416	1.00	4.00	3.38	0.65	79.33%
焦虑	411	1.00	4.00	2.48	0.95	50.67%
厌倦	420	1.00	4.00	3.33	0.78	22.33%
情感投入	398	1.00	4.00	3.13	0.57	71%
专心	416	1.20	4.32	3.59	0.67	86.33%
钻研	418	1.00	4.00	3.30	0.60	76.67%
行为投入	410	1.11	4.17	3.45	0.60	81.67%

注：同意度百分比的计算公式为：同意度百分比＝（均值－1）/（李克特量表点数－1）。

时间是学生学习行为投入的重要监测指标之一，本研究对小学生课外数学学习的时间进行了统计。在课外数学学习日均时间投入上，约 1/3 的学生花费大约半小时，21.9%、15.7%和 16.2%的学生分别花费大约 15 分钟、45 分钟和 1 小时的时间进行数学课外学习。

在每周课外数学学习的时间投入方面，大部分学生的时间投入在 1 小时到 3 小时之间。18.6%的学生每周花 3 小时以上用于数学课外学习，这部分学生每周数学课外学习的平均时间为 6 小时，其中有学生每周课外数学学习时间长达 15 小时。

2. 小学生数学学习投入水平的群体性差异分析

（1）小学生数学学习投入水平的性别差异分析

小学生数学学习投入的性别差异检验结果如表 3 所示。在数学学习认知投入上，男生比女生更倾向于使用记忆、背诵解题方法等浅层学习策略，同时男生更善于采取深层策略进行数学学习，能够构建数学知识的内在联系和意义系统,他们更依赖数学教师的指导和教学,学习的独立性不如女生。在数学学习情感投入方面,男生的数学学习兴趣和总体情感投入水平要显著高于女生。在数学学习行为投入方面,男生在数学课堂上的学习专心和钻研程度、总体行为投入的水平要显著高于女生。总体来说,男生的数学学习投入水平要优于女生。

出现这种结果的可能原因是数学学科学习中的性别优势。社会性别定势、数学教师的性别刻板印象、数学课堂教学及教科书中存在的性别偏见或性别歧视等因素直接或间接影响男女生的数学学习投入水平,同时男生在数学学习上的学业成就优势又进一步提升其数学学习投入水平。

表3 小学生数学学习投入水平的性别差异 t 检验

变量	性别	平均值	标准差	显著性(双尾)
浅层策略	男	2.14	0.71	0.000
	女	2.39	0.63	
深层策略	男	3.35	0.57	0.009
	女	3.19	0.65	
依赖	男	2.36	0.76	0.026
	女	2.53	0.73	
乐趣	男	3.39	0.63	0.001
	女	3.16	0.81	
情感投入	男	3.18	0.54	0.024
	女	3.05	0.60	
专心	男	3.66	0.63	0.022
	女	3.50	0.72	
钻研	男	3.36	0.55	0.016
	女	3.22	0.65	
行为投入	男	3.51	0.56	0.022
	女	3.37	0.65	

(2) 小学生数学学习投入水平的年级差异分析

小学生数学学习投入水平的年级差异检验结果如表 4 所示，四年级和五年级学生在数学学习浅层策略使用和厌倦两个指标上存在显著性差异。和四年级学生相比，五年级学生更常使用背诵、记忆等方式进行数学学习，对数学学习产生的厌倦感更加强烈。随着年级的升高，五年级学生面临越来越重的数学学业负担、数学学习难度以及频率更高的数学考试，他们更倾向于采取机械背诵解题方法及技巧等浅层策略，对数学新知识的学习和习题训练容易产生厌倦情绪。

表 4　小学生数学学习投入水平的年级差异 t 检验

变量	年级	平均值	标准差	显著性（双尾）
浅层策略	四年级	2.32	0.64	0.034
	五年级	2.18	0.72	
厌倦	四年级	3.41	0.75	0.022
	五年级	3.24	0.80	

小学生数学学习投入水平的影响因素分析对小学生数学学习投入的认知投入、情感投入、行为投入与背景因素进行相关分析，结果如表 5 所示。认知投入、情感投入、行为投入三者存在一定程度上的正相关，情感投入和行为投入存在显著的高度正相关；小学生数学学习认知投入和学生的学校归属感、感知到的数学教师支持、感知到的数学课堂纪律氛围、感知到的父母对数学的态度存在显著正相关；同时，学生的学校归属感、感知到的数学教师支持、感知到的数学课堂纪律氛围、感知到的同伴数学学习态度、感知到的父母对数学的态度与学生的数学学习情感投入、行为投入均存在显著的正相关。

表 5　小学生数学学习投入水平研究中变量之间的相关分析

变量	(1)	(2)	(3)	(4)	(5)	(6)	(7)	(8)
(1) 认知投入	—	0.363**	0.212**	0.194**	0.147**	0.226**	0.099	0.128*
(2) 情感投入	0.363**	—	0.692**	0.533**	0.519**	0.445**	0.567**	0.506**
(3) 行为投入	0.212**	0.692**	—	0.516**	0.484**	0.378**	0.582**	0.514**

(4) 学校归属感	0.194**	0.533**	0.516**	—	0.439**	0.375**	0.510**	0.422**
(5) 感知到的数学教师支持	0.147**	0.519**	0.484**	0.439**	—	0.382**	0.519**	0.427**
(6) 感知到的数学课堂纪律氛围	0.226**	0.445**	0.378**	0.375**	0.382**	—	0.356**	0.295**
(7) 感知到的同伴数学学习态度	0.099	0.567**	0.582**	0.510**	0.519**	0.356**	—	0.498**
(8) 感知到的父母对数学的态度	0.128*	0.506**	0.514**	0.422**	0.427**	0.295**	0.498**	—

注：*** 表示在 0.001 水平上相关性显著，** 表示在 0.01 水平上相关性显著，* 表示在 0.05 水平上相关性显著。

为了进一步探明各因素之间的影响作用机制，本研究以数学学习投入三结构为因变量，以背景因素各因子为预测变量，进行了回归分析，结果如表 6 所示。学生感知到的数学课堂纪律氛围对其数学学习的认知投入有显著的预测作用，这解释了认知投入 3.3% 的变异，说明学生感知到的数学课堂纪律氛围越有秩序，其数学认知投入水平越高。学生的学校归属感、感知到的数学教师支持、感知到的数学课堂纪律氛围、感知到的同伴数学学习态度、感知到的父母对数学的态度对学生的情感投入有显著的预测作用，这联合解释了情感投入 42.5% 的变异，说明当学生的学校归属感越强烈、感知到数学教师的积极支持和更有秩序的数学课堂纪律氛围、感知到同伴更为端正的数学学习态度和父母对数学更加积极的态度时，他们的情感投入水平越高。学生的学校归属感、感知到的数学教师支持、感知到的同伴数学学习态度、感知到的父母对数学的态度对其行为投入有显著的预测作用，这联合解释了行为投入 39.1% 的变异，学生在上述背景变量上的得分越高，其行为投入程度越高。

表 6　小学生数学学习投入水平影响因素的回归分析

因变量	预测变量	R^2	调整后 R^2	F	β	t
认知投入	方程模型	0.036	0.033	12.876***		
	感知到的数学课堂纪律氛围				0.145	3.588***

情感投入	方程模型	0.433	0.425	54.457***		
	学校归属感				0.221	4.458***
	感知到的数学教师支持				0.197	4.625***
	感知到的数学课堂纪律氛围				0.127	2.702**
	感知到的同伴数学学习态度				0.174	4.329***
	感知到的父母对数学的态度				0.122	2.735**
行为投入	方程模型	0.397	0.391	60.311***		
	学校归属感				0.242	4.368***
	感知到的数学教师支持				0.136	2.871**
	感知到的同伴数学学习态度				0.230	5.134***
	感知到的父母对数学的态度				0.210	4.322***

注：* $p<0.05$，** $p<0.01$，*** $p<0.001$。

四、讨论与建议

1. 研究结论

（1）小学生在数学学习投入维度上的表现不均衡

本研究发现，小学生数学学习投入的总体表现较好，数学学习的认知投入、情感投入和行为投入水平较高，但各项维度和指标上的表现不均衡。其中，数学学习行为投入度最高，其次是数学学习情感投入、认知投入度最低。这说明小学生的数学学习投入水平仍停留在表层的行为投入上，在获得积极学习体验方面的情感投入，采取深度学习策略和自我监控策略方面的认知投入不够。大部分小学生只是被动的参与者和表面的学习投入者，在数学课堂上认真积极但数学学业成就不高。与此同时，在学习情感投入指标上，高成就取向、高学习乐趣、低厌倦感均体现了小学生积极正向的数学学习情感投入，但高焦虑感直接影响了学生情感投入的整体水平。

（2）小学生的数学学习投入水平存在性别和年级差异

小学生在数学学习投入的浅层策略、深层策略、依赖、乐趣、情感投入、专心、钻研、行为投入等指标或维度上的表现均存在显著的性别差异。除了浅层策略和依赖两个指标，男生在上述其他指标或维度上的投入度要显著高于女生。同时，四年级和五年级学生在浅层策略和厌倦两个指标上的表现存在显著性差异，和四年级相比，五年级学生更倾向采取浅层学习策略，并对数学学习产生更高的厌倦感。

(3) 社会性因素影响小学生的数学学习投入水平

家庭、学校、班级、教师、同伴等社会性因素均影响小学生的数学学习投入水平。小学生感知到的数学课堂纪律越有秩序，其数学学习的认知投入度和情感投入度越高；小学生的学校归属感越强，在数学学习中的情感投入和行为投入水平越高；小学生得到数学教师更积极的支持，在数学学习中的情感投入和行为投入水平越高；当学生感知到同伴更为端正的数学学习态度和父母对数学更加积极的态度倾向时，在数学学习中的情感投入度和行为投入度越高。总体来说，社会性因素对小学生数学学习认知投入的影响较小，但在一定程度上影响小学生数学学习的情感投入和行为投入。鉴于小学生数学学习的行为投入和情感投入更易受到外在社会性因素的影响和调节，家庭、学校应该给予更多的关注与支持。

2. 教学建议

(1) 引导学生从表层的行为投入向深度的认知投入和情感投入转变

研究表明，小学生在不同类别及其下属指标上的学习投入水平不均衡，行为投入度最高，认知投入度最低，因此，教师需认识学习投入各维度指标的重要性，判定和反思小学生目前数学学习投入的类别，弥补学习投入类别的短板。数学教学应降低社会外在期待或评价标准对学习投入的负面影响，减少学生无意义的表层行为投入，避免无限增加数学学习时间的量化行为投入，引导学生从表层的行为投入向深度的认知投入和情感投入转变，降低学习过程中的"假投入"和表层投入。

小学数学学科知识是以思想方法与教学观念为核心，由数学概念、原理组成，包括语言、问题和命题等成分的有机系统。只有将知识作为领悟思想方法、形成思维方式和培育思维品质的载体，才能转识成智，提升学生的数学学习认知投入水平。为此，教师应转变教学方式，由只关注数学知识外在符号的认知与传递，向关照学生数学知识学习深度理解和高阶思维培养转变，改变知识对象化的浅表层教学，倡导深入学科知识本质和内在构成的数学深度教学，如采用回应性教学方式以联结学生的现实生活经验与数学学科思想、学科方法、学科关键能力，培养学生的数学认知策略和元认知策略，提升数学学习认知投入水平。① 此外，我们还要关注小学生在数学学习过程中的情感投入，激发学生的数学学习兴趣和成就动机，调整学生对考试成绩和外在评价标准的认识与期待，降低其因课堂学习和测试而产生的焦虑感，提升他们学习的积极情感投入。

（2）消弭男女生数学学习的性别偏见、性别定势和班级差异，为女生提供更积极的数学学习支持和正向的评价

总体而言，男生在大部分数学学习投入水平上高于女生，为此，教师应关注女生数学学习的认知风格、思维方式、学习习惯，引导女生对数学学业成就进行合理归因，给女生提供更积极的数学学习支持和正向的评价，消弭男女生数学学习的性别偏见和性别定势，提升女生数学学习的行为投入、认知投入与情感投入。教师可采用差异教学模式，将性别因素纳入数学课堂教学设计考量之中，既要回应男女生群体不同的数学学习方式，也要兼顾女生群体内部个体之间不同的数学学习方式，例如，给女生平等的课堂提问机会，帮助女生改变自身对数学学科学习的认知错误，降低其数学学习的厌倦感与焦虑感，引导女生对数学学业成就进行正确的归因等。

除了性别差异，我们还要关注小学高年级学生数学学习投入的年级差异。四年级和五年级学生面临的数学学业任务和学业负担有所不同，学生数学学习投入的类别和程度也会发生变化，因此，教师应加强对高年级学生数学深层学习策略的指导训练。小学高年级学生已经具备一定的数学认知，教师可通过培养学生的自主学习能力、思辨能力和元认知能力以提升他们的认知投入水平，减少无意义的"题海战术"和死记硬背。同时，基于高年级学生的认知发展阶段与心理状态，教师应增强小学高年级学生对数学学习的积极情感，激发高年级学生数学学习的内在动机与兴趣，降低因升学压力和学业测

---

① 吴宏. 小学数学深度教学研究［D］. 武汉：华中师范大学博士学位论文，2018.

评带来的学习厌倦感和焦虑感,使他们具有高质量的认知投入与情感投入。

(3) 发挥社会性因素对提升小学生数学学习投入水平的影响

相较于小学生的数学认知投入受个体数学观等内在因素的影响,学生的情感投入和行为投入更容易受外在社会性因素的影响。因此,应发挥社会性因素的调节作用以提升学生的数学学习投入水平,学校、家长、教师应协作支持学生的数学学习。从学校层面来说,应创设自主、合作、民主、自律的课堂氛围,提升小学生的学校认同、学校归属感与纪律意识,激发学生的学习动机;从家庭层面来说,父母应树立合理的数学学习观,重视并喜爱数学,持有科学的数学学业成就质量观与评价观,提升学生的学习兴趣和成就动机;从教师层面来说,数学教师应提供学生积极的学业支持,建立自主支持性的师生关系,树立合理的数学成就期待,灵活调整教学方式以应对小学生数学学习投入的性别差异和学段变化。同时,教师可采取合作与探究的教学模式,协助学生建立高质量的同伴关系与同伴支持,提升学生的数学学习兴趣与成就动机,通过构建积极的同伴互动和同伴文化以提高小学生数学学习的行为投入和情感投入水平。[①]

---

① 汪雅霜. 大学生学习投入度的实证研究——基于 2012 年"国家大学生学习情况调查"数据分析 [J]. 中国高教研究,2013 (1).

论学生课程履历及其规约

郭元祥　李炎清

提升校长的课程领导、教师的课程意识、学生的课程履历、学校的课程制度等方面的内在品质，是当前学校层面深化课程改革的根本挑战。① 在课程实施过程中，学生究竟应该经历哪些学习过程、采取哪些学习方式、遵循哪些课程学习的过程性规范才能达到课程目标的要求，是课程履历的重要问题。重视学生课程履历及其规约的完整性、规范性和丰富性是深化课程改革的内在要求。

一、学生课程履历及其意义

（一）课程履历的性质

履历即人的生活经历和成长传记，引申义为资格经历。履历表明了一个人的成长过程和成长经历，履历不仅仅表现为一个时间轴，更重要的是表明了一个人的活动状态或成长方式，而记录资格经历的档案材料称为履历表。学生课程履历（Curriculum Autobiography, Course Experience），不是指履历表，而是指学生课程学习的过程和经历，是一种过程意义上学生学习某一门课程的任务性、程序性、规约性的成长经历，是学生每一门课程学习具体的任务性规约和过程性规约。如果说课程目标是对学生通过学习之后所应产生变化的预期形象刻画，那么，课程履历则是对学生在一门课程学习中发生

---

① 笔者认为，基础教育课程改革对学校的挑战，主要体现在对校长的课程领导、教师的课程意识、学生的课程履历、学校的课程制度四个方面内在品质的提升上。关于教师的课程意识、学校的课程制度等问题，笔者做过一些粗浅的讨论。参见郭元祥. 教师的课程意识及其生成［J］. 教育研究，2003（6）. 郭元祥. 论学校课程制度［J］. 教育研究，2007（2）.

变化的过程刻画。只有完整的课程履历才能生动地刻画学生在特定课程学习中的成长经历和发展过程。课程履历具有过程性、行为化等基本特点。课程履历不是档案意义上对学生所学课程及其学习结果或成绩的记录。档案意义上的课程记录只能说明学生学过了什么课程及其学习结果如何，并不能表明学生经历了哪些具体的学习活动、学习过程，完成了哪些学习任务。诸如记录在案的成绩表、学习报告单等学习记录并非课程设计和课程实施意义上的课程履历。课程履历是为了达成课程目标的具体要求学生必须经过的各种学习经历。学习记录是结果取向的，具有档案价值，而课程履历是过程取向的，具有发展性价值。

课程履历是由课程的本质决定的。过程属性是课程的内在属性，因为课程本身具有履历意义。课程意指学生学习和成长必经的过程和经历，人们形象地把课程比喻为"跑道"，不仅指沿着这个"跑道"前进就能达到目标，而且更指"跑的过程"。如果忽视了课程"跑的过程"这一内在属性，便只能把课程理解为知识、教材、教育内容，抑或宽泛地理解为学生的发展性资源。忽视了课程的过程属性、实践属性，无论怎么概括课程的本质，它都仅仅停留在一种"对象化理解"的层面上，笔者把这种课程理解为"静态的课程观"。① 如果忽视了课程的过程属性和履历意义，那对课程本质的理解就只能是"课程即知识""课程即教学内容或教材"等片面的静态的课程观了。

只有确认了课程的过程属性和实践属性，才能真正把握课程的全部内涵。课程履历则是课程本质属性的内在规定，是课程的内在要素之一。任何一门课程都内在地包含着课程目标、课程内容、课程履历、课程评价等基本要素。其中，课程履历涉及学生学习该课程应经历的基本学习任务、学习过程、学习方式、学习活动和学习方法及其规范等方面。课程履历从根本上体现了课程的履历意义和过程属性。

（二）课程履历的意义

课程履历是整体达成课程目标的根本条件。课程履历的完整性、规范性

---

① 郭元祥. 课程理解的转向：从"作为事实"到"作为实践"[J]. 课程·教材·教法，2008（1）.

和丰富性对课程目标的达成,特别是对学生核心素养和学科关键能力发展具有实质性影响。课程履历对课程标准的制定、课程与教学活动的设计以及课程实施都具有极其重要的意义。

学生课程履历是课程设计的重要内容。课程设计和教学实施需要明确学生学习课程的过程性、履历性规约,而不仅仅是课程学习的内容规约,即不能仅仅规定学生必须学习哪些内容,甚至仅仅是描述知识点,而应该明确描述学生必须经历哪些学习过程、完成哪些学习任务、经历哪些学习方式、学习到什么样的深度等问题。严格来说,课程标准应该是关于课程学习的表现性标准,而不能仅仅是关于课程学习的内容标准。课程履历的设计和规约是课程标准的重要内容。真正科学的课程标准应该是"有用的",能够"以某种方式让学生明白他们应做出怎样的努力去达到标准",同时设计时间和程序"让教师能够帮助学生达到标准"①。科学的课程标准应能够清晰地描述学生的学习过程与学习结果之间的关系。我国新一轮基础教育课程改革之前的"教学大纲"最突出的问题便是课程设计仅仅停留在教学内容甚至是知识点的设计层面上,忽视了对学生课程学习履历的系统性规定。当然,"教学大纲"中也有一些与学生课程履历相关的内容,但大多是通过"教学建议"或"教学活动建议"的形式体现的。其实,"教学建议"远远达不到课程标准所应体现的"标准意义",对课程实施和学生的课程学习过程丧失规范性和规约性的作用。我国新近颁布的第一套真正意义上的义务教育课程标准同样存在着对学生课程履历规约不足的问题。课程设计中学生课程履历的缺失,极易导致课程实施的失范。

完整、规范和丰富的课程履历是课程实施的内在要求。课程履历不仅是课程本质规定性及其过程属性的体现,而且是完整达成课程目标、实现课程价值的根本基础。课程履历既是对学生学习过程和学习活动的规约,也是对教师教学活动的规约,完整、规范和丰富的课程履历是学生课程学习的基本要求。课程履历的结构性、过程性和规范性缺失,势必导致课程目标在达成

---

① The National Center on Education and the Economy and the University of Pittsburgh, Standards for Standards. *Performance Standards: English Language Arts, Mathematics, Science, Applied Learning.* 1997.

过程上的残缺，因为课程履历的缺失实质是学生必经的学习过程、学习经历、学习方式的缺失，这些缺失本质上是对学生在学科学习活动中发展过程的缺失。学生课程学习方式的单一、过程的简化和方法的失当，其实质是剥夺了学生成长的过程性和方法性机遇，从而导致某些关键能力和核心素养目标达成上的严重不足。

当前我国不仅课程设计存在着学生课程履历不清晰的问题，而且课堂教学中普遍存在着学生课程履历被极度简化的现象，课堂教学过程沦为单一知识训练式的"压缩饼干"，尤其是"过程与方法""情感态度与价值观"等课程目标处于"结构性沉默"的状态，学科的核心素养和关键能力目标难以完整达成。学生课程履历的缺失助长了教学过程层面上的"应试教育"之风。所谓高效或有效教学，大多停留在教学程序的简单翻转或教学时间的粗暴分配上，试图通过"导学案""少教多学"等方式达到学生快速简单占有知识点的目的，而学科能力、学科思想、学科经验等目标被悬置，其根本问题在于学生课程履历的结构性缺失。离开了完整、规范、丰富的课程履历，课堂教学的实施和学生的学习过程往往陷入机械训练层面，课堂教学呈现出表面教学、表层教学、表演教学的局限性，缺乏必要的深入学习、深度学习和深刻学习。重视学生课程履历的设计和规范实施，是当前深化基础教育课程改革的重要课题。

二、学生课程履历的基本规约

学生课程履历规约是课程目标达成所需的学生学科学习的必要经历和过程规范，是对学生在特定课程学习中成长变化的过程刻画。它既是课程设计的重要内容，也是课程实施过程中学生的学习过程规范。学生课程履历的基本规约主要包括三个方面。

（一）任务性规约

任务性规约是指对达成课程目标或教学目标学生必须完成的学习任务规定或约定。任务性规约所约定的学习任务直接指向课程目标或教学目标，是课程目标或教学目标的本质要求，是在教学过程层面对目标的操作化或表现性要求。布卢姆（Bloom，B.S.）等人1956年在《教育目标分类学·认知领域》中提出的"了解、理解、应用；分析、综合、评价"六个具体教学目标要求，其本质是知识学习的表现性要求，是认知学习的任务性规约。其中"了解、理解、应用"构成第一个层次要求，是关于新知识学习的任务性或表现性目标；"分析、综合、评价"构成第二个层次要求，是关于新知识获得之后学生要完成的任务性目标，即用所学新知识来处理周遭的事物或问题。安德森（Anderson，L.W.）等人2001年在修订《教育目标分类学·认知领域》时明确将认知领域目标分解为"知识的向度"和"认知历程的向度"[①]，使得知识学习与认知能力的任务性学习目标更加明确。

　　课程履历中的任务性规约所规定的是学生在课程学习过程必须完成的任务，它为学生明确学习目标、制订学习计划任务提供了基本方向。任务性规约不仅仅能将学习目标任务化，而且将学习过程任务化。20世纪60至70年代以来，美国成人教育领域兴起了"自我导向学习"（Self-direction Learning）理论与实践研究并逐步应用到中小学教育之中。自我导向学习理论诸多相关研究把任务性规约称为学习者的"个人责任"（Personal Responsibility），并把个人认知责任、参与学习过程、自我学习监控称为自我导向学习的三个核心要素。[②] 在自我导向学习理论看来，任务性规约是学习者对学习任务的自我定向和规约。国内有不少学者把"自我导向学习"视为"自主学习"，殊不知缺少了任务性规约或"认知责任定向"的学习，根本就不可能是自主的学习。

　　在学科学习过程中，学生究竟要完成哪些具体学习任务？在不同学习阶

---

① Anderson L.W. et al. *A Taxonomy for Learning, Teaching and Assessing: A Revision of Bloom's Taxonomy of Educational Objectives*. New York: Addiscon Wesley Longman, Inc. 2001.

② Brockett R.G., Hiemstra R.. *Self-Direction in Adult learning: Perspectives on Theory, Research and Practice*. London and New York: Routtledge, 1991.
自我导向学习理论发端于成人教育研究领域，并逐步在基础教育领域得到广泛应用。笔者认为"自我导向学习"的理念好于"自主学习"，好就好在"导向"上。我国当前关于自主学习的理论研究和教学改革实践中，把自主学习的重点放在学习时间分配的改变上，用"时间"的自主来取代"导向"的自主，是对自主学习的本末倒置，是对教学过程的一种技术层面的改变。

段、不同单元或章节的学习任务有哪些不同的规定？不同类型的学习任务如何设计？完成到何种程度？此类关于学生课程履历的任务性规约问题，我们现有的课程标准以及所开发的教材几乎是一笔糊涂账。以语文教材为例，我国目前绝大多数语文教材课后练习所设计的学习任务大都指向的是语言知识和文本知识的习得和训练，所规约的学习任务极其单一，鲜有真正引导学生思维方式和价值观辨析与探究的学习任务。学习任务规约的单一，必然导致"堂堂清"所能"清"的只能是知识点甚至是考点。语文课程学习中对生活的观察和思考、数学学习中的空间想象与数学思想建立、科学类课程学习中的实验与观察等必须完成的学习任务都被知识训练所代替。学生课程履历中任务性规约的偏颇或缺失所误导的是学习过程，所损害的是学习过程质量。

从教学实施的角度说，针对具体教学内容设计多样化和多层化的学习任务，有助于克服单一知识训练的局限性，有助于保证教学目标的多维达成。一直以来中小学课堂教学中存在的"应试教育"问题，其表象之一便是学生在教学过程中任务过于单一，教学活动始终围绕着知识接受及其解题训练这一单一任务来展开。过程与方法、情感态度与价值观维度目标的学习任务被省略或被简化，从而导致学科思想、学科经验等关键目标难以真正达成。

（二）过程性规约

过程性规约是学生课程履历规约的核心内容。过程性规约是指对完整达成课程目标要求学生必须经历的学习过程和学习方式的规定或约定。严谨描述学生学科学习过程及其表现，既是课程设计的基本要求，也是教学设计的基本要求，是关于课程和教学的"标准的标准"。过程性规约有利于保证特定学科学习过程的完整性和学习方式的丰富性。严谨的课程设计、教学设计以及教学实施需要明确学生学科学习的必经阶段、程序、时间以及具体的学习方式，也就是明确课程履历的过程性规约。

过程性规约所要规定或约定的是具体教学内容不可或缺的学习经历、学习活动及其方式，其核心价值是保证学生学习过程的完整性、学习方式的丰富性。"去情境""去过程"的教学，是教学过程中"应试教育"的集中表现。40多年前，苏联教育家赞科夫就主张处理好教学与发展的关系，确立了教学必须"使学生理解学习过程""使班上所有的学生都得到一般发展"等发展性教学原则。[①]"理解学习过程"是以过程性规约为基础的,是真正进入和参与学习过程。学生何以能够理解教学过程?何以进入学习过程?课程设计和教学设计的过程性规约具有极其重要的引导作用。学生学习过程被简化、被压缩,学习方式单一,何以保证学生真正进入教学过程?完整、规范和丰富的学习过程及其活动方式,是体现课程的过程属性和过程价值的根本前提。学习过程的缺失必然导致学生理解的断层、关键学科能力发展机遇的丧失。

教学过程中学习方式是过程性规约的重要内容。在新课程推进的过程中,课堂发生了诸多可喜的变化。但学习方式的多样化应多到什么程度?课堂教学过程中是否学习方式越多越好?却是值得深思的问题。过程性规约应设计与教学内容相适应的基本学习方式。所谓基本学习方式应是与知识的类型及其目标相一致的。这些基本的学习方式究竟应该有哪些?如果按照安德森(Anderson,L. W.)在教育目标分类学修订版中所划分的知识类型来看,基本学习方式其实是比较明确的。他把知识分为四大类,即事实性知识(Factual Knowledge)、概念性知识(Conceptual Knowledge)、程序性知识(Procedural Knowledge)、元认知知识(Metacognitive Knowledge)。[②] 不同类型、不同特征的知识必然要求学生在学习过程中经历不同的学习方式。由此来说,与事实性知识、概念性知识、程序性知识、元认知知识相对应的基本学习方式是接受与记忆、理解与探究、操作与体验、反思与感悟等。从课程知识分类学意义上看,经历接受与记忆、理解与探究、操作与体验、反思与感悟等学习方式,便是学生学科课程学习过程中最基本的过程性规约。"应试主义"倾向的课堂教学之错就在于把所有的知识都当作事实性知识来进行处理,死记硬背、机械训练等单一的教学方式便成为必然,"去过程""去情境"实质上就是去掉了学生必经的成长经历,去掉了知识学习中必需的过程性规约。

---

① 赞科夫. 教学与发展 [M]. 杜殿坤等译. 北京:人民教育出版社,1986.
② Anderson L. W., et al. *Summary of the Changes from the Original Framework*// Anderson L. W., et al.. *A Taxonomy for Learning, Teaching and Assessing:A Revision of Bloom's Taxonomy of Educational Objectives*. New York:Addiscon Wesley Longman, Inc, 2001.

(三) 方法性规约

方法性规约是对具体学科学习方式与学习行为的规定或约定，是与学习任务和学习过程相适应的学科学习方式和学习行为的基本规范和要求，是对学科关键能力表现的具体化。方法性规约一方面能够保证学生学习过程和学习方式的规范性和严谨性，另一方面有助于提升课程标准和教学设计方案的可行性和操作性。美国《中小学学科能力表现标准》特别强调课程标准"应该是便于操作的"，是具有可行性的。[①] 可行性强调的是课程标准和教学设计所提出的"教学活动建议"和具体学习行为方式要求的科学性，操作性注重的是所提出的具体教学活动建议和学习行为方式及其要求的规范性。

方法性规约既是对特定学科具体学习行为和方法的设计，又是对学科关键能力表现的规范性要求。方法性规约直接指向学科关键能力表现，是对学科核心素养形成过程的深度刻画，尤其是对学生的学科经验、学科关键能力、学科思想的深度刻画。没有学科学习的方法性规范，学科经验的丰富和学科思想的建立就丧失了过程规范和方法规范的支持。多年来，中小学各科教学的方法性规范普遍存在着弱化或虚化的局限性。如语文学习中关于阅读的方法性规范就过于粗略，课程标准仅仅提出了"用普通话正确、流利、有感情地朗读"等一般性的要求，至于阅读的各种具体方法及其要求，特别是批判性阅读、反思性阅读等关键方法和能力的表现性规范，课程标准几乎没有设计。而对生活的观察与体验、对生活的反思与感悟的方法性规范甚至基本上处于缺位的状况。语文学习的方法性规范的缺失，只能导致语文课程沦为工具性层面的纯粹语言学习。再如，物理、化学等科学课程关于科学观察与实验、科学论证与推理、科学猜想与反驳、科学创造与发明等关键能力与方法的具体表现性要求，同样也疏于设计。方法性规约的设计与实施，是超越表层的符号接受，是促进学生深度学习的根本前提。

---

① The National Center on Education and the Economy and the University of Pittsburgh, Standards for Standards. *Performance Standards: English Language Arts, Mathematics, Science, Applied Learning*. 1997.

三、规范课程履历，实施深度教学

深化基础教育课程改革，必须强化学生课程履历的丰富性、完整性和规范性。如果弱化和虚化了学生的课程履历规范，一方面，课程改革的核心理念得不到落实，另一方面，课程实施也会大走样，课程改革的价值诉求也是难以得到整体达成的。笔者认为，加强学生课程履历规范的设计与实施，提升课程标准的科学性和严肃性，是当前深化基础教育课程改革的重要策略。

（一）强化课程实施的过程标准和表现性标准

从课程设计的角度看，真正科学的课程标准不仅仅是一个"内容标准"，而应该是一个基于课程理念澄明、课程目标设计，融内容标准、过程标准、表现性标准于一体的标准。课程标准既是教师理解课程的指南，也是课程实施过程的指南，更是学生学业质量标准。学生课程履历及其规范建设要求课程标准研制和课程设计体现过程标准和表现性标准的本质规定性，学生课程履历及其规范建设是课程标准研制和课程设计要承载的核心任务。

过程标准是关于课程实施中教学过程的规范，对教学行为尤其是对学生课程学习的基本过程、基本学习方式发挥着规范和引领作用。过程取向的课程标准注重的是对学科核心素养与关键能力形成过程与发展方式的设计与描述，规范地刻画课程目标的实现过程和达成方式。"过程取向"正是斯滕豪斯（Stenhouse，L.）的课程设计过程模式的核心理念。这一"过程"既是课程目标的生成过程，也是有规范的课程学习过程，绝不是"怎么都行"的放任或抽象的教学原则性要求或建议。过程标准的核心价值在于强化教学行为的完整性、丰富性和规范性，凸显课程和教学的过程属性和过程价值。尽管过程具有极强的生成性、差异性、情境性和动态性等特征，但它并非是无规则规范、自然自发的过程。课程标准的作用之一就在于引导教学实施和学生学习的过程规范。

表现性标准是关于课程学习过程中学生学业表现的规范，是对学生学科素质的形象刻画，即描述学生通过课程学习在知识理解、思维方式、学科思想、学科经验和学科能力上所能、所应发生的具体变化。表现性标准是学生经历丰富、完整和规范的任务性履历、过程性履历、方法性履历之后所能、所应产生的学习结果。这种结果应是有结构的、可观测的,即"可观察的学习成果结构"(Structure of the Observed Learning Outcome,SOLO)。[①] 只有对学生学习成果及其表现的描述,才能构成学生学业质量标准。让课程标准具有学业质量标准或表现性标准的特性,需要建设丰富、完整和规范的学生课程履历。

(二)规范课程履历,引导深度学习

当前中小学课程实施过程中普遍存在着学生课程履历不完整、不丰富、不规范的局限性。近十年来,大多的课堂教学改革策略把重点放在了师生教与学时间的重新分配和教与学先后序列的翻转上,忽视三维目标或"四基"目标必需的学习任务、学习过程、学习方式和方法的规约。诸如"导学案"等此类的所谓高效课堂策略把学生的学习导向了单一知识训练和"应试主义"教学的歧路,学科经验、学科思想、学科能力等关键目标难以深度达成,不仅破坏了学生课程履历的完整性、丰富性和规范性,而且损害了课程标准的严肃性和规范性,降低了课堂教学的发展性,课堂呈现出越改"应试主义"教学问题越严重的怪相。表面的教学、表层的教学、表演的教学日益严重,课堂教学及其发展性缺乏必要的深度。如何切实转变知识观,规范课程履历,实施深度教学,引导学生深度学习,完整地达成课程目标的要求,特别是学科思想和学科关键能力目标的达成,[②] 是当前深化课堂教学改革应解决的突出问题。

建立清晰、明确的课程学习任务性规约,将完整的课程目标、学习过程和学习方式任务化,以多样化的学习任务驱动引导学生进入学习过程,即任务导向学习(Task-base Learning,TBL)。课前、课中、课后学生都应具有明确的学习任务,将具体的课程目标任务化,用规范性、多样化的学习任务

[①] Biggs J. B., Collis K. F.. *Evaluation the Quality of Learning:The SOLO Taxonomy*. New York:Academic Press,2009.

[②] 郭元祥. 知识的性质、结构与深度教学[J]. 课程·教材·教法,2009(11).

来提升学生对学习内容的意义感，增强学生对教学过程的参与性。如果舍弃了对新知识的背景理解、资料收集，以及学习过程中的辨析与比较、论证与推理、问题提出与讨论探究等任务规约，不仅会降低学生对新知识学习的意义感，而且会出现大量理解断层等问题。深度教学需要以完整的学习目标、清晰的学习任务来引导学生真正理解并进入教学过程。

建立丰富、完整的课程学习过程性规约，根据对新知识的类型划分，用问题来引导学生对新知识进行了解、理解、探究、反思等具体学习过程，即问题导向学习（Problem-base Learning，PBL）。过程性规约旨在保证学生对不同类型知识学习过程的完整性和规范性，尤其是理解过程、探究过程、体验过程的完整性，达成课程学习的过程标准。"应试教学"在教学过程上的突出问题就是简化学习过程，甚至去过程、去情境。去过程的本质其实就是剥夺了学生发展的机会，消解了学科经验、学科思想和学科关键能力发展的过程，这大概是应试教学的通病。

建立多样、规范的课程学习方法性规约，以学生课程学习所应和所能达到的表现性标准为依据，引导学生经历规范的学习方式和学习方法，追求学习发展性结果，即成果导向学习（Outcome-base Learning，OBL）。学生深度学习的结果或成果应聚焦知识结构的建立、可观察的表现性行为、学科经验的丰富、学科思想的建立，以及学科关键能力的形成。因此，课程学习的方法性规约的根本价值在于促进学生对知识的深度学习，实现知识向经验、思想、能力的深度转化。

建设丰富、完整、规范的课程履历，是当前深化课程改革的重要问题，是实施深度教学，引导学生深度学习，实现课程目标的根本保证。克服当前教学过程中的表面、表层、表演的局限性，引导学生深层、深刻、深度学习，是深化课堂教学改革之必需。

深度教学的教学过程改进

论教师的教学思维及其形成

杨莹莹

当前基础教育阶段课程改革进入深水区,要求教学层面的变革逐步跟进。无论是智慧课堂、翻转课堂等概念的提出,还是信息化改革步伐的推进,均需要教师从思维层面认识到教学变革的重要性,转换传统的教学思维及其方式以适应新时代教学变革的需求。教学思维作为教学理论与教学实践的中介而存在,同时教师的教学思想往往通过教学思维作用于实际教学过程,它不仅是教学目标达成的重要保障,而且是课堂教学变革深化的关键步骤。因而探索教师教学思维的基本要素及其形成所需的重要支撑策略显得尤为必要。

一、教学思维及其内涵解析

教师的教学思维不仅关乎教师自身对于教学的认知,同时是教师专业发展的重要构成要素。良好的教学思维有助于教师从整体上把握教学进程,深化其对于教育教学活动的认知,进而影响其教学行为和决策的产生。

(一)教学思维的内涵

教学的过程不是单向知识的传递过程,而是教师和学生以教学内容为中介,以课堂教学过程为主渠道的共同经验建构过程。在这一过程中,教师依据其对于相应学科知识和学科思想的理解,通过对于学生已有认知、教学目标等方面的考量与设计,共同经历知识的学习和创生过程。从教学思维的内涵出发,它包含两个部分,即教师对于教学本身的基本观点和看法、教师如何进行教学的思考。从理论层面而言,教师关于教学本身的基本观点和看法即是教学观念;从实践层面来看,教师如何进行教学的构想即是教学方法论系统。因此,教师的教学思维可以理解为,教师在教学过程中对于教学活动及其构成要素的理性认知与思考，是教师教学哲学的重要组成部分，具体表现为相应的教学观念、教学决策、教学方法和教学智慧等。教学思维是一种特殊的教育思维。教育思维是教育工作者在教育实践中所展现的特殊思维形式，教育思维之于教师专业发展和教师专业化研究具有重要价值和现实意义。教学思维作为教育思维的重要组成部分，恰恰是关注教师对于教学活动及教学过程的理性认识，关注教育中的实践部分和教师的实践智慧，弥补了当前教育思维研究的不足。我国学者刘庆昌将教育思维视为人类的教育实践理性，是教育理论认识在教育实践面前的凝结，是一定的教育观及其支配下的教育操作思路的统一体。① 从教育思维研究的内容而言，主要包括教师的教育观念和教育方式。教学思维是一种特殊的教育思维，意味着教师的教学思维形成与优化均离不开教育思维的指导，并且在教学实践中践行教育思维的基本准则。

教学思维是沟通教学理论与实践的桥梁。从哲学层面来看，世界观是人们对世界的基本看法和根本观点；而方法论则侧重于人们认识和改造世界的方法的理论。教师的教育思维落实到教学层面，则是教学过程应当将教师的教学观念和教学方法论统一起来。教学思维是相应的教学理论认识在教学实践中的凝结，也是教学实践在教学理论中的集中展现。从教学思维的本质而言，它既不是教学理论又不是教学实践，而是作为沟通理论与实践的桥梁而存在。教学思维从其构成而言，包括教师的教学观念和教学方法论系统。教学理论需要教师个人将外在的理论进一步理解吸收转化为个人的教学思维，在此基础上实现对教学实践的认识与改造。教学观念内含着教学基本理论的成分，而教学方法论系统又指向一定的教学实践，是教学理论与实践的交融之处。教学理论是从教学实践中凝炼出的教学思维，是尚未走向教学实践的部分，然而内在地蕴含着实践的意味。因而教学思维作为教学理论与实践相衔接的中介而存在，其内在包含着一定的教学理念和指导教学理念走向实践的成分。正如有学者对杜威学习观的提炼，"书本知识具有不可教性，不能直接进行传授，而需要让学习者经历一个复杂的过程，即知识的学习需要经过

---

① 刘庆昌. 教育思维：教育观和教育操作思路的统一体［J］. 教育理论与实践，2006（2）.

还原与下沉、经验与探究、反思与上浮的过程。这一过程恰似一个'U型'的过程"[①]。教师的教学理论向教学实践转化的过程也恰似一个"U型"的发展过程，即教师将教学理论还原为自身的教学经验、教学智慧、教学理念等形式，进而形成教师优秀的教学思维，在对于教学思维内化和吸收的基础上反思教学实践，之后用教学思维指导和改造教学实践。

（二）教学思维的特征

1. 系统性

教学思维的系统性是指教师对于教学及其相关活动的思考，需要综合考虑教学相关主体、中介和客体的要求，是对于影响教学活动开展的各个要素的整体考量。教学思维的系统性源自于对思维本身复杂性和整体性的认知，同时也是对教学过程复杂性的认识。思维的过程属于个体认知机制的一部分，从概念角度而言亦是抽象性的，当我们谈及某种思维时会直接落脚于思维在行为或者外部的表现。由于思维本身属于意识领域的范畴，我们无法直接观测思维的形成过程，仅能够通过思维的表征对思维本身进行界定。由此，教学思维是隐藏在教师教学行为和教学决策背后的思考机制，教师的教学思维往往需要通过一定的教学行为来表现出来。尤其是教师对实体知识的理解如何转化为其教学哲学，并通过独特的个人理解上升到思想层面，借以指导教学设计和教学活动的展开。拥有正向教学思维的教师往往会将教学及其过程看作是一个有机的系统化整体，而非一个个孤立的部分教学流程之和。正向教学思维以其独特的影响和视角，将教学思维的复杂性考虑在内，并通过自身的多元化理解体现在教师的教学过程之中。

2. 元学科性

元学科性意味着教师的教学思维需要回归学科教学的本源性价值探析，探究教学思维在学科教学中的存在方式、价值以及价值体现路径，立足对学科教学的本质性反思使得教学思维和行为走向深入。教师的教学思维渗透于学科内容的展开之中，因而具有一定的学科性。不同的学科有其不同的思考

[①] 郭元祥. 论深度教学：源起、基础与理念[J]. 教育研究与实验，2017（3）.

方式，如语文学科和数学学科教师在进行教学设计时便会展现出不同的思维风格。当前在核心素养和关键能力培养的视角下，不仅要求教师理解和应用本学科内部知识，更强调教学的跨学科属性和学习内容的迁移。因此，教学思维的元学科性也可理解为跨学科属性，基于对本学科知识的理解，以跨学科的视野和思维方式开展教学活动。教学思维的元学科性，一方面表现为教师的教学思维立足于跨学科教学的视野进行教学活动，在此视角下教学思维不仅是跨学科课程开展的重要前提，同时也是学生跨学科素养形成的重要活动。如通常而言的学科交叉课程以及主题课程均是立足于对学生跨学科素养形成的思考，着眼于教学过程中思维层面变革对于学习过程的影响，从而倡导教师自身基于对多学科内容的认识具备跨学科思维，引导学生形成相应的跨学科素养。另一方面，教师教学思维的元学科性立足于对学科本质的思考，即学科教学意味着什么、学科教学是如何以思维作为引导而一步步展开的。

3. 动态性

教学思维的动态性是指教学思维不是孤立存在、静止不动的某种类型的教学思维，教师身上不止包含有一种教学思维类型。教学思维的动态性指向教学思维之间的交互关系，以及教学思维的自我更新属性。交互性，一方面体现在不同教学思维类型之间的互动性，即多种教学思维类型共同构成教学思维的有机系统。如教师自身所具备的具身思维和关系思维，均指向教师在教学过程中对于教学所面对的主体——学生的综合考量。从哲学认识层面，交互性同时意味着是复杂性的变体，是事物在有序和无序之间不断作用的过程。对于交互的主体而言，两者已经超越了"我—它"的主体与外部客观世界之关系，从而走向"我—你"的互动关系系统。对于教学思维，尤其是正向积极的教学思维而言，是在教师的教学观念和教学方法论系统不断交互作用中发展而来。教学观念和教学方法论系统不具备同步发展性，往往是具有相对独立性，既处于自身发展的常规轨道，又在影响对方的同时得到进一步发展与优化。如在数学学科"平行四边形的转化"一节中，教师本身对于平行四边形的转化及其性质有了非常清晰的认识，然而在教学实施过程中需要回归到学生的认知层面进行教学设计与展开。教师在进行教学设计的过程中不只是渗透具身思想以关照学生的先前经验与认知，同时也渗透有教师对于自身认知结构的反思性思维，教师通过教学过程也是不断审视自身知识结构的过程。动态性的教学思维源自于教师对于自身教学观念和教学方法论体系的持续不断的反思，并依据自身对于教学的独特性理解而建构起意义的过程。

二、教学思维的构成要素

教学思维作为教师教学哲学的重要组成部分，对于其内在构成要素进行探究是优秀教学思维培育的重要步骤。教学思维从本质而言是教师教学观念和教学方法论系统的有机统一体。

（一）教学观念是教师教学思维生成的基础

马克思主义哲学和认识论认为，世界观即人们关于世界的基本看法与根本观点。由此观之，教学观则是教师对于教学的总的观点和根本看法。教师的教学观念指向教师对教学活动的整体理解，是教师从宏观层面对教学的本质及其目的总的观点和根本看法。解析教师的教学观念需要从解读"教学"所涵盖的内容开始。从教学所涵盖的内容而言，教师的教学观念应当包括教学目的观、教学内容观（知识观）、教学主体观（学生观和教师观）、教学方式观几个方面。教学目的观即教师对于教学目标、教学最终要达到的目的等问题的思考，如教学过程中应当教授学生知识，抑或是超越知识层面的教学而指向学生综合能力的发展，就其本质是对于教学活动本源性目的的深层次思考与阐释。教学内容观则是教师如何看待知识以及在教学过程中如何处理相关教学知识的过程。教学主体观指向教师如何处理教学

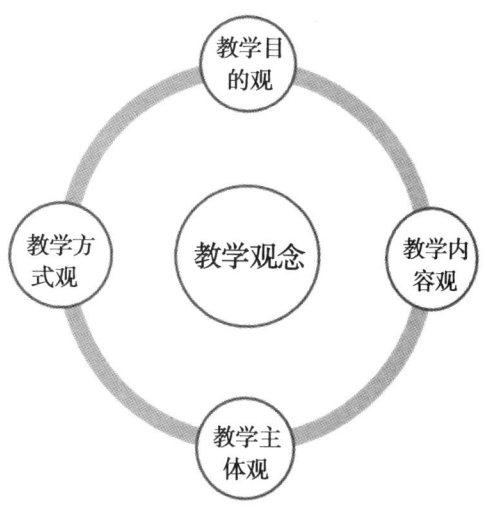

图1　教学观念构成要素图

过程中师生、生生之间的关系的过程。教学方式观主要是指教师如何组织其教学活动以及所采用的教学方式类型。

教学观念作为教学思维的构成部分，往往深藏于教师的教学行为之中，涵盖教师对于教学问题的相关思考。教师的教学观念是在日常教学过程中长期积累而成的，并非昙花一现或一蹴而就，是教师在对于自身教学的反思以及对同行教学行为的评价之基础上不断生成的，其本质属性是过程性。Larson认为，"教师的教学观念是指教师从实践的经验中逐步形成的对教学的本质和过程的基本看法"[①]。教师的教学过程不是单纯的知识输出与输入的过程，主要是师生以知识为认识中介，借助共同活动的设计，从而获得经验增值的过程。教师教学观念的形成过程与结构不良问题的解决过程大体相似，均是基于认知结构的冲突而采取相应的解决策略。教师的教学观念形成过程虽然具有一定的外显性，但是就其自身而言是属于潜在性的存在。因而应当意识到潜在的教学观一旦产生便会不断趋于稳定，内化于教师的教学思想之中，并进而对于教师的教学行为产生影响。教师的教学观念首先体现在教师对于教学的认知和态度方面，即教师如何看待整个教学过程以及自身的教学行为。教学行为与教师的教学观念密不可分，然而即使教师的教学观念发生一定的变化也并不意味着教学行为的变革。作为教师教学思维重要构成要素的教学观念，不仅展现着教师对于教学的整体性理解，而且作为教学行为的内隐性影响因素而存在。因而国内外学者均关注教学观及教师教学观念转变的相关研究，希望借助教师教学观的转变促进课堂教学变革不断走向深入；打破传统教育观念的束缚，不仅是教师专业发展的需要，而且也是教育教学不断走向深度的必然要求。

（二）教学方法论体系

"教学方法论关注的不是教学方法本身，而是教学方法与教学对象之间的

[①] Larson, S.. *Describing Teachers' Conceptions of Their Professional World*; in Halkes, R. & Olson J.K.. *Teaching Thinking A New Perspective on Persisting Problems in Educations*. Proceed in the first symposium of the international study association on teacher thinking, Tilburg. 1983.

关系。"① 教学方法论不同于教学方法，关于教学方法方面的论述及论著甚众，如有学者将其界定为"为完成教学任务而采用的方法，包括教师教的方法和学生学的方法，是教师引导学生探讨与掌握知识技能、获得身心发展而共同活动的方法"②。教学方法侧重于教学过程中的具体方法，如讲授法、讨论法、合作法等，针对具体的教育内容进行展开。而教学方法论则侧重于教师对于教学方法的整体认知，是教师基于自身教学观念对教学活动的整体建构活动。毛泽东同志在马克思主义哲学的基础上进一步揭示出矛盾的普遍性与特殊性相统一的原理，而教学方法论系统作为教师教学认知的产物既具有普遍性，又具有特殊性。教学方法论体系的普遍性，即相应的教学方法论具有一定的相似性特点，并且不同的教师对于教学方法论的认知及对教学活动的设计也有其共性的特点。另一方面，教学方法论体系的特殊性体现在教师的教学观念以及对教学活动的理性思考同时也是个人教学实践智慧的体现，具备教师个人的独特色彩，并体现在其对教学进行构思的整个过程之中。并且教学方法论体系不只是教师对于整个教学过程的把握和预设，还包括教师的教学逻辑，即从教材知识转化为教师的教学知识，进而通过教学过程转化为学生的学习和认知行为。这一过程中蕴含着教师对教学的本质性理解和践行，教学思维通过相应的理论转化为实践，同时也在实践中进一步提炼和充实理论。

从哲学层面而言，"方法论是人们认识世界、改造世界的一般方法的理论，它包含一般方法的理论阐述、各种方法之间的逻辑关系、方法的建构、应用所遵循的原则以及对方法的功用进行效果评价等内容"③。回归到教学层面，方法论即是关于认识和改造教学活动的理论体系，侧重于对教学活动的理论层面的思考与指导。教学方法论并不直接指导教学实施过程中的具体操作环节，而是教师自身对于教学活动的理性思考与规划，从理论层面指导实践的展开。教学方法论的核心构成包括"思考教学对象的思考重心、前提假

---

① 李政涛. 从教学方法到教学方法论——兼论现代教学转型过程中的方法论转换[J]. 教育理论与实践，2008（31）.
② 王道俊，郭文安. 教育学（第七版）[M]. 北京：人民教育出版社，2016.
③ 周全胜. 论价值观与世界观和方法论的动态逻辑[J]. 教育观察，2016（7）.

设、视角、分析框架（含分析单位）、思考层次、思维方式等"①。教学方法论聚焦于教师的课堂教学过程，指向教师对于教学实践过程的整体构思。教学方法论体系对于教师具体的教学实施过程进行理论层面和思维层面的指导，并不意味着教学方法论体系之于教师实际操作并无价值，而是从宏观层面进行提纲挈领式的指导和规划。

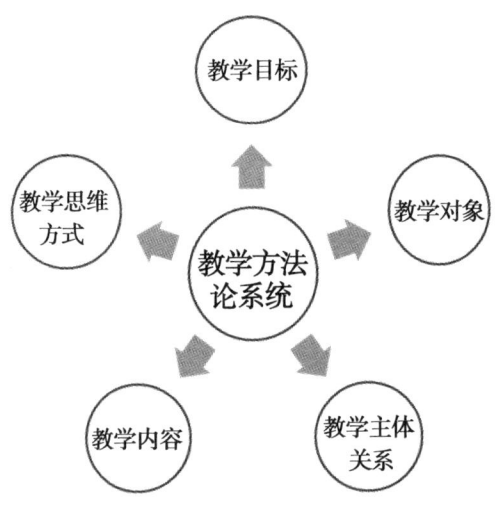

图 2　教学方法论系统构成要素图

教学方法论应当由教学目标、教学对象、教学主体关系、教学内容、教学思维方式等部分构成。教学过程中对教学目标的思考，是教师教学的基本出发点，对于教学目标的思考与设计直接影响教师的教学重心和深度。"教学思维的对象除了所教学科的知识、技能、方法、结构，还有这些东西如何对其学习者产生影响，需要什么条件才能促进从教到学，从文本知识到主观经验的转化，教师又在达成目标当中扮演什么角色，他们又是如何在知道教学目标、理解教学要素、思考教学过程、设计教学环境、组织教学活动、促进教学转化中逐渐形成和提高自己的教学思维能力"②。对于教学主体关系的思

---

① 李政涛. 从教学方法到教学方法论——兼论现代教学转型过程中的方法论转换[J]. 教育理论与实践，2008（31）.

② 李志厚. 论教学思维的属性、特征与修炼[J]. 课程·教材·教法，2016（10）.

考，聚焦于教师教学过程中如何看待学生，如何看待师生交往、生生交往等活动。如教师将教学视为教师中心的课堂教学活动，或是学生中心的课程建构，抑或是师生共同建构理解的过程等，均体现着教师对教学主体及其关系的思考。对教学内容的思考本质上是教师如何进行知识教学的过程，即教师仅将教材中的知识传授给学生还是自主引入相应的课外资源，这些都会影响教师教学内容的设计过程。而教学思维方式则是教师对具体教学方式方法的综合考量，即教学过程中采用何种教学方法和何种教学活动方式等。

三、教学思维形成的内在支撑策略

优秀教学思维的形成需要教师自身知识观、课程观以及反思意识的优化与提升，借此从内部系统为教师教学思维的形成提供良好支撑。

（一）确立动态、发展的知识观，促进教学思维形成

"按照马克思主义的实践的唯物主义观点，知识是人们在社会实践中与客观事物相互作用的认识成果"[①]。教师的教学知识观则指向教师对于与其教学内容相关的知识之理解，指向教师在其教学过程中对于知识的基本看法和根本观点。动态、发展的知识观意味着教师尊重知识的多元化理解，认同学生基于自身生活经验对于知识的个性化解读，着眼于促进学生发展的根本目的而展开其教学活动。动态、发展的知识观有助于教师基于对教学本质和学生发展过程的完整理解而进行教学设计，从而使得课堂教学达致意义层面。首先，动态的知识观意味着教师不依据本体论的知识观进行知识传递活动，而是关注教学过程中师生交往之后对于知识的再理解和再加工过程。动态的知识观，不只是要求教师在其教学中关注知识的动态生成过程，更是关注知识学习的意义增值过程，即知识与人相遇过程中的多元化理解和再加工、再生成过程。动态的知识观在教师教学思维的形成过程中，体现为教师教学设计的弹性化，为教学机智的生成和知识的多元化理解留足空间。教师在其教学

---

① 廖哲勋. 构建新的知识观，深化课程改革［J］. 课程·教材·教法，2016（6）.

活动的组织过程中，思考知识在教学中的存在方式及存在样态，思考教学过程中知识的复杂性和生成性价值。动态的知识观同时体现在教师教学评价不仅仅关注知识的认知和记忆过程，更加关注学生对知识的意义理解和价值获得过程，即教师在其教学过程中意识到教学的完整性不能够等同于知识教授的完整性，而是学生经历活动的完整性。如在数学、物理等学科中使学生完整地经历提出猜想——进行试验——探索验证——得出结论的过程，而非仅仅为了赶进度将书中的概念和定理教给学生。学生知识学习的充分广度、深度和关联度，必然来自于教师在教学过程中对于知识及其教学广度、深度和关联度的认知与理解，并且通过教学探究活动的设计使学生的学习不断往纵深发展。

发展性的知识观，指向教师在教学过程中的生命关怀立场，关注知识对于学生的发展价值。对于教学思维的形成而言，发展性知识观有助于教师从学生核心素养和关键能力形成的角度出发，关注教学过程中对于学生能力的引导以及教学组织形式的多样化。同时发展性知识观的确立，是教师从近效即时反馈式的知识教学转向远效发展式的教学之必然转换。当教学过程不再过分追求即时性、可见的反馈，而转向学生综合素质和能力的持续生成时，也便是教学深度达成之时。对于教师的教学思维发展而言，发展性的知识观有助于其在思考教学相关的问题时，从学生的实际发展需求出发，从而促进教学活动组织的适切性、教学评价的发展性以及教师自身教学反思的常态化。知识的发展性价值要求教师在教学过程中不应仅仅局限于本单元或本节课知识的教学，应当从学科知识的整体性出发，理解本册知识在整个学科知识系统中或者整个学段教学中所处的位置，由此关注知识本身的关联性和衔接性，在不断地衔接新知与旧知的基础上使知识教学更具有系统性。正如教学本身是一个复杂的关系系统，教师对于知识的理解也应当从知识的系统性和关系性出发，理解本学科知识内部以及各个学科知识之间存在的关联，在教学过程中渗透对知识系统性的思考。

（二）树立主体和资源意识，推动教学思维发展

教师的课程意识是教师对于课程及其构成要素的基本看法，包括教师的

课程观念、课程理解、课程实施等。教师的课程意识通过相应课程观和教学观从而作用于教学思维的形成过程,教师课程意识的觉醒是教师专业自主发展的重要一步,同时也是教师重新审视其教学行为的重要契机。从教师正向积极的教学思维形成过程而言,需要教师在教学过程中具备课程主体意识和课程资源意识。课程主体意识,即教师对教学过程中主客体关系的认知。主体意识的觉醒意味着教师将学生视为教学的主体性存在,将学生的学习过程和课程履历作为其课程实施和教学进程的重要出发点。主体意识的变革,不只是教师如何看待课程中的主客体关系之变化,而且也是对于课程所蕴含的对主体经验和体验生成过程的尊重。教师主体意识的确立,有助于教师在进行教学设计和教学活动组织过程中,从生命关怀的视野来看待学生的学习活动,将对于课程的多元化理解与个性化多样化的学生相联系,关注学生学习获得感和意义感的生成。课程主体意识在教学思维发展的过程中,体现为教师对于教学过程中学生与教师、学生与学生、学生与文本之间对话的生成性处理,认同学生作为主体的人的多角度理解过程,促使相应的教学评价更加具有针对性和适切性。

课程资源意识要求教师充分开发和利用相应的学科教学资源和学生发展资源,从而使得其课程与教学不断走向丰富化和深度化。课程资源意识意味着教师自身对于课程理解程度的加深,根据课堂教学的需要和学生发展的需求,教师应当主动丰富其课程资源使学生更易于理解课程的价值和意义。如在语文教学中涉及对于桥梁的专题教学时,便可以引入数学中的平衡之美,引入写作让学生描写自己身边的桥梁,将阅读教学与写作教学相融合。课程资源意识之于教师教学思维的形成而言,为教学思维提供了相应的内容支撑,使得教师在进行资源开发和运用的过程中形成个人独特的教学思维风格和教学方式。课程资源意识的发展,有利于教师加深其课程理解和教学认知,从课程实施的角度思考教学过程中如何实现学科的育人价值,从而挖掘相应的资源用于其教学。从教学思维的内涵而言,包含教师的教学观念和教学方法论系统,二者均需要教师的课程资源意识作为支撑,创设相应的资源促进教学的深度达成。

(三)教学反思的常态化,回应教学思维生成

"反思是问题解决的一种特殊形式,它起源于问题或困惑"[1]。对于问题的困惑是反思的起点,根据对问题困惑的解答和寻求解决方案的过程,个体往往会实现经验的重组和重构,以备下一次反思的来临。然而在实际教学过程中,通常会出现反思形式单一、反思目标泛化等问题,虽然能够认识到反思对于课程和教学的价值,但是在教学和教研的过程中较少从反思层面进行创新和变革。从教学思维发展的过程而言,教学反思的常态化以及教师自我反思意识的不断增强是教学思维趋于成熟的重要标志。反思形式的多样化与反思的深度之间并不冲突,反思工具的运用是教师反思进入深度的重要辅助性手段。教师在其教学过程中,除了常规性的反思工具运用,仍需要根据自身教学的需求,开发出适切性的反思工具。如教学思维发展较为成熟的教师,往往会根据自身教学的特点和学生的学习状况,采用弹性化的教学评价和反思工具。从教学的时空维度而言,教师的自我反思不仅应当落脚于其课堂教学过程之中,而且应当关注教师课前的教学准备过程和课后的反思过程。"教学反思也可以分为对教学价值观念的反思、方法策略的反思和行为操作的反思三个层面"[2]。从课前的准备过程,即备课过程而言,教师应当反思教学设计中目标设置的合理性和具体性。教学目标的设计往往是源自于教师自身对于课程标准、教材、学情等多方面的考量,教师基于自身对种种因素的把握,从而设计其教学目标和教学实施过程。

教学思维的发展必然伴随着教学反思意识和反思行为的不断自动化和自主化过程,伴随着教师自身对于教学的理解加深。同时反思的自动化会促进教师教学思维其他要素的发展,使教学思维不断处于动态生成的过程之中。一次完整的课堂教学活动不一定要求教师必须按照其教学设计一板一眼地完成,课堂教学之后的反思,除了聚焦于教学目标的达成度之外,更应当反馈、

---

[1] 郭俊杰,李芒,王佳莹. 解析教学反思:成分、过程、策略、方法[J]. 教师教育研究,2014(4).

[2] 于海波,马云鹏. 论教学反思的内涵、向度和策略[J]. 教育研究与实验,2006(6).

评估课堂教学过程中学生的学习投入度、学习效能以及教学活动设计的合理性。如教师在教学之后的当堂评价及反馈，针对学生可能会出现的疑问的针对性考察，对于教学中的重难点进一步设计问题考察梳理。同时，课后对于自身教学过程的反思更应当聚焦于教学目标的弹性化达成、自身教学能力和水平的提升、学生学习投入度的提升等层面。当教学反思初步成为教师教学生活的常态时，教师自身的教学思维发展也会趋向于正向积极的教学思维过程，在教学过程中时刻审视其教学行为和教学决策的适切性。对于思维成熟阶段的教师而言，在于将常态化的反思渗透到学生学习过程之中，将教师的反思意识和反思能力转化为学生的常态化反思意识，由教中的反思转入学中的反思。除了教师常态化的自我反思，在课堂教学之后与其他教师的交流，也有助于其二次反思并进行二次教学设计。

论教学思维方式的变革

——从课堂教学改革的现状谈起

陈秀玲

今天,变革者队伍里增加了一股新的有生力量,这就是教师。教师,不仅仅是一个能上好一堂课的表演者和执行者,更是一个研究者、设计者和反思的实践者。[①] 也就是说,其自身的思维过程、思维方式对改革的实践具有深远的意义,教师对教学内容、过程以及效果的理解和思考,已经成为教学改革在实践上成功与否的一个很重要的因素。再者,新的课程改革给现在的课堂教学带来了新的启示,但是究竟该怎么样改,向哪个方向发展,归根结底还是要依赖实践者的理论思维以及理论思维所存在的实践空间和时间,而这个实践空间和时间在具体的表现上就是具体的教学过程。因此,结合目前课堂教学的现状谈谈关于教学思维方式的问题就成为教学论研究的一个必要任务。

一、课堂教学中的新问题和新现象

事实上,对于课程改革这个问题,并不是所有的教师都能做到清楚明了,从课堂教学具体过程中产生的问题可见一斑。新课程改革给失去了生命活力的课堂教学带来了活力,但同时动态和生成、非预期又给目前的教学带来许多新的现象,而这些现象给一线的教师带来了更多的困惑,具体可以从几个问题中看出。

问题之一,改革就是操作模式的以新换旧吗?

作为课堂教学改革的一个靶子,以往的教学过于注重授受的模式成为新

---

① 高慎英. 教师成为研究者:"教师专业化"问题探讨 [J]. 教育理论与实践,1998(3).

基础教育改革的打击焦点。基础教育改革纲要也明确提出，改革就是要改变"过于注重知识传授的倾向"，"改变课程实施过于强调接受学习，死记硬背，机械训练的现状，倡导学生主动参与、乐于探究、勤于动手，培养学生搜集和处理信息的能力"。[①] 随着教学改革在全国范围的深入开展，这种"过于"倾向已经得到了很好的矫正，课堂教学一反往日的沉闷和单调，逐渐"热闹"起来，但是新的模式化的倾向也越来越明显。

如果说以往的教学形式过于单一，从某种程度上压抑了学生的主动性和积极性的话，现在的教学则走到了另一个极端：过于注重活跃的形式而忽视了活跃的教学活动形式的目的所在。活跃课堂气氛和提高学生的主体性、创造性的措施，"对解放学生、活跃课堂起了推进作用"，"使得学生的学习积极性、对课堂的情感态度发生了上升性的变化，每个班级出现了一批在课堂上主动性强和发展水平明显变化的学生"的同时，也让我们开始审视它的新"产物"——新一轮课堂教学模式的形成、"构建"。一般而言，这个模式包括：教师提出问题——激发学生兴趣（大家说）——分小组讨论（探究）——集体（分组）表演——教师总结（有时候没有时间总结）。而且只要是公开课，媒体课件就是一个必不可少的道具，甚至有学校明文规定把媒体课件作为教学评价的一个重要尺度。但是是不是每节课都适合用多媒体，每个内容都需要用多媒体来展示呢？

课堂教学从一个过于注重课堂授受的模式走到了另一个新的过于注重探究和活动，过于追求活跃的形式甚至做秀的模式，又形成了另一个机械化的简单操作过程。不论是数学课、科学课、语文课，所有的课堂都开始探究、合作和讨论，都让学生表演，课堂教学从独角戏变成了歌舞剧。

问题之二，提倡还学生生命活力、动态生成，就等于放任自流吗？

现在的一些课堂上，教师不再单独表演，而是让学生一起来"表演"，而且学生是"主演"，教师成了"跑龙套"的。一堂课的大部分时间都是学生在

---

① 朱慕菊等.《基础教育课程改革纲要（试行）》解读[M]. 上海：华东师范大学出版社，2001.

敲敲打打，研究讨论，① 不论是从课堂时间分配还是从师生关系来看，出现"无目的"的学生中心倾向。在新课程背景下，教师认识到应该把更多的时间"还"给学生，于是不敢过多地讲话，唯恐占据学生的时间，不敢评论，唯恐压制学生的个性，在课堂中我们能听到的就是"你说""你说""你说"，最出色的课堂角色也只是较到位的"客串者"。尤其是在试验课或者示范课上，教师讲授的内容越来越少，学生自主探究越来越多。以至于教师也忍不住问自己到底该怎么做，难道这就叫把课堂还给学生了吗？所谓的"传道、授业、解惑"体现在哪里？教学改革追求的仅仅是课堂的活跃和热闹吗？

最近关于动态和生成的教学过程观念又在全国范围内引起了讨论，而这个讨论的核心问题还仍在于动态和预设的关系问题，因为在课堂教学的过程中往往会为了动态为了生成而故意放任学生去讨论。但是是不是讨论出来的东西都有益于教学，是不是每次讨论都有必要，在教师们的心里却打下了问号。

问题之三，创新性思维就等于放任"求异"忽视"求同"吗？

注重求同是以往的教学为应付考试而形成的教学倾向。机械式的记忆，模式化的学习，标准化的答案，的确抹杀了许多学生的创造力。在这样的教育机制驱使下的学生的思维是单向的，与创造无缘，求异更不可能。但目前的教学又如何呢？举个例子看看。《捞铁牛》一课，教师在讲到怀丙和尚用两船泥沙捞铁牛这一环节时，抓住机会对学生进行求异思维的训练：除了这个办法之外，还有没有其他的办法？学生的办法真是五花八门：（1）用许多人来拉；（2）用起重机来吊；（3）用直升飞机来吊；（4）把铁牛切碎后再捞……教师一一给予肯定。但是在当时的情况下，到底哪种方法可行？教师没有总结，因此也没有办法把原文的深意讲解清楚。② 细细想想，这样的求异训练又有什么意义呢？我们说，思维有两个翅膀，一是求同，二是求异。二者缺一，思维就不能起飞。求同，就是发现规律，认识事物共性；求异，就是发现特点，认识事物的个性。二者相互联系、相互转化，才能发现事物的本

---

① 叶澜. 让课堂焕发出生命活力——论中小学教学改革的深化 [J]. 教育研究，1997（9）.

② 李伟忠. 几个值得注意的倾向 [J]. 小学教学参考，2003（3）.

质，才能有所创造。实际教学中，如果仅仅关注求异思维，忽视求同能力的培养，是不是也是一种舍本逐末的做法呢？

这里必须补充一点：一方面，小学里这种矫枉过正的倾向处处可见，另一方面，高中却仍然将"求同"唱成主旋律。在高考指挥棒的引导下，寻求标准答案甚至答题的基本套路，仍然是高中阶段学习的重要内容。因为涉及整个教育和社会的评价问题，涉及高考改革，内容过于宽泛，在此不作详细论述。

问题之四，课堂评价，怎一个"好"字了得？

传统的学习评价没有正确认识评价的作用，把教学评价本身当作目的与终结，因此在评价的方法上终结性评价多于形成性评价，过于注重评价的甄别功能和选拔功能。而且，评价的尺度和内容也比较单一，以知识学习为重，评价的结果单一，形成所谓"学习好"与"学习差"两种极端二分的评价。但是同样，目前的教学评价中也存在着一定的问题。举个简单的例子。老师在讲《最后一课》时，设计了这样一个问题："韩麦尔先生这天为什么穿得特别漂亮？"有位女生不假思索地答道："他是一个爱美的人。"老师说了声"好"，示意她坐下后又让其他同学继续发言。最后老师概括地说了一句"大家回答得都很好"，算是结束了讨论。[①] 但是这样的评价有什么意义和作用呢？课堂评价，怎一个"好"字了得？

现在的课堂上你可以听到的评价往往都是正面的，表扬性质的，好的。但是实质上，从学生的发展而言，正确的引导并不等于姑息养奸。错误的不纠正，该批评的不批评，该剖析的不剖析，仅仅为了不挫伤学生的兴趣和积极性，这岂不是一叶障目？换个角度讲，必要的挫折或者打击在目前的学生教育特别是独生子女的教育中，应该有它不可忽视的位置，过分的吹捧和过多的表扬也是脆弱心理的伏笔。

除此之外，只进行积极评价，或者只注重形成性评价没有终结性评价，只重视求异忽视求同，都是课堂评价矫枉过正的表现。

在当前教改的旗帜下，这样的倾向和现象还有很多。比如课堂纪律问题，

---

① 尤升旗. 课堂评价，怎一个"好"字了得 [J]. 人民教育，2003 (11).

是不是学生活跃起来了，课堂纪律就可以松懈不要了？教学进度问题，时间还给了学生，教学就可以随心所欲，不管任务和进度？教师在课堂中到底扮演什么样的角色，仅仅是一个客串者？教学方式问题，以往的讲授法是不是必须抛弃？实践中更多的人试图将整个教学过程规约在某个具有普遍有效性的简单控制模型里，从而把整个过程简单化、操作化。在一个极端遭到抨击之后，又开始寻求另一种放之于四海而皆准的"操作模式"，以至于课堂在体现"自主"的同时忘记了学生的"自能"，在彰显"个性"的同时抹杀了"共性"，热衷"客串"，不见"引导"，而这些又成了新的不能不令人担心的问题。

二、简单性思维方式是问题的思维源头

以上问题的答案看起来都很简单，也很明显，但是在实际的操作过程中却往往并不是那么容易掌控。尤其是身居教学一线的教师，如果不能从本质上认识到自身的局限性就根本无法突破真正的壁垒，也根本无法实现所谓的"实践的反思者""研究性教师"等等。

到底是什么原因导致了目前这种模式和刻板的局面，这种追求从一种模式到另一种极端的教学形式呢？除了对教学过程的复杂性认识不够，对教学设计的系统性等很重要的因素不能合理理解以外，深究种种问题和现象，我们不难发现，以上所有的问题都是单项性的选择，也就是说答案是非此即彼，每一个问题的潜台词就是"是"或者"否"。而这种简单性思维正是问题的所在。

所谓简单性思维方式，如法国思想家埃德加·莫兰所总结的："其实这个简化的范式可以同时用普遍性的原则、还原的原则和分离的原则来刻画其特点，这三个原则支配着经典科学的认识特有的理解方式。"这是人类在长期的科学创造活动中孕育出来的，这些原则不仅仅是从事科学研究活动的指导性原则，也是他们评价理论的基本原则。

具体到教学领域，这种思维方式更多地表现为二元和线性的思维方式。比如教学评价，以往对学生的分类粗糙，仅仅将学业成绩作为评判个体的唯

一指标。而且从学习衍生到做人，学习好的就是好学生，学习不好的就是坏学生，评价方式不仅简单，而且单一。这种评价方式的背后正好说明了思维方式上的简单化倾向。再比如教学设计。一直以来，我国的教学设计从系统论的观点出发，强调教学的综合、整体性和反馈性，设计的根本目的就是为了创设一个有效的教学系统。① 这一点从根本上讲是正确的，但是具体到操作层面却往往遭遇困难，尤其是课堂日益活跃的情况下，这种困难发展成前所未有的矛盾：课堂教学非预期事件的应对与教学设计的系统思维的矛盾。一方面，教学过程中出现的与教学设计不一致的"非预期事件"，促成了课堂的临时资源和新问题。这在教学实践中很常见，因为教学过程千变万化。另一方面，教学设计未雨绸缪，为了保证一堂看似完整的课，教师们往往会采取回避或者是否定的态度对待这些超出设计范围的内容。非预期事件就是"麻烦"（Trouble），要么一棍子打死，要么被各种应对策略巧妙地回避。但显然，这就浪费了很多资源，对于学生的积极性而言不能不说是一种打击。

另外，从整体上看教学的各种改革，线性的思维方式就会习惯于用一种新的被改革所推崇的事物来代替以往的事物，但是不是说以往的教学就真的一无是处呢？实际上也不如此。应该说改革并不意味着否定。以讲授教学为例，虽然发现探究学习对于学生的创造力有很大的作用，但是于陈述性知识的学习，在讲授的时效上却有它无可比拟的优势。② 因此，如何在以往的教学基础上进行改革也是我国课堂教学改革的一个问题，这既是教学实践的困惑也是理论的矛盾。杜威是开创教学论研究超越二元对立的思维新风的鼻祖，但是遗憾的是这种新与旧、好与坏、是与非、传统与现代的简单对立在改革的课堂教学中却仍旧踪可觅。思维没有改革，二元、线性的思维仍没有在教师的课堂教学设计、课堂教学过程中得到突破。教学虽然在改革但是质量和效果却值得考虑，因此，也难免又从一个极端走到了另一个极端，走向了另一个新的机械化的过程。

---

① 杨小微. 综合课程及其动态生成［J］. 学科教育，2002（12）.
② 陈秀玲. 论课堂教学讲授法的有效性［J］. 教书育人，2003（10）.

三、重回教学实践,改革教学思维方式

20 世纪 70 至 80 年代,普利高津、哈肯托姆、艾根等人创立了耗散结构论、协同论、突变论等,探讨了复杂性产生的条件,并提出了世界本身具有的非线性、自组织、偶然性和历史性发展观点,使得简单性思维方式显示出致命的局限,人类思维方式也随之发生了由简单性思维向复杂性思维的转变。从教师的角度来看,社会发展、教师专业化和研究化、教学过程观的重建等都促进了教师思维方式的改革,思维方式的改革势在必行。

(一) 从系统优化思维到超越线性思维

教学思维方式发展主要来自系统观念的贡献。系统方法作为一种综合方法,强调整体性和反馈性,注重如何对教学系统的各个要素、结构和功能进行整体研究,尽力揭示出教学要素之间必然的、规律性的联系,使教学效果最优化;注重如何在教学系统中,使教与学之间的信息与反馈正常进行,达到教学过程的优化控制。[1] 可见,系统教学的明显优势就是尽量地保持结构化的、固定的状态。但是其缺憾却更鲜明,对教学的"不确定性"试图有计划、有目的地加以严格控制,导致学生的创造力得不到有力开发,教师的主动性也得不到伸展……从整个教学过程的变动性和教学实践来看,这种预设性的设计也容易模式化和刻板化,任务变成了死规定,教学过程完全被设计所牵制。

改变思维方式就是要超越这种系统优化的思维,建立超越线性的思维。教学过程的动态生成性要求在课堂中注意到随时的发展和变化。教学绝不是仅仅靠课前的设计就可以直线推进的,相反,正因为教学是连续性和非连续性的结合,超越线性,进行动态的不断的设计和生成才是课堂教学过程中的重点。对学生,这种设计给了他们更多思考的空间,对教师也提供了倾听学生的机会,增加了对课堂教学的反思能力,无疑是一举两得。

---

[1] 曾祥翊. 教学设计研究发展趋势的探讨 [J]. 中国电化教育, 2001 (10).

（二）超越实体思维发展关系思维

从海德格尔首次提出并超越"实体思维"到马丁·布伯尔提出要建立人与人主体之间的关系，教学研究的思维超越并发展到一个新的阶段。[①] 分析教学过程，我们不能不思考师生关系和学生的地位问题。过去的教学常常在学习的结果和效绩之中争取，教师是权威的代言，也正是因此，课堂教学中出现非标准思路才会被忽视和回避。

后现代注重人的存在于教学中的反映，要实现教学的动态和自组织发展，促进学生的主体意识和创造性发展是基本前提。否则，没有师生之间平等的互动，没有学生大胆的言论和创意，教学仍然是一潭死水，没有任何的生命和活力可言。在教学中要建立生生、师生之间的互动关系，创造良好的课堂环境，才能保证课堂上人与人之间的对话、交流和碰撞。

（三）多元的连续性的思维超越二元对立思维

传统的"二元对立的思想"最突出的表现是做出非此即彼的选择，一直以来，它在社会科学领域中具有重要的位置，在教学中也是屡见不鲜。比如对名词的解释，对语句的理解，对学生的评价做出好或坏的评判等。课堂教学改革也是如此，我们经常思考这样的问题：是不是学生活起来了，课堂纪律就不要了？时间还给了学生，教学进度就不要了？临时出现的各种问题和意见增多了，教师就必须想办法来处理？课堂的活跃就是成功？追求基础知识掌握和基本技能水平提高就是应试教育的表现？以往的教学方式方法都是陈旧必须抛弃的？

事实上，非预期事件也是课堂教学的重要组成部分，多种理解才是学生之间不同水平和不同角度的反映，从另一个角度考虑，甚至可能是我们教学的一个有机促成部分，一个可以变废为宝的资源。教学中要以多元的思维看待学生，看待学生的每一句话，摒弃简单的是与非、好与坏的评价。同样，从不同的角度看学生，他可能是某方面的优秀者，他可能使某个问题找到了

---

① 李瑾瑜. 布贝尔的师生关系观及其启示 [J]. 西北师范大学学报，1997（1）.

一个新的突破口……

(四) 走向复杂性和生成性思维

复杂性思维是和世界的多样性、随机性、组织性、突变性、无序性等概念相对应的一种思维方式,它要求我们以复杂的、不确定的和不断发展的眼光看待事物。生成性思维的本质就是突出"过程性"和"关系性而非实体性,重创造而反预设,重视个性、反对中心和统一"。教学从这种后现代的认识论和思维方式中受益匪浅,也是我们站在时代的前沿观察教学的一个新视角。课堂教学是动态生成的,课前设计要拒绝机械预设,课堂生成互动要注重关系和学生创造性的发展,课后更要不断反思研究,因为对这些的思考本身也是一个动态的过程。

学科课程思想的内涵、特征及其对教学的观照

陈 娜

学科是"主体为了教育或发展的需要,通过自身认知结构与客体结构的互动而形成的一种既有利于知识的传授又有利于知识创新的组织体系"[1]。从学科的内部构成来看,学科基础知识与基本概念体系、学科思维方式与行为方式、学科情感、态度与价值观是其主要构成要素。学科课程思想表现了学科的精神实质,它内隐于学科知识体系之内,统摄着学科方法,凸显着学科价值,流动于教师的教和学生的学过程之中,观照着深度教学的达成。特别是在当前基础教育课程与教学改革亟须核心素养在各学科教学中落地生根的背景下,学科课程思想对于学生学科学习过程的增值与学科能力的养成均起着不可替代的促进作用。那么,学科课程思想为何?对教学有何价值观照?教学如何回应?这些,便是我们需要明确的问题。

一、学科课程思想的内涵与特征

(一) 学科课程思想的内涵辨析

学科课程思想是由学科专家提出的"对而后学科发展和学科学习最具影响力的那些观点、思想、见解"[2]。从教育学的角度来看,学科课程思想不是传统意义上较为规范的思想体系,而是在学科实践过程中所产生的对教师的教与学生的学均具有观照价值的核心思想观念,也可以称为"学科思想"。国内学者通常将学科课程思想与学科方法统称为"学科思想方法",即"反映学科本质、思维和规律,对学科本身及其分支学科的发展有着关键性作用的核

---

[1] 孙绵涛,朱晓黎. 关于学科本质的再认识 [J]. 教育研究,2007 (12).
[2] 毕华林,万延岚. 化学基本观念:内涵分析与教学建构 [J]. 课程·教材·教法,2014 (4).

心思想观念与方法"①。学科课程思想与学科方法既有联系又有区别，将两者统一称呼，就容易陷入只关注两者之间的联系而忽视它们之间差异的误区。

学科方法是指学科内具有学科特点的研究方法、思维方法、问题解决方法或学习方法。它是学科课程思想支配下的学科实践操作思路的统一体。从学科课程思想的发展轨迹来看，学科领域内的专家在一定历史阶段所提出的科学的、具有代表性的学科方法，会随着学科实践活动的不断验证而被抽象、概括，在此基础上提炼的文化精髓最终会凝结为学科课程思想。学科课程思想与学科方法的关系因学科性质、问题情境的不同而不同。就注重培养学生语言能力与意义创造能力的语文、英语、历史等学科群和注重培养学生艺术表现能力与鉴赏能力的音乐、美术、体育等学科群而言，学科课程思想是学科方法的上位概念，它是对学科方法最本质的抽象与概括，包含着深厚的文化底蕴与人文情怀。在具体的运用过程中，学科课程思想对学科方法进行着顶层的统摄和思想文化的指引。而对于发展学生认知能力与问题解决能力的数学、化学、物理等学科群来说，学科课程思想更强调问题解决的策略、准则，虽然它也对主体的学科实践活动进行着思想统筹，但它与学科方法在具体运用过程中的区别不明显，因而被人们视为两个具有不同指向的同位概念，可以统称为"学科思想方法"。因此，学科课程思想与学科方法的关系是辩证的，混淆它们之间的联系与差别，可能会影响教师对课程的理解，误导教师在教学过程中对知识的挖掘、加工，进而阻碍学生认知边界的扩展。

（二）学科课程思想的特征

1. 学科课程思想具有隐蔽性与无形性

学科课程思想隐藏在学科知识体系内，它能够拓展和衍生学科知识体系，联通和活化学科知识结构，促进学科知识的创生与发展。符号表征、逻辑形式、意义是教育领域内剖析学科知识的三个维度。② 学科知识通常以特定的符号表征形式呈现，这种知识是零散的事实，具有高度的概括性与抽象性，是

---

① 孙建明，王后雄. 基于学科课程思想方法整合的高考化学命题研究 [J]. 课程·教材·教法，2014（3）.

② 郭元祥. 知识的性质、结构与深度教学 [J]. 课程·教材·教法，2009（11）.

为学科课程思想赋形的各个节点。学科知识背后隐含的逻辑形式和意义表示知识获取的过程、方式以及知识所蕴含的使人求真、立善、审美的力量，它们体现了知识发展的脉络和知识负载的情感、态度、价值观，是为学科课程思想赋形的线、面。也就是说，学科课程思想不是明显地、成形地存在于学科知识体系内，而是无形地隐匿于学科知识的浅层表征和深层逻辑形式、意义的相互联系之中。反过来说，学科课程思想的生发过程记载了学科知识产生、变化、发展的情况，那么，它就是学科内不同知识点之间建立联系以及将这些点状的知识联结成线状知识、面状知识，最终形成系统课程知识体系的主要线索。教师对学科课程思想的把握会在不同程度上形塑着他们的知识观、学习观、教学资源观和学生观，进而影响其对学科知识理解的深度、广度，对教材、师生关系的处理和其自身在课堂中的具体行为。

2. 学科课程思想具有继承性与生长性

学科课程思想来源于学科经验。杜威认为"经验是一个具有'双重含义'的概念，它既可以指人类有机体与环境互动的过程，也可以指互动的内容"[①]。按照杜威的观点，学科经验就是个体与学科知识以及周围学习环境相互作用的过程和内容。学科经验中包含的策略性、方法性知识成分会派生出主体的思维方法，这种思维方法经过学科实践的不断验证、补充、升华，会逐渐演变为学科课程思想。可见，任何学科课程思想或学科思维方法都不是凭空生成的，它们皆有各自产生、发展的过程和历史，而这些过去的经验正是我们追溯学科课程思想的发展历程可以参考的依据。学科课程思想具有内在的连贯性，每种思想既是对前人研究、学习成果的继承，也会充分地、没有缝隙地与后续的学科经验进行着不同形式的衔接和联合。这种连续性赋予学生的学习以一种不断前进的意味，并持续地通向学生学习过程的完成。在这个过程中，学科课程思想均会贯穿主体的学习活动中，统摄着学习活动的进程，每个阶段内主体关于学科课程思想的不同理解和认识都会随着时空的变化而沉淀，进而丰富现在的学科经验，为未来学科课程思想的丰盈和学科实践活动的创新提供可能。

---

① 詹姆斯·坎贝尔. 理解杜威：自然与协作的智慧 [M]. 杨柳新译. 北京：北京大学出版社，2010.

3. 学科课程思想具有渗透性与迁移性

学科是一种古老的知识结构形式，可以将之视为不同知识的区别性领域，而学科课程思想就是这些区别性知识领域内最有价值、最本质的东西。学科课程思想受到学科自身规定性的限制，具有明显的学科烙印，并在一定程度上表示着其归属学科与其他学科之间的界限。虽然不同学科之间专业概念的阐释、命题的解释、问题的推理方式有所不同，但学科知识的感知、理解、运用、验证、改进等认知过程却是相似的，学科内部的方法、概念、理论也能够相互借鉴。因此，学科课程思想隐喻的界限"不是实线、直线，而是点线、波线"[1]，正是这种界限暗示了不同学科之间存在相互渗透的可能。而不同学科之间的跨界活动则会促进学科课程思想的相互渗透、迁移，进而增强各学科内个性化学科课程思想的生命力，催生毗邻学科之间的公共性学科课程思想。公共性学科课程思想通常存在于一个学科群内，是毗邻学科之间最基本的、通用的思想。例如，转化思想就是数理学科群中的公共性学科课程思想，它指学生在学习过程中为了解决问题，将问题进行多次的变形、转换，化繁为简，化难为易，最终将问题转化为自己认知领域内的问题。学生通常可以通过函数、几何、数形结合等几种方法相互转化来解决数学问题，也可以通过分类比较方法、守恒规律、动态平衡规律等方法规律的联系与转化来解决化学问题。

二、学科课程思想的教学价值

（一）激活教学形态，促进学生的层进式学习

学生对知识学习经历了从拥有零碎的经验、将具体事物的特征与抽象的知识表征建立映射关系、将抽象的知识表征与具体事物的特征建立关联、以系统化的视角看待不同知识之间的关联，到从学科层面来建构自我认知结构的变化进程。在这个进程中，学生的思维方式由简到繁、由浅入深，依次转化，层层递进，发展的各个阶段是环环相扣、逐级上升的。而学科课程思想

---

[1] 日本学科教育学会. 新型学校课程的创造——学科学习与综合学习的结构化[M]. 东京：教育出版，2001.

正是将学生思维方式发展的各个阶段串联起来的主线，也是推动它们不断地相互转化的动力。学科知识内含的概念、规律、方法、思维方式、价值等成分，通常静态地、独立地存在于文本之中，彼此之间的联系并不明显。而教师能够通过挖掘、应用学科课程思想来对这些知识进行加工，激活它们的存在形态，使其由静态变为动态，由分离变为聚合，由固化变为生成。这既在一定程度上增加课堂的知识容量，拓宽课堂教学的视野，也有助于引导学生去发现旧学与新知的结合点，促进学生对原有认知层次进行解构与重构。

（二）延展教学时空，促进学生的沉浸式学习

学生的学习应该是全身心浸入的活动，它不仅强调学生在同一时空内自我的认知建构，还强调学生在体验不同时空内知识产生、变化、发展的过程中自我的文化建构、历史建构。由于学生的学习通常始于人类已有的认识成果，如概念、原理、理论等，这使人们普遍重视已有认识成果本身的价值和被传递的重要性，进而导致教学演变为在固定的时间、地点"平移"定量知识的技术性操作。这种固定限定了课堂的边界，压缩了学生的发展需求。学科课程思想在课堂教学中的渗透则会改变课堂原有时空的"固定"状态，使课堂变得多重、开放。具体来说，学校的课堂教学在时间安排上通常关注"量"的时间，这种时间是直线的、不可逆的、均值的。但学生的学习是基于身体体验的活动，身体所经历的时间是可逆的、循环的、积累的"质"的时间。学科课程思想记录学科发展的过程与历史，教师以学科课程思想为脉络来梳理知识体系，能够将学生的学习时间变为多重的"质"的时间，使课堂不拘于既定时间边界的限制。同时，学科课程思想在课堂中的渗透能够将教学过程中关涉的、衍生的历史、思想、文化、社会等背景因素汇集起来，从而打破教室对课堂空间边界的限定，扩展学生的学习视域，拓宽学生的想象空间。课堂在时空上的延展有助于增强其自身的情境性、生长性，扫除学生理解的障碍与盲区，发育学生的精神，净化学生的心灵，完善学生的人格。

(三)开阔教学视界,促进学生的整合式学习

从整体主义哲学的视角来看,"整体的知识不是简单的个体部分知识的聚合"①。同样,学生整体的认知结构、思维方式、价值结构是学生通过对各学科知识的整合式学习来自主建构的,而非由各学科的知识、方法、价值等学科元素拼凑而成的集合。当前学生的学习由多门学科的学习共同构成,每个学科的学习虽由同一学生主体来经历,但它们的教学过程是相互独立、封闭的。那么,零碎的学科知识生硬地嵌入或独立地存储于学生的知识结构中,只会增加学生拥有知识的数量,而不会增加学生知识学习的质量。不同学科之间具有互相渗透的需求,这种需求表明不同学科之间存在一种相互补充、彼此参照的积极性张力,而不同学科之间学科课程思想的渗透正是促进这种张力释放能量的线索。通过打破不同学科之间的藩篱,借用相关学科的学科课程思想来加工教学内容,教师不仅能够开阔自身的教学视界,提升自身的文化修养,也能够引导学生认识不同学科之间最原始的关联,发现不同学科之间学习的互通性。正是在这种学科冲突与融合的过程中,学生能够发现同一学科的课程思想之间以及不同学科的课程思想之间可能存在的知识渗透地带,并创造性地将某个学科的知识学习扩展到其他学科的问题、经验和现象领域,进而引发这个学科知识结构内部以及不同学科知识结构之间知识的裂变、重组,最终形成更加系统的、整体的知识结构。

三、学科课程思想观照下教学的回应

(一)复演知识生发的过程,丰富学科课程思想的理解

从学科课程思想在教学过程中关涉的主体来看,它可以分为学科专家共同体的学科课程思想、教师的学科课程思想、学生的学科课程思想三类。这三种学科课程思想都客观地存在于教学场域中,它们分别代表着知识本位、教师本位、学生本位三种不同的教学价值取向,教学要回应究竟是"谁的学

---

① Buninn N, Yu J.. *The Blackwell Dictionary of Western Philosophy*. Malden: Blackwell Publishing, 2004.

科课程思想观照着教学"这一问题。学科专家共同体的学科课程思想反映了学科发展的历史起源、流向，它内隐于学科知识体系的背后，需要教师与学生透过浅层知识来提炼。教师的学科课程思想是教师对学科专家共同体的学科课程思想进行理解、加工基础上所形成的具有一定主观臆断色彩的思想，这种学科课程思想往往指向教师教的活动，很少涉及学生学的活动。学生的学科课程思想则是学生在学习活动中自主建构的关于学科本质、规律的看法与观点，它为学生理解、把握学科专家共同体与教师的学科课程思想提供了"先行组织者"。可见，上述三种学科课程思想不是独立存在的，它们相互依存、锁定，共同构成课堂教学过程中的"学科课程思想"，并协同对教学进行着价值的观照。为了促进三种学科课程思想理解视域的融合，教师要揭示、还原学科知识产生、发展、应用的过程，引导学生去体验、感受、领悟学科课程思想，使学生在经历知识再造的过程中发展自身的学科能力。

学科知识与其所涉的学科课程思想存在着一对一或一对多的匹配、对接关系。在教学过程中，教师不能直接告知学生特定知识与某种学科课程思想对应，而应点拨出不同学科课程思想的运用情景，鼓励学生将特定知识开放性地放在不同学科课程思想逻辑中去思考，尽可能地"构建多元联系、前后相依、自然连贯的知识序列"[1]。当然，特定知识与不同学科课程思想的匹配所产生的效果是不同的，也可能会有错误，但正是这个试误的过程使学生的认知矛盾得以化解，使学生的思维重围得以突破，使学生感受到学科课程思想中包含的文化意蕴。经过这种筛选，教师也能够摆脱预设的裹挟，升华自身对学科课程思想的理解，并结合具体教学内容和学生的学情选择最为贴切的学科课程思想来统摄教学。接着，教师要以已选定的学科课程思想为脉络，厘清导致特定知识发展变化的关键事件、因素，然后将这些背景信息与特定知识进行糅合来设计一系列层层递进的问题。问题内容的选择、顺序的安排要尽可能与知识生发的关键场景、逻辑相吻合。学生通过探究、解决这些问题便能经历知识的再创造，在问题解决中批判性地审视特定知识与既定学科课程思想的对接关系，进而实现自身对学科课程思想的再理解，获致自

---

[1] 徐章韬. 数学单元小结课的认识及其教学设计[J]. 课程·教材·教法，2016(12).

身人文、科学精神的升华。

(二) 挖掘教材的潜藏价值，催生学科课程思想的显现

教材知识"不仅是关于某个主题的事实的集合，它还包括理解这些事实是怎样关联的，知识是怎样关联的"①。学科课程思想无形地分布在教材各个单元知识体系之中，因此教学需要明确并回应"学科课程思想如何显现"这一问题。教师对教材知识的挖掘过程即催生学科课程思想显现的过程，它表明教师要关注教材知识编排的思想逻辑，反思自己的教材意识和教材处理方式，不能直接将教材知识简单地视为现成的教学内容和学生学习的材料。教学内容是教师基于特定的教学意图对抽象的教材知识进行加工而产生的，它是教师教的内容而非学生学的内容。学习材料是教材知识最终呈现在学生面前的形式，它"必须隐含着知识及其复杂而深刻的意义，却又必须是学生当下水平能够直接操作（思维与动作）的材料"②。这就要求教师不断挖掘教材知识背后潜藏的价值，以催生学科课程思想为依托来将教材知识转化为学生的学习材料。整个转化过程由将抽象的教材知识转化为教学内容的备课、将

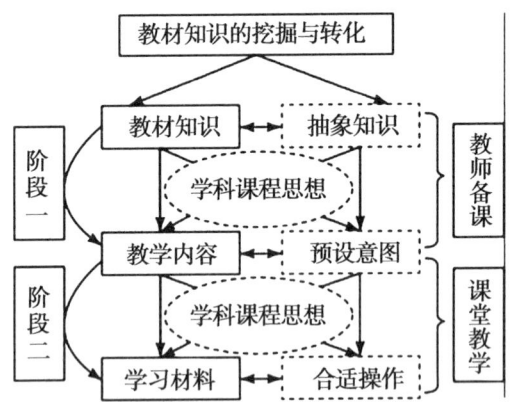

图 1　教材知识——学习材料的转化图

---

① Judith A. Langer. *Envisioning Academic Discipline*. Teacher Knowledge: Building Literacy in the College Press of Columbia University, 2011.
② 郭华. 深度学习及其意义 [J]. 课程·教材·教法, 2016 (11).

预设的教学内容转化为适合学生的学习材料的课堂教学两阶段共同构成。如图1所示。

就备课来说，在教研组集体备课时，教师要尽可能地对涉及特定教材知识的不同版本教材进行对比分析，揣摩不同教材编者、教师的教学设计思路以及其中隐藏的学科思维方法、学科课程思想，从而在整体上把握知识的生长纹理。同时，教师要借助与教材知识关涉的学科课程思想来勾勒出这些知识与前后章节、单元以及整个学科各册教材知识体系的关系，明确学生掌握了这些知识会对原有的知识结构以及后续的学习产生哪些可能的影响，继而从学生学习的角度来对教材知识进行加工，将抽象的教材知识转变为融入预设意图的教学内容。个人备课则要求教师对教材知识进行个性化的理解，不能盲目地模仿集体备课的成果或简单地演绎教材、教参内容，而是以自己所理解的学科课程思想来穿针引线，对"教材内不同单元、章节的概念、标题及其相互关系进行追问，在不断反思、评价学生学习效果的基础上对每一个教学环节、情景进行再设计，以重构教学方案"①。教师的集体备课为个人备课提供了丰富的资源支持，而个人备课则是集体备课的个性化延伸，两者相互补充，共同催生着学科课程思想的显现、成形。同时，真实的课堂教学是充满不确定性的、情境性的，它需要教师结合学生课堂学情的变化来机智地调整预设的教学内容，将其转化为更符合学生学习需求的学习材料。这就要求教师重新回归到教材中去搜集知识所承载的经验、情感、故事等背景信息，完善预设内容，并依靠学科课程思想将它们转变成学生深入探索的辅助资源，以引导学生在探究、钻研的经历中实现自身"经验的改造与生长"。

（三）打破课堂的文化界限，增进学科课程思想的互涉

学生的学习由多学科学习共同构成，在这个多维、复杂的学习过程中，不可避免地会出现不同学科课程思想相互跨界的现象。这种跨界表明学科课程思想不拘于其归属学科之内，它需要通过不同学科课程思想之间内在的交叉、关联才能动态发展。因此，教学需要回应"学科课程思想何以存在"这

---

① 马兰. 整体化有序设计单元教学探讨［J］. 课程·教材·教法，2012（2）.

一问题。学科课程思想的互涉能够为课堂提供多元的文化润泽，扩展学生的认知边界，使学生获得比单一学科的学习更为丰富的、更加真实的、更具有参与性的体验。当学生在特定学科的学习、问题解决过程中引入其他学科的思维方法、思想，就意味着引入了一种新的思维视野，这有助于丰富学生对学科知识的理解和把握，增加学生思维的灵活性、思想的深刻性，提升学生的知识迁移与运用能力，改变学生看待学习与生活的态度。因此，教师要具有全科的文化素养与比较、关联的思维意识，基于学科的个性特征来关注毗邻学科之间思想、方法的互涉，为学生的学习开辟更广阔的空间。

学科课程思想之间的差别一般可以通过学科发展历史，学科研究问题的对象、主体内容，或不同的方法、理论、概念、定律来凸显。这些标准既是不同学科的学科课程思想之间稳固的划分节点，也是它们之间关联、互通的纽带。在课堂教学中，教师要结合具体教学内容，引导学生对毗邻学科中存在的与所学知识关涉的学科方法、课程思想进行梳理、归纳、类比、分析，使学生明确不同学科的方法、课程思想之间的相似与独特之处，促使学生自主地对不同学科知识进行灵活的编码、记忆，从而建立层次分明的、整合的知识系统。这就为学生的跨学科理解、想象、推理提供了便捷的知识通道。同时，教师要挣脱"非我即你，非你即我"的二元对立的思维方式，将学科之间课程思想的互涉看作不同学科课程思想文化的互动过程，关注学生在这个互动过程中行为、认知、情感等学习投入发生的变化。当学生在某一学科问题解决过程中受阻时，教师既要指导学生在特定学科课程思想的统筹下去寻求问题解决策略，也要鼓励学生跨学科去寻找思维方法，以全新的视角来重新提出假设、验证假设，进而解决问题。在这个过程中，学生不论是使用一种或两种其他学科的思维方法，还是将问题所属学科的思维方法与其他学科的思维方法结合起来，都会有助于培养学生的多视角意识和跨学科解决问题的能力。

学科课程思想贯穿于学生的整个学习经历中，它像一根链条，能够将课堂教学中的各个要素、各环节以及各种背景性学习资料紧密地缠绕起来，引导学生的学习突破学科的边界，丰富学生学科学习的轨迹。因此，教师要领会这种观照并对其做出确认与回应，在尊重学科课程思想的统摄性与包容性的前提下进行教学设计，创造性地将课堂教学的时间、空间进行有效的安排、组织，以促进各要素、各环节及各种背景性学习资料在互动基础上产生聚合效应，从而即兴地、创造性地回应学生的学习需求，给予学生正确的指引。

"U型学习"、学习投入与课堂的画面感
——谈课程改革的深化

郭元祥

当下中小学课堂教学突出的问题之一就是教学过程过于线性、过于简化，学生在知识学习中缺乏情感的波澜起伏，缺少思想的针锋相对，缺失理智的豁然开朗；企图通过学习低投入到达学习高产出，表面上看是在追求有效或高效，其实结果是"速效"。其根源在于教学过程过于线性化，学生的生活经验、学科经验游离于学科学习过程之外。丰富学生的学科经验，是每个教师在教学过程中应重视的问题。

一、U型学习

"U型学习"，是笔者对美国著名教育家杜威的经验教学过程理论的概括。从书本知识到个人知识，学生究竟经历了一个怎样的过程？杜威认为：书本知识具有不可教性，不能直接进行传授，而需要让学习者经历一个复杂的过程，即知识的学习需要经过还原与下沉、体验与探究、反思与上浮的过程。这一学习过程恰似一个"U型"。学生首先要将书本知识还原，还原为"儿童有效率的习惯"，还原为"经验"，还原的过程即知识的"下沉"过程。"下沉"环节是对知识进行表征化、表象化和具象化的过程。"下沉"一方面有助于学生理解知识的背景和现象，另一方面有助于建立起书本知识与学生个人经验的关联性，从而增强学生对知识的理解性。大多数"去情境"教学的局限性就在于去掉了知识的具象化、表征化过程。"U型"的底部是学生对知识进行"自我加工"的过程，是对知识进行理解、对话、体验与探究的过程。从学习过程的连续性和整体性来看，"自我加工"环节是最复杂、最深刻的。大多数"去过程"教学的局限性就在于简化、压缩了这一复杂且深刻的必要

过程，从而极大地减损了整体目标的达成。第三个环节是"上浮"，即反思性思维的过程。经过反思性思维，将经过"自我加工"的书本知识进行个人意义的升华和表达，书本知识才真正变成学生自己理解的东西，即所谓"个人知识"，是对书本知识的个人化理解、自我建构并获得知识的意义增值。如果课堂教学省去了知识的还原与下沉、体验与探究、反思与上浮这一复杂过程，学生所获得的知识永远只能停留在对书本知识的简单占有层面上，而课堂教学的发展性及其涵养就难以达成了。

接受性、灌输型的教学活动，把知识学习过程看作是一个线性的过程，学习过程是一条直线甚至是一条断断续续的虚线，即"一型学习"或"线性学习"。"一型学习"或"线性学习"试图找到公共知识与学习者个人知识之间最短的直线路径，达到学生对公共知识的直接认同和确认的目的。这种教学活动的根本出发点是知识传授，而不是通过知识引起学生学科素养的变化和发展。"一型学习"之所以是简约的学习，是因为其去除了学生经验对认知过程的参与，省略了对知识的多元属性的把握，去除了学生必要的多样化的学习投入，尤其是经验投入、情感投入、思想投入和实践投入。"线性学习"是当前中小学最普遍存在的教学活动状态。它去掉了学生的理解、探究、对话、反思等多样化的过程，便去掉了学生学科素养培育的诸多机会。有很多学校的教学改革过分地聚焦教师教与学生学的时间分配，而不关注教师教和学生学的状态、活动层次与必要的理解深度，仅仅关注教学过程中时间的投入，显然是舍本逐末。去情境、去过程、去经验、去反思与感悟，不注重引导学生活动对知识的意义增值，是"一型学习"教学活动状态最突出的局限。

还有一种教学活动状态是"L型学习"。"L型学习"显然比"一型学习"注重了对知识的文化背景的理解，也适当注重了引导学生通过活动来学习，注重了理解、对话等学习活动形式，但由于忽视深度的体验与反思感悟，强调了学习方式的多样化，完整的学习活动链条中缺少了反思与建构的过程，学习活动变得虎头蛇尾。我国新一轮基础教育课程改革实施过程中，就大量存在着转变学习方式过于形式化、表层化、表演化的局限性，为了转变而转变，而不是为了达成学科知识、学科经验、学科思想和学科能力多维目标的完整深刻。所谓的"做课"，做出来的基本上属于"L型学习"课堂。

二、学生的学习投入

学生的学习投入是指参与学习过程的行为、情感态度、思维方式、意志品质、生活经验、学习策略等学生的个体因素,以及学校、教师等社会性因素,其中,学生个体因素是关键要素。心理学研究表明,学习投入度直接影响学习形态和教学质量,学生学习投入的因素越多越深入,学习的效能感越高。OECD(经济合作与发展组织)在全球开展的PISA(国际学生评估项目)测验具有两个明显的特征:一是注重对学生学科能力的检测,二是注重对学生学习投入的分析评价,而不是仅仅对知识理解和解题水平进行评价。从学习投入的角度看,"线性学习"和"L型学习"等教学活动状态的弊端就在于学生投入的残缺和不足。三十多年来,我国中小学课程与教学实施脱离学生有效的学习投入、深刻的学习经历和丰富的课程履历,追求单一的教学结果,这成为阻碍学生核心素养和关键学科能力发展的根本问题。学生学习的投入度不高,学习经历不完整,课程履历不丰富不规范等问题普遍存在。

不同的学习形态,体现了学生学习投入的差异性。相比于"一型学习"和"L型学习","U型学习"更完整地引导学生经历了丰富的认知过程、情感过程,以及将知识个性化和社会化过程,更注重学生的多样化学习投入。更重要的是,"U型学习"通过引导学生深度的理解、体验、对话、探究和反思性思维,获得对知识的意义增值,而不是对符号的简单占有。

课堂教学中投入了知识的文化背景,学生获得的就不仅仅是对知识的符号认知,而是对知识的文化理解,这样才能获得知识"文化地标"的全部意义。课堂教学中投入了学生的生活经验或体验,才能在新知识理解过程中生成新的想象或画面。教学过程绝不是简单地将书本知识原封不动地投射到学生脑海里的过程,更不是对书本知识的简单复写或复制的过程。

从学生个体的角度看,学习投入包括认知投入、情感态度投入、意志投入、个性品质投入以及社会性投入。前四者属于认知过程、情感过程、意志过程和个性等心理投入。社会性投入主要涉及学生的学习策略(学习内容、学习资源、学习时间、学习方法等)、生活经验或体验、社会性履历(如家庭背景、社会关系）等方面。

尽管学生的学习投入是影响教学质量的关键因素，但教师在教学过程中的重要作用是激发、分配和维持学生各种学习投入要素合理地参与教学过程，从此意义上说，教师在教学过程中的根本作用是主导。"一型学习"和"L型学习"形态的局限就在于简化了必要的学习投入，仅仅是把知识作为教学的对象和目的，而不是把学生作为教学的对象和目的。合理地激发、分配和维持学生不同的学习投入，是教师教学艺术的关键。当然，学生的学习投入度与教师的教学投入度具有强相关性。如果教师单向地、平面地呈现知识，或者简单地进行知识投射，那么，学生的认知投入，特别是思维方式投入绝不可能呈现出深刻的、敏锐的、批评性和创造性等思维品质。如果教师在知识教学过程中有效地进行背景导入、经验导入、文化导入，一定会提高学生对知识的理解水平并促进知识的转化。如果教师在教学过程中缺乏具有情感冲击力的表达，甚至是平铺直叙，学生怎么可能有情感的激荡？

学生的学习投入，实质上反映的是学生的学习经历，或课程履历。我之所以推崇"U型学习"，不仅仅是因为这种学习形态充分体现了学生学习的主体性，而且它保证了学生充分的学习投入或学习参与，实现了学习过程的完整性、规范性和丰富性，从而充分发挥了教学的过程价值。学习经历的不规范、不完整、不丰富，实质上反映了我们普遍存在的忽视教学的过程价值的弊端。没有过程，哪来价值？近些年来，课程教学改革中有些口号貌似合理，实则错误，比如，"把时间还给学生"。其实，时间投入仅仅是学生学习投入的一个方面，真正具有过程价值的教学时间是师生共享、共存、共生的！更何况学生学习投入根本上依存于教师对学生学习投入的激发、分配和维持。仅仅强调让学生在时间上自主，却在方法上失控，在知识理解上单向度，知识的文化敏感性和文化包容性岂是仅仅靠学生的独学、对学、组学、群学来实现的？

学习经历不是档案学意义上的经历，而是指学生课程学习的过程和经历，是一种过程意义上学生学习某一门课程的任务性、程序性、规约性的成长经历，是学习每一门课程、每一个教学过程中学生学习的过程性经历。如果说课程目标是对学生通过学习之后所应产生变化的预期形象刻画，那么，学习经历则是对学生在一门课程学习中发生变化的过程刻画。只有完整的课程履历和学习经历才能生动地刻画学生在特定课程学习中的成长经历和发展过程。学生学习经历包括认知责任与任务规约、学习方式与过程规约、学习策略与方法规约三个方面。

认知责任与任务规约，是指为达成教学目标学生必须完成的学习任务的规定或约定。任务规约所约定的学习任务直接指向教学目标，是教学目标的本质要求，是在教学过程层面对目标的操作化或表现性要求。在学科学习过程中，学生究竟要完成哪些具体学习任务？在不同学习阶段、不同单元或章节的学习任务有哪些不同的规定？不同类型的学习任务如何设计，完成到何种程度？此类关于学生课程履历的任务规约问题，我们现有的课程标准以及所开发的教材，甚至教师的教学设计，几乎都是一笔糊涂账。以语文教材为例，我国目前绝大多数语文教材课后练习所设计的学习任务大都是语言知识和文本知识的习得和训练，所规约的学习任务极其单一，鲜有真正引导学生思维方式和价值观辨析与探究的学习任务。学习任务规约的单一，必然导致"堂堂清"所"清"的只能是知识点甚至是考点。语文课程学习中对生活的观察和思考、数学学习中的空间想象与数学思想建立、科学类课程学习中的实验与观察等必须完成的学习任务都被知识训练所代替。学生课程履历中任务规约的偏颇或缺失所误导的是学习过程，所损害的是学习过程质量。

学习方式与过程规约，是指为完整达成课程目标要求学生必须经历的学习过程和学习方式的规定或约定。严谨描述学生学科学习过程及其表现，既是课程设计的基本要求，更是教学设计的基本要求，是关于课程和教学的"标准的标准"。过程规约有利于保证特定学科学习过程的完整性和学习方式的丰富性。严谨的课程设计、教学设计以及教学实施需要明确学生学科学习的必经阶段、程序、时间以及具体的学习方式，也就是明确学习过程规约。过程规约所要规定或约定的是具体教学内容不可或缺的学习经历、学习活动及其方式，其核心价值是保证学生学习过程的完整性、学习方式的丰富性。"去情境""去过程"的教学，是教学过程中应试教育的集中表现。40多年前，苏联教育家赞科夫就主张处理好教学与发展的关系，确立了教学必须"使学生理解学习过程""使班上所有的学生都得到一般发展"等发展性教学原则。

"理解学习过程"是以过程规约为基础的,是真正进入和参与学习过程。学生何以能够理解教学过程?何以进入学习过程?课程设计和教学设计的过程规约具有极其重要的引导作用。学生学习过程被简化、被压缩,学习方式单一,何以保证学生真正进入教学过程?而完整、规范和丰富的学习过程及其活动方式,是体现课程的过程属性和过程价值的根本前提。学习过程的缺失必然导致学生理解的断层、关键学科能力发展机遇的丧失。

学习策略与方法规约,是对具体学科学习方式与学习行为的规定或约定,是与学习任务和学习过程相适应的学科学习方式和学习行为的基本规范、要求,是对学科关键能力表现的具体化。方法规约一方面能够保证学生学习过程和学习方式的规范性和严谨性,另一方面有助于提升课程标准和教学设计方案的可行性和操作性。方法规约既是对特定学科具体学习行为和方法的设计,又是对学科关键能力表现的规范性要求。方法规约直接指向学科关键能力表现,是对学科核心素养形成过程的深度刻画,尤其是对学生的学科经验、学科关键能力、学科思想的深度刻画。没有学科学习的方法规范,学科经验的丰富和学科思想的建立就丧失了过程规范和方法规范的支持。多年来,中小学各科教学的方法规范普遍存在着弱化或虚化的局限性。如语文学习中关于阅读的方法规范就过于粗略,少有学校和教师对学生的阅读提出细致的表现性要求,至于阅读的各种具体方法及其要求,特别是批判性阅读、反思性阅读等关键方法和能力的表现性规范,我们的课程标准、教师的教学设计几乎没有涉及。而对生活的观察与体验、对生活的反思与感悟的方法规范甚至基本上处于缺位的状况。语文学习的方法规范的缺失,只能导致语文课程沦为工具性层面的纯粹语言学习。再如,物理、化学等科学课程关于科学观察与实验、科学论证与推理、科学猜想与反驳、科学创造与发明等关键能力与方法的具体表现性要求,同样也疏于设计。

三、课堂画面感的意蕴

从公共知识的理解到个人知识的建立再到意义达成,是一个生动的丰富的知识理解与意义建构的过程,更是学生行为参与、思维参与和情感参与知识学习的发展过程。这一过程充满着直观的呈现、经验的流动、想象的再造、情感的交融和思想的表达。当下诸多"速效"课堂大多呈现出去情境、去过程、去经验等局限性,课堂像个压缩饼干或腌制干果,了无生趣,毫无画面感,教学失去了灵动的活力、必要的深度和应有的发展性。

(一)课堂的画面感

课堂不仅是一个生动的知识学习过程,更是一幅知识与经验交融、理智与情感互动、师生心灵碰撞、学习过程与学生成长意义关联的生动图景。课堂的画面感是指学生在学习过程中基于知识理解产生的丰富想象和生动表征的一种学习状态,是学生理解新知识、加工新知识并获得知识意义的学习过程。知识的理解总是伴随着丰富的个体经验和认知活动的参与,个体已有的知识和经验为学生学习新知识提供了必要的学习准备状态。皮亚杰称这种状态为认知的"前结构",奥苏伯尔则称之为"先行组织者"。学生正是在已有知识和经验的基础上理解新知识并产生新的想象,每个人的"前结构"不同,对理解新知识和再造想象的影响也就不同,这也是为什么"一千个读者就有一千个哈姆雷特"的原因之一。在新知识的学习过程中,学生脑海里所产生的丰富联想和再造想象,就是课堂画面感的具体体现。

课堂的画面感不是指课堂中出现的画面,而是师生以知识为中介在交互作用中呈现出来的一种认知状态。知识理解的基本过程本质上是一个丰富的认知过程,而具象化、表象化或表征化则是学生理解知识的基本方式。美国著名教育家布鲁纳认为,学生对新知识的认知加工经历了三个阶段:行为表征、图像表征和符号表征。行为表征是指学生学习活动的动作和过程,是一种最直接的动作参与和学习活动状态。真实的课堂活动中教师与学生的交往过程,是课堂教学过程中最表面的一种画面,是学习的动作、理解的情境和行为表现。图像表征是指将知识转化为各种想象的图景,是一种生动的再造想象,即用图像来加工新知识。学生在阅读某一文学作品时脑海里定会基于个人已有知识和生活经验产生丰富的联想和图景,并会"触景生情",这"景"便是一种图像表征。比如在学习《背影》一文时,每个学生脑海里会产生一幅朱自清的父亲穿着大棉袍穿过铁路艰难地攀爬站台的图景,甚至联想起自己父亲的一幅幅生活图景,正是这些生活的"画面"或者说是再造想象深深地触动了学生。符号表征则是将具体生动的图景抽象化为概念的、观念的东西,用符号来表达观点、思维、思想和情感。在这三大表征系统中,行为表征和图像表征便是课堂画面感的主要体现。从此意义上说,课堂的画面感其实不仅是知识的画面感,即对知识的表象化和表征化,而且是学生知识理解过程的画面感,是对知识与经验的意义关联的具象化、表象化和表征化,是建立知识理解与学生人生体验之间的意义关联的结果。

增强课堂的画面感是促进学生知识理解,获得知识的意义增值,达成知识发展价值的基本途径。课堂的画面感通过将知识表征化促进学生对符号知识的深度理解。美国后现代课程理论家多尔曾指出,课程的内在元素是 3S:S1 即 Science,是指知识的科学性,课程内容的学习不仅仅是从概念知识到概念的学习,而且还需要理解知识之中隐含的思想、方法和思维方式;S2 即 Story,是指知识理解的生动化、形象化、叙事性,注重课程内容过程中经验的参与与情境的依赖;S3 即 Spirit,是指知识所隐含的思想、灵魂和意义系统,学生需要通过深刻的反思、感悟与觉醒等意义建构的过程才能真正获得。显然,S2 表明了增强课堂画面感的意义和价值,是构成 S1 与 S3 意义关联的必经过程。从根本上说,3S 不是指课程的不同形态,而是课程的内在基因。离开了 Story,学生对课程的学习便会产生理解的断层。从此意义上说,Story 强调的就是课程学习过程的叙事性和画面感。课堂的画面感是学生在知识加工的基础上产生的丰富联想、生动形象,既是构成知识与学生人生经验和生活体验之间的意义关联和价值关联的状态,更是这种意义关联和价值关联的必然结果。

可以说,课堂缺乏画面感,学生对知识的学习往往会仅停留于表面学习和表层学习状态。教学过程的生成性、境遇性是难以离开丰富的课堂画面的,离不开知识与背景、知识与经验的意义联结的。学生在学习新知识的过程中如果不能产生丝毫的画面和形象,脑中空洞无物,完全是自己对符号的累积,是难以获得学习的意义感和学习的自我感的,也是难以真正获得对知识的意义增值的。

(二)课堂画面感的生成

课堂的画面感不是简单、机械的图形和图像呈现的结果,而是学生基于深度参与学习过程和自主建构知识所达到的学习状态。课堂的画面感是师生共同创生的,真正具有发展价值的课堂画面既是对知识的解构和再造,更是学生对知识的动态建构。课堂的画面感离不开知识与学生在价值层面和意义层面的相遇。课堂画面感的生成离不开最核心的三个过程:知识的解构、经验的重组、想象的再创。

知识的理解与学习不是对符号的简单占有,而是对知识所揭示的事物和事务的本质及其规律的认知和认同,并以此为基础获得知识的意义增值。笔者曾经提过纯粹的符号知识具有不可教性的观点,即知识的理解与学习需要经过还原与下沉、经验与探究、反思与上浮的"U"型过程。其中的还原,是指对书本知识进行还原。因为知识是对具体事物的本质及其规律的高度概括,是理性认识的成果,如果要让学生理解知识的本质及其所揭示的事物的规律,必须进行知识的还原。还原,是对知识进行解构的开始;还原知识,是理解知识的基本条件。由于知识具有背景依存性和情境依赖性,同时,知识还具有文化敏感性和文化包容性,对知识的解构首先应还原知识的背景依存,还原知识的文化依存,还原知识的经验依存,还原的过程必然带来学生对知识的各种表象、表征性的理解,必然在学生的认知图式中产生丰富的表象、图景和想象。其中,一部分是直观呈现出来的事物的现象,另一部分是在学生脑海中与已有的生活经验产生联结而生成的新的形象,即联想。我们不妨把这些表征称为课堂中的直观表征。直观表征一方面是对书本知识的直观呈现,是对书本知识的形象化、表象化,如物理化学知识理解中的现象直观、实验演示;另一方面是对知识的直观联想,如学生在数学知识学习中的空间想象,语文知识学习中对文本所描绘的人物形象的再造想象等。学生在对各科知识的理解过程中不断地呈现出直观形象和再造想象的学习状态,便是具有画面感的一种学习境界。

当然更为重要的是,学生在知识理解过程中将书本知识与自我生活经验自觉联系起来,以对知识的解析为基础,引起已有的认知经验、生活经验、社会经验发生系列的变化。这一变化的过程，即为经验的重组与改造的过程。这也许就是杜威所说的"教育即儿童经验的改造或改组"对于教学过程的根本意义。变化的结果必定是产生新的经验，并创造出新的体验。因此，课堂的画面感更需要从直观联想走向经验重组和创生想象。

课堂的画面感具有丰富性、内隐性、流动性和创造性等特点。课堂的画面是多样的，大致存在着直观表象、联想表象、再造表象和创造想象四大类，从总体上说最具发展价值的课堂画面大多是不可直观呈现的，而是内隐的，可叙述的，可描绘的。同时，各类课堂画面应是可以相互转化的，即表象的流动性。表象的相互转化过程本质上是创造的过程。真正具有活力的课堂是充满着信息流动、经验流动、情感流动、思想流动的课堂。众多的所谓"高效课堂"的问题就在于割舍了必要的画面创生及其流动，从而使课堂缺少了文化的味道、人生的味道，成了干瘪的课堂，"高效"演变成了应试的缺乏正能量的"速效"课堂。

课堂的生命活力，其实是源于课堂丰富的、生动的、流动的、创造性的画面，是源于知识理解与学生的认知经验和生活经验之间的紧密关联性，这种关联性是价值层面的、意义层面的、创造层面的。如果离开了由知识的解构、经验的重组和想象的创造所形成的课堂丰富的画面感，那么，让课堂充满生命活力，是难以真正实现的。

（三）生动与创生

近些年来，有的中小学课堂过于热闹，大有"堵住教师的嘴迈开学生的腿"的架势，课堂根本容不下产生丰富画面感的时间和空间，还美其名曰"充分发挥学生学习的主动性"。美国课程教学理论家乔治·布朗在《生动的课堂》（*The Living Classroom*）一书中提出了很有趣的教学主张：课堂中学生应该有丰富的精神幻想旅行，并要求中小学教师每节课至少留足 5 分钟让学生遐想。遐想不是瞎想，而是再造想象和创造想象的过程，是生动的课堂和课堂创生的根本要求，其基本的出发点恰恰在于丰富课堂的画面感。如何丰富课堂的画面感？笔者觉得最基本的要求是让课堂生动起来，让学生在知识理解过程中经历多样的创生过程，超越对符号知识的表面学习、表层学习和表演学习的局限性。

第一，发展学生的观察和想象能力。观察是感觉和知觉整合的认知过程，是有目的的整体感知事物的过程；想象则是创造性思维的基础。观察能力和想象能力是学生知识理解的基本认知能力，是学生学习各门课程的基础性学科能力。语文学习需要对自然事物和社会事务的观察，没有观察就没有写作，更不可能有批判性阅读和反思性阅读。数学学习需要具有空间观察和空间想象能力，而物理、化学等自然科学课程的学习则更需要观察了，甚至可以说，没有观察就没有科学的产生。加拿大现象学教育学家范梅南曾经提出过关于写作的四个理念：写作即观察、写作即生活体验的表达、写作即生活体验的反思、写作即重写。他认为观察是写作的根本基础，没有对自然事物、社会事务和人的观察，没有对生活经验和生活体验的联想，怎么可能写出好的作文或作品？阅读中想象同样重要，没有想象，学生怎么能够理解作品中的人物？因为阅读是通过对文本或作品的加工在脑海中产生新的想象和意义的过程。对数学学习和科学类课程的学习同样如此，观察能力不强的学生几乎是学不好数学和科学课程的。发展学生的学科观察能力、想象能力，是丰富课堂画面感的基本条件。

如果说观察主要针对的是直观表征而言的，那么想象则是以知识为基础产生新的联想的过程，想象是知识理解的基本方式。学生在新知识学习过程中，需要在脑海里通过知识加工，产生新的联想。联想的结果往往是再造想象和创造想象。语文学习中基于对文本的理解在脑海里呈现出关于作品描绘的表象、图景或场景，便是再造想象的结果。语文学习过程中学生理解所产生的画面越接近作品，对作品的理解就越准确；所创造的画面或想象越生动，对作品的理解就越深刻。数学学习中的空间想象则直接影响空间思维和逻辑思维。因此，学科教学过程中教师应注重有效地引导学生产生丰富的联想，生成丰富的再造想象和创造想象。

第二，注重回应学生的生活经验并引导学生深刻反思。注重书本知识与学生生活经验的意义联结，是增强课堂画面感的根本途径。知识不仅具有背景依存性而且具有经验依存性。生活经验是学生理解知识的一种"前结构"或"先行组织者"，更是学生在知识理解过程中产生丰富的再造想象和创造想象的基础。知识学习中如果缺乏学生经验的参与和流动，课堂便会沦为静听的场所。杜威在批判"静听的学校"时说过：在"静听的学校"里，教室的大门和窗户紧闭，学生的生活经验根本无法从门窗中溜进课堂！当然，课堂的画面感不是对粗糙的生活场景和社会原始镜像的简单复制，而是对学生生活经验的重组与改造，是通过反思引导学生建立新的生活观念和社会观念。生活经验和生活体验参与知识理解的过程，才能引起学生丰富多样的再造想象、创造想象和对美好生活图景的向往。

语文学科育人价值的实现路径

武凤霞

叶澜先生说得好,"要实现现有学科的育人价值,首先要认真地分析本学科对于学生而言独特的发展价值"。关于学科的育人价值,叶澜先生很久以前就有了明确界定:"育人价值指向学生个体精神发展的全部——包括头脑中的知识结构层级,思维方式与思维品质,符号理解、互换与整合、综合运用的能力;对未知领域的好奇,发现问题和解决问题的创造能力;对事物认识的穿透力和时空贯穿感;对他人的善解、合作与处理矛盾和冲突的能力;对自然世界的感受、理解、理性相处与和谐共生的自觉意识和能力;对人生中各种美之感受和欣赏,乃至创造愉悦与美的能力;最终归结到对自我个性与人格、发展理想与信心、策划与在现实中践行的生命自觉意识与能力。"

那么,语文学科的育人价值又是什么呢?北京大学教授钱理群先生认为:语文教育的根本任务是通过"立言"来"立人",人正是通过听说读写,不断发展与丰富自己的内在生活、心灵世界,开拓精神的自由空间,开发自我的思维力、想象力、创造力,与历史、文化发生联系,与外部世界进行交流。

两位学者的论述,让我想到了《普通高中语文课程标准(2017年版)》(以下简称《标准》)。《标准》指出:"学科核心素养是学科育人价值的集中体现,是学生通过学科学习而逐步形成的正确价值观念、必备品格和关键能力。"《标准》把学生语文核心素养定位于"语言建构与运用、思维发展与提升、审美鉴赏与创造、文化传承与理解"四个方面。

德国教育家赫尔巴特说:我想不到任何"无教学的教育",正如在相反的方面,我不承认有任何"无教育的教学"一样。可见,教学是形式,教育是内涵;教学是器,教育是道;教学承载着教育的根本任务,教育通过教学来实现。所以,站在给予学生完整成长的角度来思考,"把'教'和'育'打通"并充分融合在一起，是实施教学十分重要的任务。

那么，语文教师应该如何组织语文学习活动，才能够培养学生核心素养，形成必备的语文能力，达到适合学生自身发展的品格与境界，从而完成学科育人的任务呢？

一、精准发掘文本价值

为什么这里用了"精准"一词？背景是语文教师教学的现状。长期以来，我们更多关注的是语文学科的知识体系，而忽略了语文学科对于学生身心发展的重要价值；有时候关注到了文本传递给学生的各种"崇高与伟大"，却又忽略了文字中隐含的普通人的"正常心理与情绪"；最终，我们常常满足于学生说出了我们要的答案，而忽略了学生作为正常人应该有的真实、真正的想法。"站在应考的角度去教，站在伟大的角度去育"的习惯做法，让我们对文本的解读片面而标签化。面对这些问题，精准地对文本内涵进行发掘就显得尤为重要。

那么，语文教材中有什么呢？有丰富的文学形式：童话、神话、散文、诗歌、说明文、说理文、记叙文、小说等，每一种形式都以独有的姿态存在，丰富着学生的文化素养；有多样的教育主题，环境、友爱、亲情、科普……每一种主题都在丰满着学生的情感；有特色鲜明的多元文化，传统的与现代的，中国的与外国的，即使同一国家，不同民族也有着鲜明甚至截然不同的风俗习惯；有美丑的鉴赏；有爱恨的甄别；有汉语言独特的结构、形式与逻辑；有不同文体中段落结构、布局谋篇的精彩与独到，等等。所有这些都是文本的价值，但不是我所谈的"精准"价值。

所谓的精准，就是精炼、准确。

精准发掘文本的价值，就是要求教师把握文本所特有的、能给予学生真成长的价值。苏州的张学青老师在执教苏教版六年级《在大海中永生》一文时，抓住了文本独特的教学价值——"渲染""移情"两种表达方法，填补了学生知识的空白。她执教的《一个爱惜鼻子的朋友》一文，梳理出文章内部隐含的"爱踢球——眼睛高度近视——成绩好——短命——活到八十八——

做个伟人——没钱渡河——顺利过渡"人物命运结构图,直观展示了什么是"文章波折",写文章怎么做到"文似看山"。所以,在她的课堂上总有成长的精彩。

有的时候文本独特的价值就藏在习以为常的认知中。我曾经执教绘本《石头汤》,"三个和尚是用欺骗的手法达到自己目的的吗?"这是每一个读过这本书的人都会有的一点疑惑,但是很多人马上下意识地得出结论:"即使有,也是善意的谎言。"而我在教学中恰恰从这里发现了三个和尚的智慧,并引导学生在辨析中得出了"不是欺骗,是智慧的唤醒",把认识上升到了哲学层面。

精准发掘文本价值,不仅仅让学生对知识的学习更全面,还能避免标签式的道德说教,让学生对社会、对人生的认知更加丰富而立体。

二、创造精妙的教学设计

学科育人不仅仅是通过文本本身育人,还要关注通过学生的学习过程育人。无论是文本本身还是学习过程,达到育人目标的一个重要凭借是教学设计。可以说,教学设计的优劣直接决定了学科育人达成的度。

曾看到一篇记述人教版四年级《中彩那天》这篇文章的教学设计,作者为我们呈现了如下两种设计思路:

设计一:在"研读课文,释疑解惑"环节,围绕"'还与不还'的道德难题"展开,设计了四个问题:

(1)父亲面临的道德难题是什么?(2)父亲面临"道德难题"时的表现怎样?读课文,画出相关句子。(3)父亲是怎么解决这个"道德难题"的?(4)你觉得父亲这样做值吗?

教学中,学生一致赞成父亲的做法,还从文章中论证自己的结论,就是母亲那句"一个人只要活得有骨气,就等于有一大笔财富"。

设计二:在学生理解了"还与不还"的道德难题之后,提出这样的问题:"父亲想过要留下这辆中奖得来的奔驰轿车吗?再读读课文,看看父亲有多少'留车'的理由,从文中找出有关词语和句子体会。"在此基础上,又带领学生深入思考:"父亲抉择'难'在哪里?对父亲的哪些描写让你感觉到了他抉择之'难'?"

两种教学设计,有着同样的教学目的——帮助学生通过学习体会父亲在道德难题之前,坚守住了一个高贵的灵魂,展现出高贵的品格,并在体会中受到启发,得到陶冶,促进精神的成长。但是,因为教学设计不同,学生在学习中收到了不同的学习结果。

设计一的教学中,学生体悟到的诚信更多是口号和标签,因为"诚信"主题的表达在文章开头和结尾都有相应语句,是不需要学生分析判断的显性存在。所以,学生说的是作者的话、作者的想法和感受,而不是自己的。设计二的教学侧重于在字里行间去感受、去体验,触摸到父亲作为普通人在选择面前的犹豫、彷徨、焦躁和决定,在这样的触摸中,父亲的形象不是高大伟岸、触手难及,而是亲切真实,如在身边。设计一让学生知道了诚信的概念,设计二让学生生发了真实的情感,明白了"真正的道德是无人知晓的自觉",教学设计的优劣带给学生成长的帮助在这两种设计中得到了十分明确的体现。

语文教学中要避免标签式的口号,一个重要的方法是不要在学习之初就把学生的目光聚焦到结果的讨论之上,而是要自始至终定位于体验语言文字的过程中。

三、以挑战智力的深度去学习和想象

《可见的学习》一书的作者新西兰教育家约翰·哈迪在前言处写了三条期望,希望自己的孩子将来遇到的所有教师都能遵守这基本的教育原则。其中,排第一位的就是"培育和挑战我女儿的智力和想象力,使她们达到一种不被自我实现和极低期望所蒙蔽的境界",希望教师"不要把迎合大众口味的'牛奶冻'伪装成知识和学习,来保护和监护她们,也不要用枯燥乏味的教学法粉碎她们对学习的热爱,不要用无须开动脑筋的'繁忙工作'给她们当头棒喝,也不要仅仅是为了不断重复地完成永不结束的作业单,去限制她们探索不断进化的知识世界"。这是一个父亲对女儿未来所遇到的教师的期望,也是

一个深懂教育的学者对教育的期盼。

但事实上，约翰·哈迪的希望恰恰是很多教师教育工作中欠缺的。走进课堂，哗众取宠的设计、浮光掠影的学习、蜻蜓点水的思考、浅尝辄止的研讨等低层次、浅表性的学习充斥着语文学习过程，我们看不到学生砥砺前行的学习状态，更感受不到学生脑洞大开、灵光迸现的兴奋，学生们犹如坐在一辆四平八稳行驶的马车中，淡然地碾过一节节本该遇见无数美好和精彩的课堂。这种状况固然与教师本人的学科素养厚薄、教育思考深浅等因素密切相关，但也不乏教育评价者的错误引领。

比如，一些专家很喜欢把学习定位于游戏化、轻松化的层面，把让学生感觉轻松作为评价一节课好坏的标准，好像学生轻松学习就是对学习有兴趣和学习有质量的代名词。其实不然，高质量、有深度的学习需要深入文本阅读思考，需要费尽心力对语言文字进行理解、加工并提炼，需要精心选择表达时的言语词汇，需要认真组织逻辑周密的语言，这一系列的阅读能力、分析比较能力、提炼概括能力、想象思维能力、信息转化能力、批判与创造能力等综合运用，才能完成高质量的学习，才能达到"我心生真情""我口说我心"的境界。像这样让思维的触角竭尽全力抵达文字和思考最深处的学习过程，怎一个轻松了得？

那么，怎样设计教学才能达到挑战学生智力和想象的学习深度呢？

以我曾执教的苏教版三年级《狼和鹿》的教学来谈。本节课的教学以一张表格为依托，带领学生纵横文字，提炼"100多年前"和"1942年"凯巴伯森林、狼和鹿的变化。这样的设计锻炼的是学生对文本的完整认知以及学生对语言的感悟力、发现和提炼主要信息的能力。在带领学生弄清楚凯巴伯森林变化原因的时候，我出示"随着鹿群的大量繁殖，森林中闹起了饥荒。灌木、小树、嫩枝、树皮……一切能吃得到的绿色植物，都被饥饿的鹿吃光了"。这句话和一张凯巴伯森林原来的美丽图片，让学生把语言与图片结合起来，用"竟然"这个词语和"？""！"或"……"说清楚凯巴伯森林发生巨大变化的原因。这个设计看似只是说一句话，但是学生必须要读懂图画，读懂文字，找到自己真实的情感，并和作者情感融通，然后才可能用一句话准确表达出来，这对三年级的孩子来说绝对是一次智力挑战。

在学生完成表格以后，我并没有就此止步，而是让学生把表格中两列所填写的"100多年前，狼自由生活，凯巴伯森林生机勃勃，鹿活泼而美丽，有4000多只"和"1942年，狼全部消亡，凯巴伯森林绿色消退、枯黄蔓延，鹿群疾病缠身，猛增到10万只，死去6万只，只剩下8000只病鹿"分别用上"因为……所以……"说一句话，这又是一次深度学习，又是一次智力挑战，学生必须在分清楚因果关系后才能把零散的词语连接成逻辑严密、通顺的话。尤其是"1942年"一列，"森林的变化"和鹿群"猛增到10万只"两项内容之间的因果关系就很容易让学生混淆。所以，这一设计除考查学生的理解、记忆、表达等能力外，更培养了他们的空间感和逻辑性。在这样的课堂上，没有思考的学习是无法继续的，智力的挑战时刻存在，学生的成长以看得见的形式呈现在我们面前。

四、用表现的形式获得学科核心素养

学科育人和核心素养密不可分，学生的语文核心素养是通过语文学科的学习获得的，这些素养是学生能够获得适应终身发展和社会发展需要的必备品格和关键能力。所以，核心素养的达成就彰显着学科的育人价值。

表现的学习方式是什么呢？是学生根据学习情境中的问题或活动，通过多样化、个性化的方式，将其拥有的语言、思维、审美、文化等方面的素养表现出来。在表现的过程中把学习过程以可见的形式呈现，既有利于教师明确辨析对学生学习产生显著作用的因素，了解学习对于学生产生的影响，及时调整教学的策略，或者给予最适切、最及时的帮助，同时也有利于学生成为自己的教师，明确知道自己的问题和不足，并在当下和未来的学习中作出自我调整，以促成自身成长的最大化、最优化——这是帮助学生形成终身学习和自我调节能力的核心属性。

以表现的形式完成学习，要求教师必须具备两种能力：一是高阶问题设计能力，二是以"行为设计"为核心的教学设计能力。

高阶问题给予学生思考的空间，让学生有机会俯视或者沉潜在文本中，得到真实的、丰富的感悟，并有欲望把自己的心得与启迪分享给大家。但是，

教学中对学习活动的行为设计能力是中国教师普遍缺乏的，我们更看重传授和教师以导师为身份的引领，一直没有掌握让教育目的在活动中达成的能力。

我看到过一个很精彩的历史教学案例，放在这里用以启示包括我在内的语文教师。

一位教师教学《第二次世界大战的爆发》中第一目"法西斯"的内容时，设计了四个学习活动。

活动一：根据教师提供的视频信息，以大事年表的方式梳理出德、意、日三国分别建立法西斯专政和三国最终结成法西斯轴心国过程中的重大事件。

活动二：依据视频提供的信息，概括说明法西斯统治的特征，并结成小组，试着给"法西斯主义"下一个定义。

活动三：根据教师出示的"亲善"照片，讨论法西斯竭力宣传这些照片的目的是什么。

活动四：两组照片所呈现的法西斯形象截然不同，由此你认为照片是否可以作为认识历史的可靠依据？简要阐述你的观点。

在这个案例中，教师的教学由四个活动组成，学生在活动中观察、思考、比较、判断，最后得出自己的结论，并在与同学的交流中呈现自己的观点和认知，在辩论中丰满自己的评价和认识。如此，在活动中表现，在表现中提升，教学的育人价值得到了充分发挥。

语文教学的活动设计也有很多种，比如资料的查阅与汇总、文本内容的阅读与讨论、学习观点的发现与提炼以及朗诵、辩论、表演等，都是语文学习中的活动。活动有着突出的自主性，表现是活动中每一个人都必须要做到的。学生的素养和认知、思维与能力就在不得不呈现的表现中形成了。把学习还给学生，永远是成就学科育人价值的重要路径。

五、把学科育人有质量地延伸到课堂之外

对语文课程来说，学科的育人价值还必须延伸到课堂教学以外。因为课堂的学习时间十分有限，而且课堂上学生一般是基于文本的学习和体验，这让学科育人有着诸多限制。而实践活动中的合作与互动，更能促进学生心智

能力、情感态度、品性修为、社会责任等多方面素质的综合发展。这些素养甚至高过知识、智力、成绩等对人产生的影响。

一个优秀的人不仅仅要有学识，还要阳光、开朗、自信；不仅仅能把自己的事情做好，还要能够体谅、合作、互助；不仅仅能让自己好好生活，而且能给身边人带来幸福。而这些美好的修为更多要在实践中历练，在活动中发展，走出课堂学习的实践活动恰恰是为了让每个学生的潜能得到自由、全面、和谐、持续的发展。所以我们说，作为教师的确要时刻牢记"教学是有道德的事业"，"我们要关注学生的现在，更要关注他们的未来，给予他们追求和实现幸福的能力"。当下提倡的学科育人，其目的也在于此！

促进知识与学生"相遇"

——以《陈太丘与友期行》为例

吴淑芬　谢虎成

基于应试训练的古文教学往往与学生生活经验严重脱节，与学生思想实际相去甚远，"知识"与学生是分离的，无法促进学生学科核心素养的养成。要使学科核心素养落地生根，必须让知识与学生"相遇"，使学生在知识结构、思维方式、行为习惯、情感态度等方面发生相应的变化。现以《陈太丘与友期行》一课为例进行讨论。

一、与已有知识整合，促进语言建构与运用

《陈太丘与友期行》一课教学中，师生之间有这么一段对话：

生$_1$："日中"是什么意思？

师：我们以前学过的课文中曾出现过"日中"一词，哪位同学还记得？

生$_2$：《两小儿辩日》，"日中"指中午，或者正午时分。

教师的巧妙引导帮助学生"唤醒"了过去学过的知识，促进旧知识在新情境中的整合。

在译文环节，教师给出了一道填充题：

比较"君""尊君""家君"三种称呼，知道其类型，说出含义，列举现代类似的词。

词	类别	词义	现代类似的词
君	敬辞	对别人的尊称	
尊君	敬辞	对别人父亲的尊称	
家君	谦辞	对他人称呼自己的父亲	

本题的巧妙之处在于将古文知识与生活知识进行整合，使古文知识走进

生活。"君"在现代生活中同样时常被用到。"语言建构与运用"是一个长期积累的过程,有些古生的语言积累,不仅能丰富学生的词汇,改善其表达和交流技巧,对于学生形成独特的语言风格也是有效的。同时,语言是思维的工具,也能丰富学生对人和事的思考与理解。

二、与学生情感共鸣,促进审美鉴赏与创造

古文教学首先要让学生开口读,好文"三读":读出感觉,读出韵味,读出感情。初读要读出感觉,古文原文是没有标点符号的,依靠平仄和节奏断句。本文简洁明快,节奏感强,读起来朗朗上口,初读就是要体验到其中的音韵美。再读就是要熟读成诵,读出韵味,读上几遍,就基本懂了文章的大概意思。第三次读就是要读出感情。教学中,笔者请三位学生进行角色扮演,分别扮演讲述者、友人、元方,模仿人物说话的语气读:"过中不至,太丘舍去"是不满,"非人哉"是愤怒,"日中不至则是无信,对子骂父则是无礼"是正气凛然,"友人惭,下车引之"是惭愧。读出韵味,读出感情,友人的"无信、无礼"、元方的方正率直跃然纸上,元方的美好形象映入脑中。

《陈太丘与友期行》选自《世说新语》"方正"门,传统教法一般会设置"这则故事给了我们什么启发"的讨论题,从客人违约、怒骂到元方反驳,都是为了说明"信"和"礼",是为人处事之道,这些道理显而易见。但是学生知道了"信"和"礼"是对的,也未必憎恶"无信""无礼";就算不喜欢"无信""无礼",也未必做得到"守信"和"执礼"。客人也好,元方也好,仍然是与学生无关的人,文中故事往往唤不起学生的共鸣。于是笔者设计了这样的问题:"你有没有遇到约会时对方不守时的情况?你当时是什么样的心情?"当学生置身情境之中时就大不一样了,以下是两位学生的回答:

生$_3$:我约好了一位朋友同去看百万葵园,到了开车时间,朋友还不来,急死人了!

生$_4$:本来就推辞了好几个朋友约会,约好和他一起去打网球,左等右等到了时间就是不来,恨不得揍他一顿。

学生回答时义愤填膺,对"无信"和"无礼"的憎恶发自内心,回过头

来对客人的责备和对元方的赞同也是发自内心的。

学习的过程不仅是一个认知的过程，也需要情感的参与，同时又可以改变情感。情感的投入大大提高了学习效率，不仅能使学生感受到汉语汉字的简洁美，还能帮助学生认同"信、礼"的中华优秀传统文化的价值观，形成高雅的审美情趣和高尚的审美品味。

三、与不同观点碰撞，促进思维发展与提升

学习的过程是一个理解的过程，首先是理解文本，其次是通过文本理解所描述的人或事物及其关系。就本文而言，不仅要理解文本，而且要通过文本来理解元方是一个什么样的人，友人是一个什么样的人。

师：元方又有什么性格特征呢？你是根据什么来判断的？

生$_5$："有良好的家庭修养，懂礼识义；"入门不顾"，流露出小孩子性格直率、好恶情感易外露的特点，体现出其正直不阿的性格特点。

除了从元方行为上进行分析，还要引导学生分析元方的语言。"日中不至则是无信，对子骂父则是无礼。"基于事实和证据来说理，逻辑性强，条理清晰，一个七岁的小孩言简意赅，富有逻辑，说明元方思维力强，富有智慧。

师：在你看来，友人是个怎样的人？

生$_6$："期日中"，结果"不至"，说明友人言而无信，不讲信用；到来之后问元方"尊君在不"，表现得较为有礼；当得知陈太丘先行离去时不反省自己的过失，反而怒责太丘，说明他是一个缺乏教养、没有礼貌的人；在元方义正词严的批评后，他"惭""下车引之"，较为诚恳，说明他是一个知错就改的人。

师：友人真的是一个"言而无信、缺乏教养"的人吗？

其实学生的回答已经非常"标准"了，与参考书上所给的答案几乎相同。但正是这种"标准答案"限制了学生的思维，剥夺了学生独立思考和独立判断的能力。我们不禁要问，在古代文人特别讲究"清高""物以类聚、人以群分"的文化背景下，"友人"这么不堪，是怎么与陈太丘成为友人的？教师抛出的最后一个问题，意在培养学生的发散性思维，引导其辩证看待问题，综

合思考问题，不要凭一句话、一件事就对一个人的品行做出判断。

师：元方"入门不顾"，弄得友人尴尬至极，无地自容，这是否也应算作"无礼"？

生$_7$：元方的做法并非无礼，元方年仅七岁，我们不应对其求全责备；一个失信于人、不知自责而且当子面骂父的人，其品行的低劣可见一斑，对这样的人应该断然拒之千里之外。

师：如果换成是你，你将怎么做？

生$_8$：我也会向元方学习，不理那位"友人"。

生$_9$：我觉得"友人"都已经认错了，应该宽容他。

这里，教师应该引导学生"运用批判性思维审视语言文字作品，形成自己对作品的独特理解，提高思维的深刻性、灵活性、敏捷性、批判性、独创性"。七岁的元方率真任性，我们可以不挑剔，但我们是十四岁少年了；一千九百年前崇尚清高的时代我们可以不挑剔，但现在是二十一世纪了；客人是不是有什么特别的事情耽误了？是不是路上遇到什么麻烦了？作为二十一世纪的中学生，显然不应该只是对元方的简单模仿，而应该学会从不同的角度分析问题，提高思维的灵活性、批判性，有一种对他人发自内心的尊重、理解与包容。

在教学过程中，教师除了按教师教学用书的指导设问之外，还要善于追问。以上三个追问，第一问指向思维的严谨性，第二问指向思维的发散性和辩证性，第三问指向思维的批判性和独创性。引发不同观点的争论，才有利于学生的思维发展与提升。

四、与当今时代同步，促进文化传承与理解

古文不仅仅是一个抽象的符号系统，还承载着文化和价值观。初中语文教材所选入的古文，更是历史长期积淀下来的优秀文章，不管是从文字角度还是思想方面都有可以借鉴的东西。以古文教学帮助学生"继承中华优秀传统文化，理解、借鉴不同民族和地区文化"，拓展文化视野，唤醒文化自觉，建立文化自信，是古文教学不可推卸的责任。

《陈太丘与友期行》一文所传承的"礼"和"信"当今并不过时,这些道理必须作用在当下学生身上,规范学生的品德和行为,其价值才能得以体现。学生能够以"守信"和"执礼"的好习惯与他人相处,知识才转化成了道义和美德,知识的德性价值才得以实现。

从"明理"到"作为"的过程是一个艰难的过程,所以学习的过程也是一个反思的过程、一个意志形成的过程。比如,笔者设置问题:"在日常生活中,你身上有没有无信和无礼的事情发生?举例说明。"学生罗列了"不按时交作业、抄袭作业、不按时吃饭、对父母粗言粗语"等行为,并立志要改掉这些习惯。教师还要通过指导学生写反思或周记跟进这些行为,如此,才能实现过去的知识促进当下学生发展的意义。

古文教学不是要把学生变成古人,所以不是对古人价值的全盘接收,而应随着时代进步不断演进与发展。如前所述,讨论元方居然"入门不顾"是否也应算作"无礼",元方的做法有礼无礼并不重要,重要的是当下的学生怎么想、怎么做。

如果说"无礼""无信"是"小人","守信""执礼"是"常人",那么能够理解、宽容他人则是"君子"了。从批评"无礼""无信"到提倡理解、宽容他人,对学生来说是一个从严于律己到宽以待人的人格提升过程,对教育来说是一个文化的理解、传承与发展过程。

靠个人的修养只能"独善其身",要"兼济天下"还必须与时俱进。笔者设置了这样一道讨论题:"当前,拖欠工资、到期不还贷款、不执行合同等不守信用的事件屡有发生,愈演愈烈。如何整治,你有什么好的建议?"

生$_{10}$:判他们的刑。

师:首先要考虑如何搜集到他们失信的信息,然后再判断他们对社会造成伤害的程度,才能给予相应的惩罚。

生$_{11}$:现代技术手段这么发达,可以用互联网搜集数据,共享数据,就能将失信的信息公之于众。

生$_{12}$:我看到一则消息,国家发展改革委发布消息对有失信记录的人进行联合惩治,坐火车坐飞机都受到限制。

生$_{13}$:银行要限制给他们贷款。

对于"诚实守信"的文化传承，从依靠个体的自身修养与社会的道德约束，到现代社会依靠道德与法制的双重规范，学生已经认识到仅仅依靠个体的独善其身不足以建立健全的社会，还必须充分运用现代技术手段获得信息，通过立法来建立现代法治社会。对于优秀的传统文化不限于传承，而是要发展、创造、超越。

学习是一个认知的过程，与以往的知识相遇促进认知结构的优化；学习是一个情感熏陶的过程，情感的投入不仅增加了学习的动力，而且提高了审美品位；学习是一个思考的过程，不同观点的碰撞促进了高阶思维的发展；学习是一个意志形成的过程，知识促进了学生行为习惯持续地向好的方向变化，知识就变成美德了。而这些变化的基础都是知识与学生"相遇"。